高橋雅夫〔著〕

化粧ものがたり

赤・白・黒の世界

第二版

雄山閣

上) 赤の輝き　撮影 長須賀一智　**右下)** 赤色うるし塗り木櫛　縄文前期・鳥浜貝塚出土・福井県立若狭歴史民俗資料館　**左下)** 頬を朱で真っ赤に彩色したハニワ

3
2
1
9
8
7
15
14
13
18
17

6

5

4

12

11

10

1.紅花摘み唄を歌いながら紅花を摘む。2.紅花を大きな桶に入れて足で踏む。3.ザルに入れて小川で黄色い色素を流し去る。4.5.洗った紅花をムシロにならべ、乾かないように水をうって、一昼夜寝かし、発酵させる。6～11.真っ赤に発酵したものを臼で搗き、手でまるめてムシロにならべ、上からムシロをかぶせて踏み、煎餅のように乾燥させる。12.紅花買付けの商談がまとまったらしい。13.14.乾燥した紅餅を袋づめにし、ムシロで梱包し、屋号の印を描く。15.16.山形県最上地方の紅餅は馬の背に、陸路江戸へ、海路京都へと運ばれた。「紅花屏風」（部分）横山華山・六曲一双・文政八年・山形美術館

16

20

19

17.「鳥毛立女屏風」第３扇（部分）正倉院蔵・奈良時代 18.鏡にむかい紅をさす高島おひさ 勝川春潮 19.口紅をさす花魁 歌川豊国・慶応大学蔵 20.笹色紅をさす京都の女 祇園井特・東京国立博物館蔵 21.紅板３点 ポーラ文化研究所蔵 22.紅茶碗 京都みやこ紅 紅清・自蔵

22

1-1

2-1

2-2

1-2

1-1,2. 白の輝き（1-1. 雪と清冽な流水 1-2. 白雲　撮影　長須賀一智）2-1,2. 国宝「梅蒔絵手箱」白銅鏡・鏡筥・白粉筥・薫物筥・附子筥・紅板・白粉解　この他に螺鈿櫛・銀軸紅筆・銀軸眉作・銀鋏・銀鑷・銀笄・銀髪飾など　現存する手箱のなかで内容品の整った最古の名品である。鎌倉時代・静岡県三嶋大社蔵

1-2

1-1

2-2

2-1

3

1-1,2.「三十六歌仙扁額」額に白際（しろきわ）化粧をしている。（1-1. 三條院女蔵人左近　1-2. 中納言敦忠　狩野探幽・静岡浅間神社・撮影：田畑みなお）　2-1,2. 襟足化粧（2-1.「曇りなき―」喜多川歌麿　2-2.「美艶仙女香といふ―」溪斎英泉）　3. 白粉の三段重ね ポーラ文化研究所蔵

1-1,2. 現代の太夫の襟足化粧　美容師が金型をあてて塗っている　島原高砂太夫（昭和 50 年代）　2. 第二次大戦前までの太夫の襟化粧（絵はがき）　3. 今風化粧鏡　五渡亭国貞　4. 襟白粉　橋口五葉（大正 7 年）　5. 湯上り　上村松園　6. 白粉の疊紙4 点　明治 4 年・自蔵

上) 黒の輝き　撮影　長須賀一智　**右下)** お歯黒をつけている古楽面　岩手県中尊寺蔵　**左下)** お歯黒をしている小面　金剛家蔵

上）枚聞神社宝物　手箱と内容品・白銅円鏡と鏡筥　白粉筥・附子筥・薫物筥・澤（油綿入）・紅筆・歯黒筆・香合・挿櫛・梳櫛・櫛箱・眉作・絵元結などと大永三（1523）年の内容品目録が揃っている　**右下）**国宝「源氏物語絵巻」東屋　髪を梳いてもらっている中君　徳川美術館蔵　**左下）**お歯黒をつけている遊女　五渡亭国貞・榎恵氏蔵

はじめに

「赤・白・黒」という配色は、日本人には格別な色彩感情をもって親しまれてきたようです。

この配色を構成する赤と白と黒という単色の色彩イメージを、古代日本人が最初にいだいたのは、おそらく自然界からでしょう。

たとえば赤は、赫々(あかあか)と輝く朝日や夕陽の美しい橙赤色に〝歓喜〟をイメージしたにちがいありません。

白は、白々(しらじら)と明ける夜明けの空や白い雲、あるいは深々(しんしん)と降り積もる雪景色かもしれませんが、その雪解けの清冽(せいれつ)な水の流れから〝清潔〟というイメージを生んだのでしょう。

黒は、真っ暗な闇夜に輝く星空を見上げたとき〝神秘、静寂(せいじゃく)、敬虔(けいけん)〟をイメージしたと思います。

このような赤、白、黒の単色を、限られた視野のなかに配色し、洗練された美意識を生みだしたのは、日本人の優れた感性だと思います。

よく、国旗の配色は、その国の民族が好む色彩配色を表わしているといわれます。そういえば、フランスのトリコロールは「赤・白・青」、イタリアは「赤・白・緑」、エチオピアは「赤・黄・緑」、ベルギーは「赤・黄・黒」と、このように書きならべると、なるほど、なんとなくその国のイメージと一致します。

日の丸の旗も、白地に赤と、黒の段だらの竿(さお)という配色で、これも故(ゆえ)なしとしないでしょう。

江戸時代に入って、武家の婦人が小袖の上に打ちかけて着た打掛(うちかけ)にも、地赤(じあか)、地白(じしろ)、地黒(じぐろ)の三種がありました。色綸子(りんず)に主として同色の色糸で刺繍(ししゅう)の総模様をつけたものです。婚礼のときの衣裳は、正式には上着は地黒綸子、相着(あいぎ)は地赤綸子、下着は地白綸子と決められていたようです。

この風習は一般にもおよび、明治・大正・昭和と続き、関西では戦前まで、花嫁衣裳の式服として、黒・赤・白の三枚襲ねを用いていました。しかし東京は、黒に白の二枚襲ねが多かった、ということです。

そういえば花川戸助六の衣裳も、黒羽二重で裏白、赤い縮緬の襦袢、見得を切ったときの黒・白・赤の配色は、まさに江戸っ子の〝いき〟の象徴でした。

この、日本人の感性にあった「赤・白・黒」という配色美の根元は、やはり日本人の髪の漆黒と、その黒に調和して美しく見えるように化粧した肌の白と、唇の赤、という美意識から生まれたものではないでしょうか。

このために、私たちの祖先は、できるだけ美しい天然の顔料を捜し求めていたにちがいありません。顔料というのは、もともと顔を彩るための原料という意味で、とくに赤の顔料である赤土（赭土）や朱は、呪術（まじない）や階級の表示という目的でぬっていたものでした。

ところが、大陸からベニバナの紅が紹介されると、紅は染料ですから顔料よりも自然の美しい仕上がりになるので、魅力的な顔色や可愛らしい唇、という健康美の強調、つまり、いまの化粧に変わっていったのです。

奈良・平安の美女を彩っていた紅は、呉藍とも書いたように、中国は呉の国の特産だったのでしょうか。輸入していたベニバナはたいへん高価で、貴重品でした。

ベニバナは漢方薬に処方される生薬、とくに婦人病の万能薬として珍重される一方、染料として、その美しい紅色は他の赤色染料では表現できない色合いでした。深味のある濃い紅色には、大量のベニバナを使わなければならないこともあって、紅の濃染は禁色のひとつとされ、庶民はもちろん、殿上人以下の諸臣も用いることはできなかったくらいでした。

化粧用の紅も、古代はおそらく限られた上流階級だけのものだったと思います。

一般に紅が使われるようになったのは、わが国でベニバナの栽培が進み、大量生産されるようになった近世に入ってからのことでしょう。それでも「紅一匁、金一匁」といわれたくらい高価なものでした。

紅の化粧効果を高めるためには、肌はできるだけ白くした方が映りのいいのは当然です。働かないで大きな屋敷のなかで生活している上流階級の人びとは、陽にあたることも少ないので肌の色は白くなります。それにたいして、戸外で働かなくてはならない庶民は、紫外線をあびるので肌は陽焼け色になります。

庶民の、とくに女性たちは、上流階級の働かないで豊かな生活をしている女性に憧れ、白い肌に上品、高貴というイメージをいだくようになったのだと思います。

そこで、少しでも白くなろうとして白い土や米の粉などをぬったのでしょう。ところが、白い粉をぬると、見かけだけでなく、粉が紫外線を乱反射し、肌はほんとうに少しずつ白くなり、満足する化粧効果をあげることができたのです。これが白粉化粧のはじまりです。

ともかく、日本の伝統的化粧は、髪の黒を基調色に、眉やお歯黒の黒、白粉の白、口紅、頬紅、爪紅の赤、という三色配色から成りたっています。そこで、日本の化粧史を勉強するために、赤・白・黒のふるさとを訪ねたときの記録と、化粧にまつわるエピソードを今回『化粧ものがたり――赤・白・黒の世界』と題してまとめてみたのです。

一九九七年四月

著者

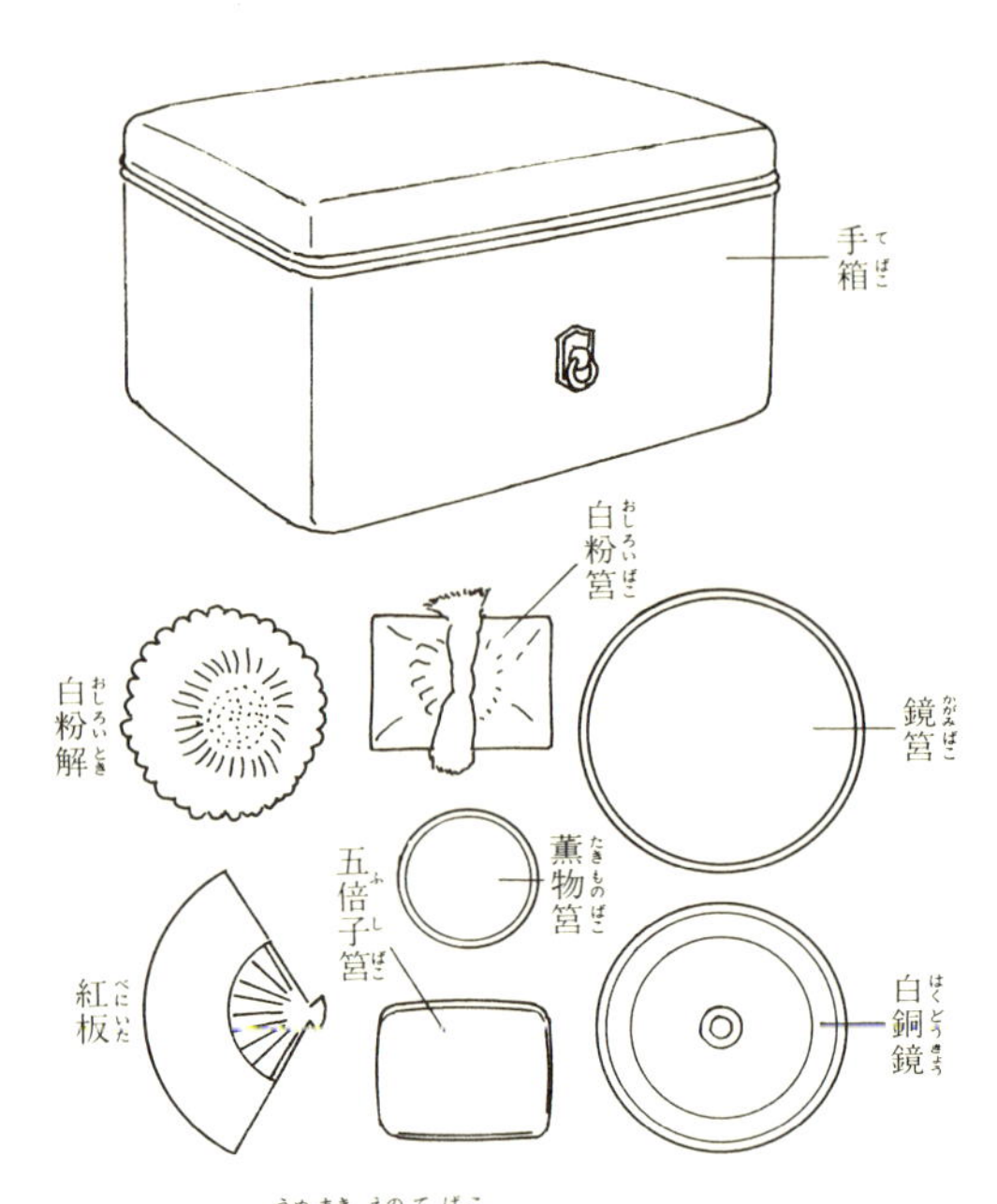

国宝　梅蒔絵手箱　三島大社蔵

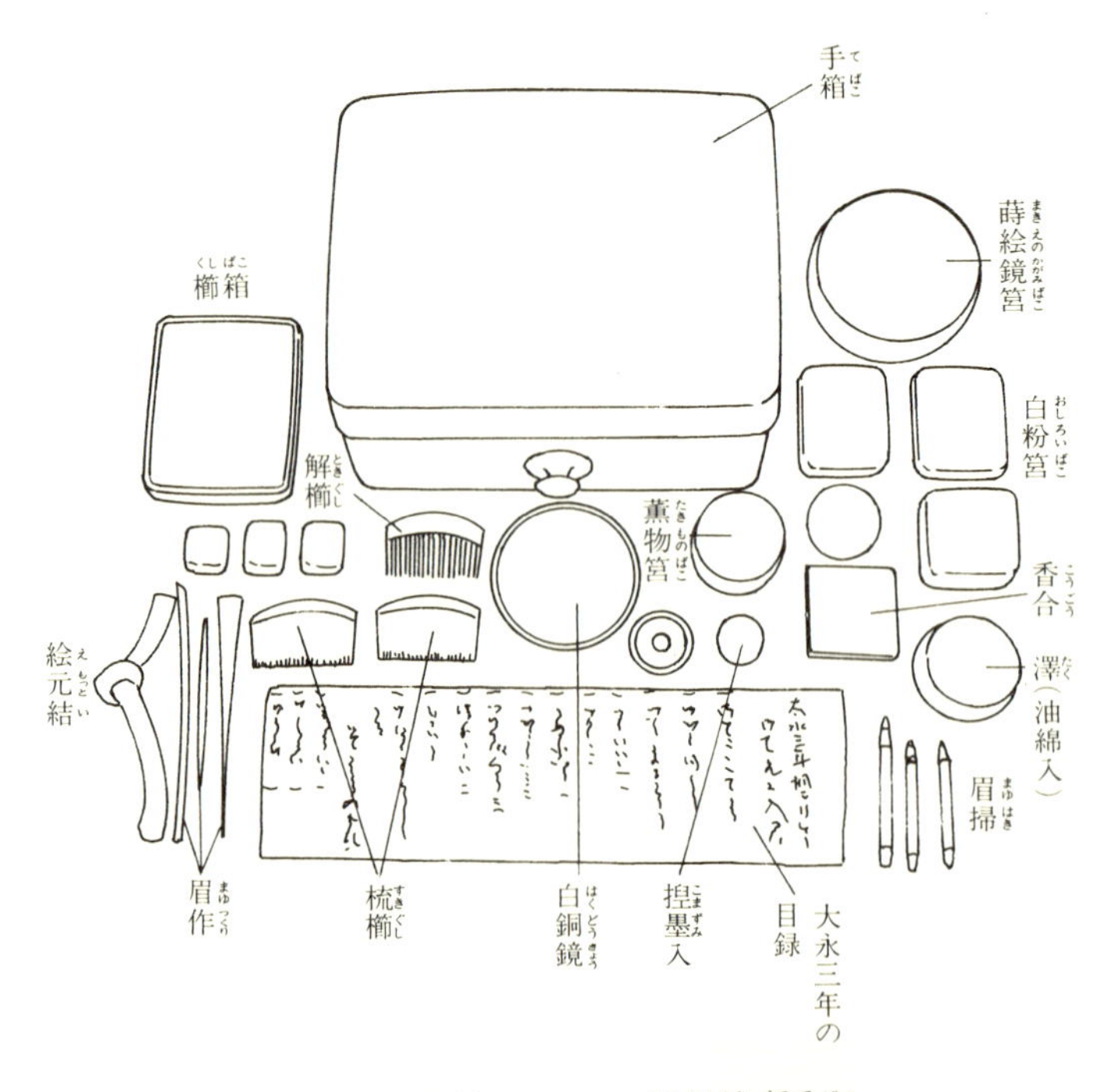

鹿児島県　枚聞神社宝物　松梅蒔絵手箱

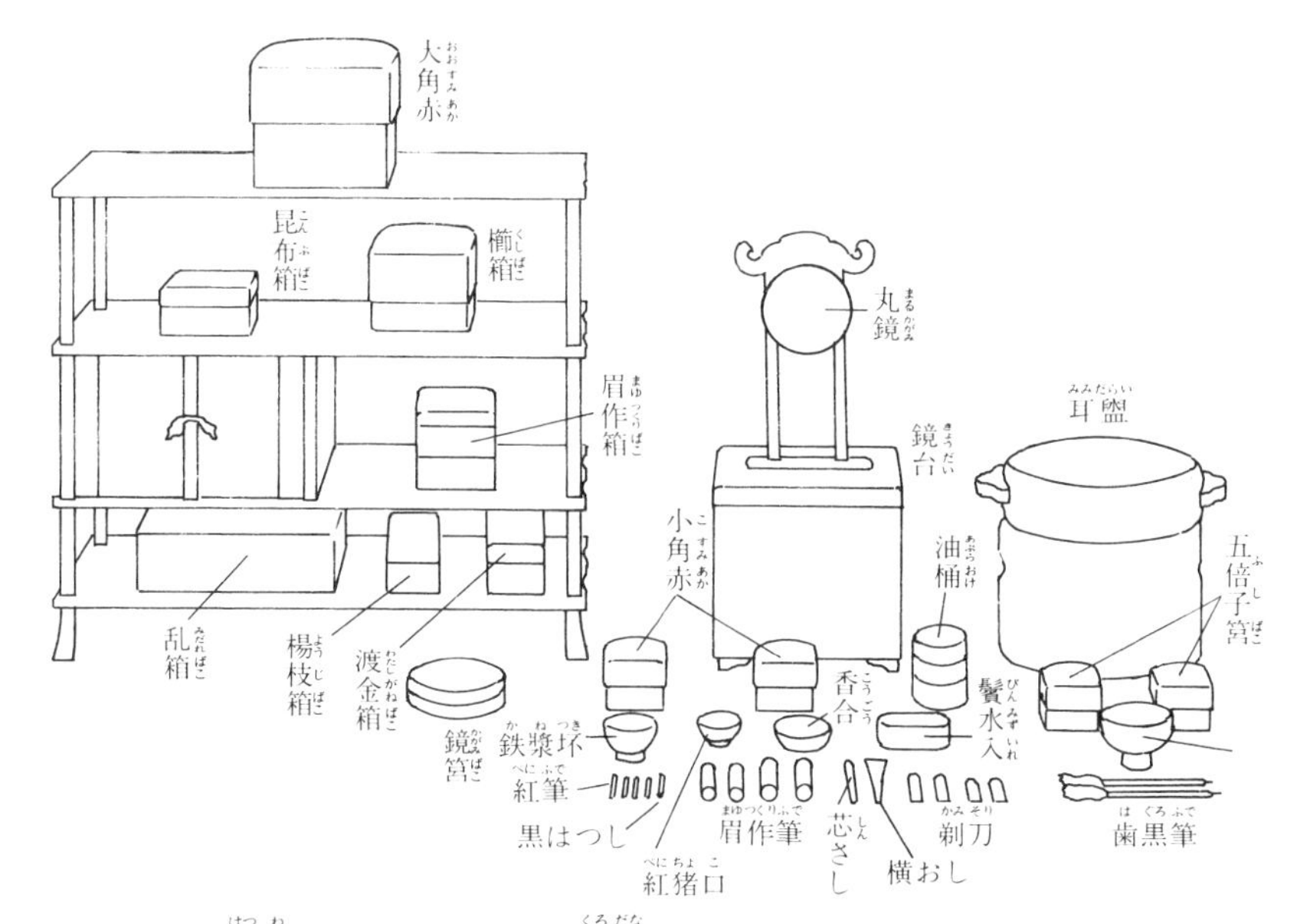

国宝 初音の婚礼調度のうち黒棚飾り(化粧道具) 徳川美術館蔵

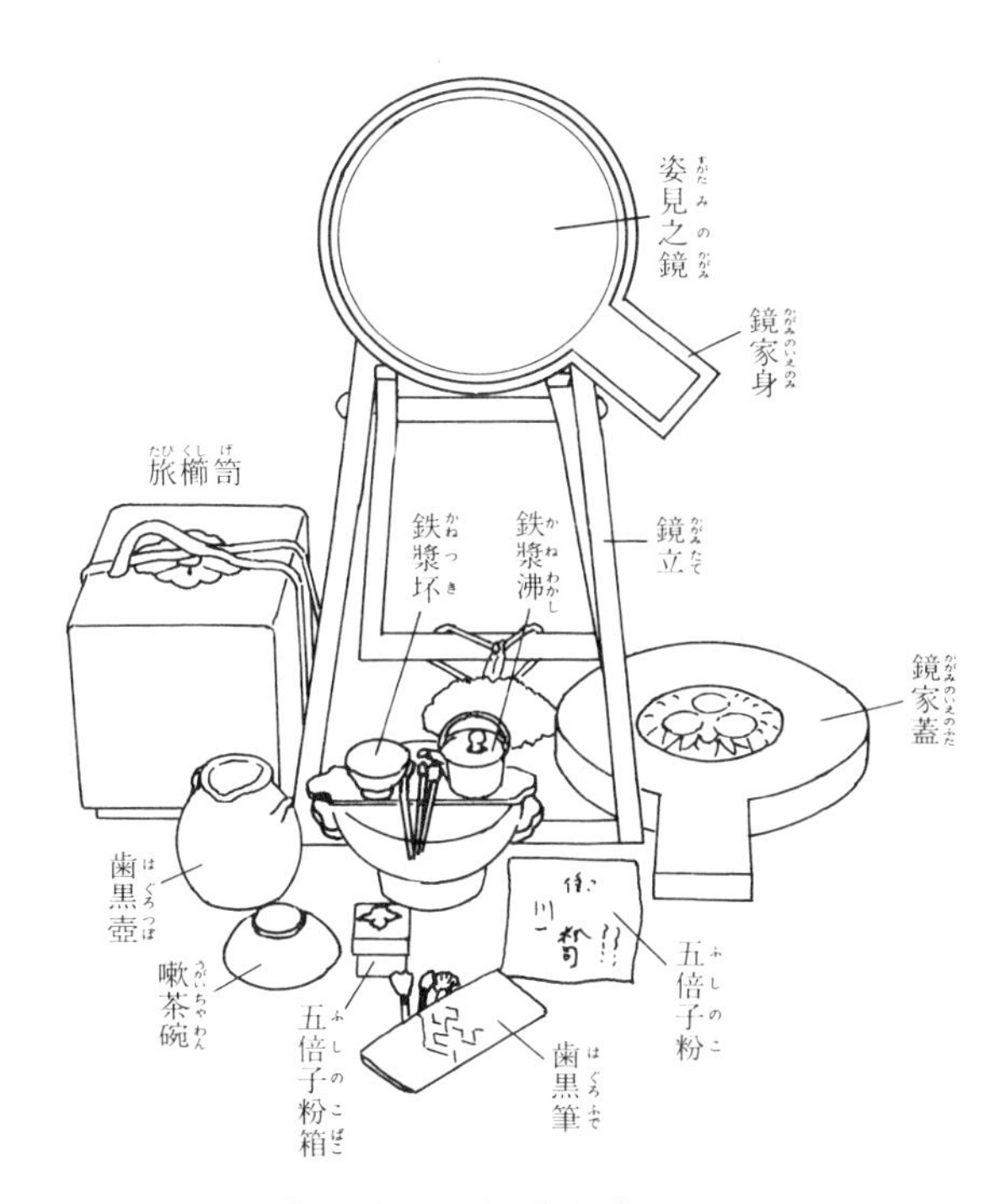

歯黒道具一式 著者蔵

＝化粧ものがたり《赤・白・黒の世界》　もくじ＝

御伽羅之油
京都紅白粉
御化粧道具品々
両國橋東詰
岡崎屋善兵衛
日本橋通二丁目
本製
御伽羅之油
柳屋五郎三郎

京都　本町二丁目角
出店
御化粧紅
御油白粉
紅白粉問屋
玉屋善太郎
十組　神田鍋町
白粉紅問屋
和久井屋伊兵衛
十組　本両替町
白粉紅問屋
下村屋小斎門

〔白の章〕

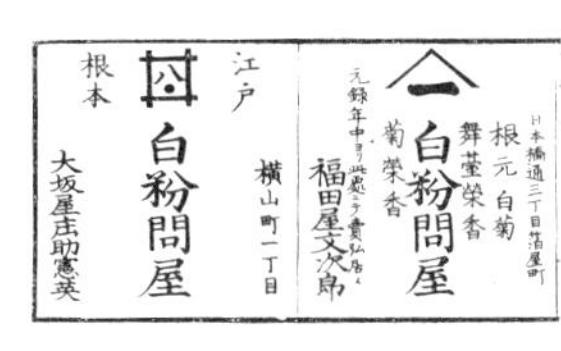

十組 日本橋通二丁目
白粉紅問屋
柳屋五郎三郎

十組 住吉町
白粉紅問屋
松本屋庄右衛門

十組 淺草諏訪町
白粉紅問屋
紅粉屋諌藏

蘭方 美白香

本家 菅氏製

弘所 中屋彌兵衛

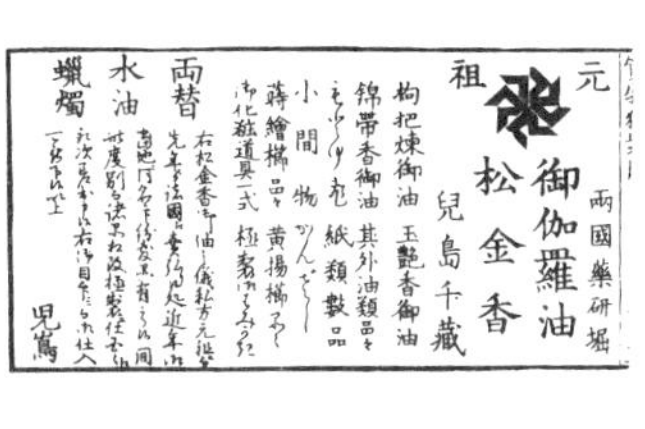

元祖
御伽羅油
松金香
児島千蔵
両國薬研堀
枸杞煉御油　玉艶香御油
錦帯香御油　其外油類品々
紙類数品
小間物
蒔絵櫛品々　黄楊櫛
御化粧道具一式
両替
水油
蠟燭

〔黒の章〕

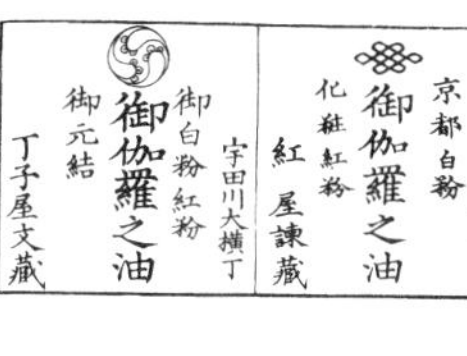
浅草諏訪町
京都白粉
御伽羅之油
化粧紅粉
紅屋謙蔵
宇田川大横丁
御白粉紅粉
御伽羅之油
御元結
丁子屋文蔵

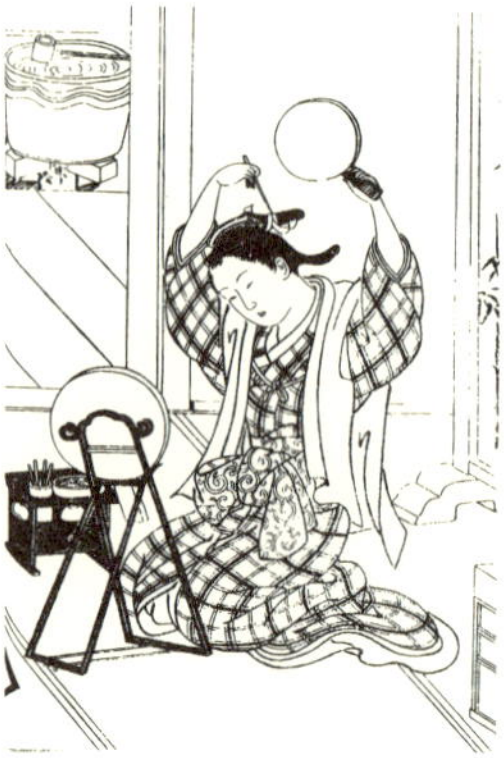

赤の章

赤色顔料と紅のものがたり

1 赤のイメージ

赤のイメージは情熱、歓喜(かんき)、喜悦(きえつ)、愛情、活気、熱心、誠心、革命、闘争、危険、恐怖、不正、幼稚、卑俗(ひぞく)、野蛮といったように、いろいろあげられていますが、まったく反対の意味あいも含んでいることに気づくでしょう。これは、赤のイメージを生んだ自然界の現象が異なるためなのです。

一般に赤というと、真っ赤に燃える太陽の色、血の色、火の色を連想します。

古代人は朝疾(はや)く陽が昇るとともに起き、そして陽の沈むとともにその日の生活を終えました。真っ暗な夜は、いつ猛獣に襲われるかもしれないという恐怖や怪我の心配があったのでしょう。それだけに夜明けの赫々(あかあか)と輝く太陽の色はまさに歓喜(よろこび)の色だったにちがいありません。それは、（明度(めいど)・彩度(さいど)の高い）明るい赤です。明度・彩度は、それぞれ色彩の三要素のひとつで、明度は、色の明るさの度合い、彩度は、色の鮮やかさ、純度の度合いを示します。

そして、血の色こそ赤のイメージをつくった大きな要素といえるでしょう。

初々しい乙女の赤い唇。恥じらいに紅潮した瞼(まぶた)、頬、耳たぶ。いずれも、（明度・彩度の高い）明るい血色のいろで、愛情、活気、喜悦の色です。

しかし、おなじ血の色でも怪我による出血や吐血(とけつ)などは黒味をおびた（明度・彩度の低い）赤で、死を連想する恐怖、危険、闘争のイメージです。

このように、おなじ血の色でも、鮮血(せんけつ)と悪血(おけつ)・古血(こけつ)では、そのイメージはまったく反対になります。

もうひとつは火に由来する赤です。火の色も、血とおなじように明度・彩度の高い場合と低い場合が考えられます。

恐ろしい山火事はゴウゴウと唸(うな)りをあげて燃え盛り、紅蓮(ぐれん)の焔(ほのお)は天をも焦(こ)がす勢いです。それは赤黒い（明度・彩度の低い）、まさに恐怖の色です。

それにたいして、おなじ火でも、暖をとったり、獲物を焼いたりする小さな焚火の色はオレンジ色で、暖かで、幸福感をいっぱいにする歓喜、活気、喜悦のイメージです。

このようにして、赤のイメージがどこから生まれたかを整理してみると、明るく黄味を含んだ赤と、暗く黒味をおびた赤、つまり明度・彩度の高い・低いによって歓喜の色と恐怖の色に大別することのできることがわかります。

色彩のなかでも、赤は基本的な色で、さきにも述べたように血の色であり、火の色ですから、恐怖をともなった神聖な色、つまり畏敬の色でした。

2　古代の赤色顔料

赤土（赭）は穢れを表現

「海幸・山幸」という神話に出てくる海幸はお兄さんで、火闌降命といって釣りが得意でした。山幸は彦火火出見尊という狩りの好きな弟です。

あるとき、道具を交換して海幸は山に、山幸は海へ行きました。ところが山幸は海幸の大切にしていた釣針を魚にとられてしまったのです。

これは『日本書紀』に出てくる説話で、結局、弟は海神の協力を得て釣針を兄に返すことができるのですが、そのとき海神に教わった呪術によって、わがままな兄を懲らしめ、反省させます。兄は「赭を以て掌に塗り、面に塗りて、其の弟に告して曰さく、吾、身を汚すこと此の如し、永に汝の俳優者たらむ」といってあやまるのですが、手の掌や顔に赭を塗って踊りはじめ、狂ってしまうのです。

赭とは赤土のことです。成分は酸化鉄、つまり赤サビとおなじですから、（明度・彩度の低い）暗い赤です。「吾、身を汚すこと」といっているように、むしろ汚い赤色です。イメージでいえば卑俗・野蛮・不正といったところでしょう。

古代社会でこの赤色を手に入れるのにいちばん手っとりばやかったのが赤土で、これは埴とも曽保ともよばれていました。いわゆる天然の顔料です。しかし、これは埴輪(はにわ)をみてもわかるように、しょせんは粘土ですから、くすんだ赤黄色で、きれいな赤色ではありません。酸化鉄ですから、その純度の高いものはベンガラ（弁柄）になるわけで、もちろんきれいなものもあったことでしょう。

現在、ファンデーションなどに使われている弁柄も、赤土を精製したものとおなじ酸化鉄ですが、色彩(いろどり)は天然のものとは比べものにならないくらい多彩できれいです。古代の顔料には、このほか丹(に)とよばれていた硫化水銀の天然朱もありました。

朱（硫化水銀）は情熱を表現

埴輪のなかには顔に赤や青で彩色したものがあります。これはさにつらうとよばれる化粧ですが、その彩色には、純度の高い朱が使われていました。赤土に比べて、比較にならないほどきれいな赤色顔料です。そこで、赤土と区別して、本物の赤土だ、というので真赤土(まはに)とも真朱(まそほ)ともよんでいました。

日本の古代人も早くから朱を生活のなかで利用していました。いちばん古いと思われるのは、一九七五年に福井県の鳥浜貝塚から出土した美しい朱漆塗りの竪櫛(たてぐし)です。今から約五、六〇〇〇年前のもので、歯は一本欠けていますが、もともとは九本あったことがわかります。

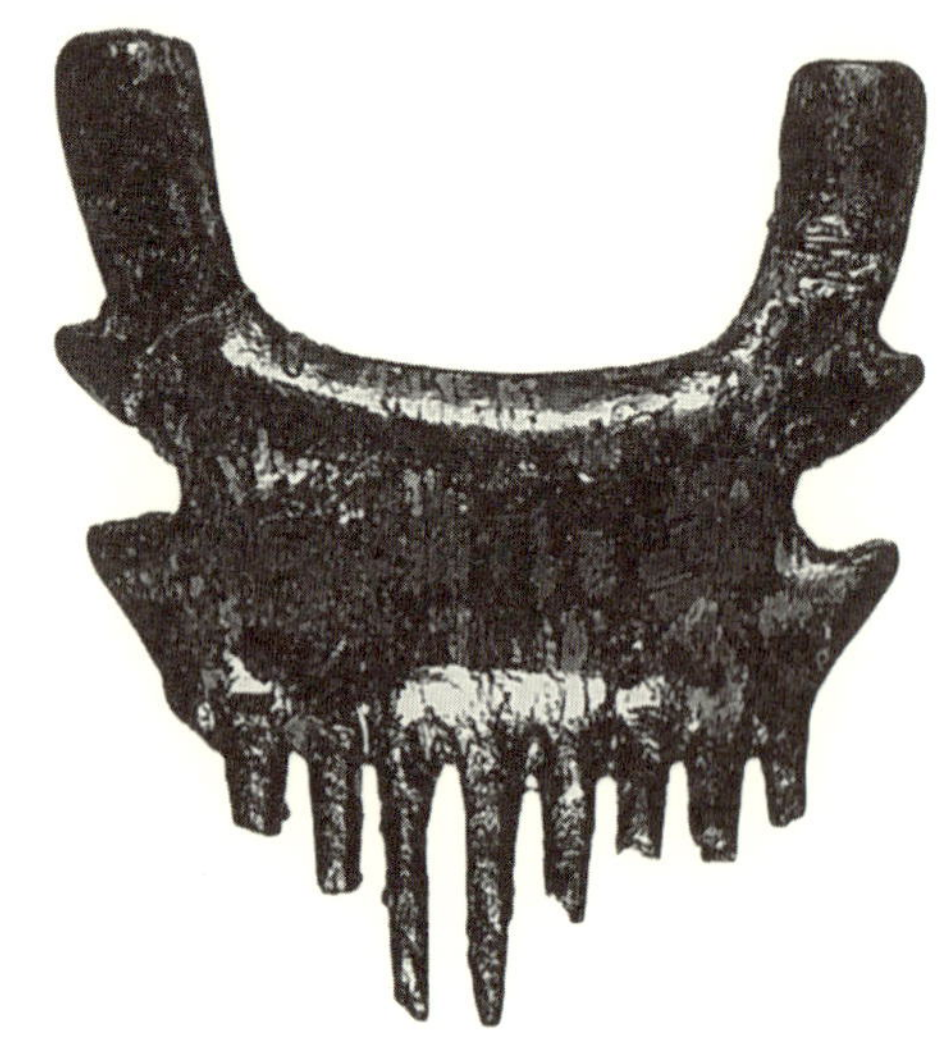

朱漆塗りの竪櫛（鳥浜貝塚出土）

櫛の歯が九本というのは、いちばん基本的な数で、竪櫛には九本が多いのです。おそらく、ここから九歯(くし)（九指(くし)）というよび名が生まれたのかもしれません。これはあくまで推測ですが……。朱漆の櫛には、朱の防腐・殺菌作用などからくる呪術的な意味と、美しい朱赤の美的効果があったのでしょう。

もうひとつ、平成元年九月に、滋賀県八日市市上羽田町にある四世紀後半の雪野山古墳を調査していた同市教育委員会は、未盗掘の石室内が床面も側壁もベンガラで真っ赤に塗られ、割竹形木棺内には水銀朱がまかれていた、と発表しています。これも、朱やベンガラのもつ防腐・殺菌効果と思います。

古代人は朱の呪術性を信じ身体にもぬっていました。三世紀の倭人の生活を伝える『魏志』倭人伝にも「朱丹を以って其の身體に塗る、中国の粉を用うるが如きなり」と、呪術から発展した倭人の化粧の姿を伝えていました。

これらの天然の朱も、意外と日本の各地で産出していたようです。

『豊後国風土記』に「昔時の人、此の山の沙を取りて朱沙に該てき。因りて丹生の郷といふ」とあるのは、現在の大分県坂ノ市町です。丹生という地名や川の名は、まだ、このほかにも各地にありますが、やはり朱が産出したところから生まれた地名のようです。

天然の朱は顔料ですから衣を摺染めにしても、多少は落ちてしまいます。ですから『万葉集』の

倭の宇陀の真赤土のさ丹着かば
そこもか人の吾を言なさむ　（一三七六）

という歌は、大和の宇陀の、真赤土で摺染めした貴女の美しい赤色がわたくしの着物についたなら、ひとはそれでわたくしのことを、あれこれ噂の種にすることでしょうね、という意味なのでしょう。宇陀は現在の奈良県宇陀郡菟田野の近くで、いまも宇陀には水銀鉱山があります。

丹色は男性美の象徴

『古事記』に「勢夜陀多良比売、其の容姿麗美しかりき。故、美和の大物主神、見感でて、其の美人の大便為れる時、丹塗矢に化りて、其の大便為れる溝より流れ下りて、其の美人の富登を突きき」と、まことに大らかな記事があります。

セヤタタラヒメが用便中に大切なところを大物主神が

丹塗矢になって突っついたのですから、びっくりし、驚き立ち騒いだのですが、気丈なお姫さまで、その矢を取って床においたら、たちまち麗わしい壮夫になったというのです。そして生まれた子が富登多多良伊須須岐比売命です。伊須須岐とは驚き騒ぐ、という意味ですから、まったくふざけた名前です。

富登は女性の陰部の古称で、火処が語源だときけば、なるほど、と感心します。なお、江戸時代になると、さらに菩々と変化しました。

おなじような例は『山城国(京都府)風土記』にもあります。

「玉依日売、石川の瀬見の小川に川遊びせし時、丹塗矢、川上より流れ下りき。乃ち取りて、床の辺に挿し置き、遂に孕みて男子を生みき」というのです。

『古事記』のセヤタタラヒメの場合は小川の上に建てられた厠での用便中ですが、タマヨリヒメは川で遊んでいた最中におそわれたのです。そして「謂はゆる丹塗矢は、乙訓の郡(京都府)の社に坐せる火雷神なり」とその素性を明らかにしています。いずれにしても丹(朱)を塗った赤い矢は男性の象徴です。

丹は化粧用にも使われ、埴輪の顔面彩色に多く見られます。

『万葉集』の「わが命は惜しくもあらずさ丹つらふ君に依りてそ長く欲りする」(三八一三)という歌は、ある娘子が病いにかかり、日増しに悪くなっていったので、久しく帰って来なかった夫の君をよびにやりました。私の生命は惜しいとも思いません。ただ、御立派なあなた様の故に、長く生きたいと願うのでございます(岩波古典文学大系『万葉集』の注)といってすすり泣き、黄泉の国へ逝殁った、というのです。

この「さ丹つらう」は、赤々と血色がよく、健康で素晴らしい男性の形容に使われていますから、やはり丹色は男性美の象徴なのでしょう。

鉛丹(四三酸化鉛)は愛情を表現

化粧用の赤色顔料としては、これまで述べた酸化鉄(赤土・赭・弁柄)と硫化水銀(丹)のほかに、もうひとつ四三酸化鉛という赤色顔料も使われていました。

『日本書紀』の雄略天皇七年（四六三）に、吉備上道臣田狭が友達の前で、自分の妻君稚媛をさかんに自慢している条があります。そのなかで、「鉛花も御はず、蘭澤も加ふること無し」と形容しています。

この鉛花のことを、かつては鉛白粉と解釈していました。ところが、これは赤色の鉛丹であると色彩学の大家上村六郎先生が古文献を調べて証明されたのです。

鉛丹は、鉛を三五〇℃で酸化すると白色の酸化鉛になり、さらに四五〇℃で酸化すると赤色の鉛丹（四三酸化鉛）になるのです。

これはお稲荷さんの鳥居や鉄橋などの下塗りに使うペンキで、光明丹ともよばれる、少し黄味を含んだ赤い顔料です。ですから、おしろいではなく、ほほ紅だったのです。また、蘭澤は良い香りの髪油のことです。つまり、わたくしの妻は、紅も香油もつけないけれど美しいのだから、まさにたぐいまれな美女といってもいいでしょう、といっているのです。「色香に迷う」とは、これをもって嚆矢とすべきかもしれません。

3 古代中国・インドの赤色物語

馬王堆一号漢墓の軑侯夫人

一九七二年七月三一日の朝刊各紙は、「約二一〇〇年前（前漢初期）の古墳が発掘され、そこから女性の屍体一体がほとんど完全な形で発見された」という前日の北京放送を伝えました。

高松塚の興奮さめやらぬうちに、二一〇〇年という数字、なまなましい女性の死体、一〇〇〇件を越す副葬品……なにからなにまで、さすが中国！　と驚嘆させられ、高松塚の魅力はたちまち半減してしまいました。

発見の経過は、前の年の一一月末、長沙市郊外で病院新築工事の際、東西に二つ並んでいた土塚を発見、そのうち東の土塚を一月中旬、湖南省博物館が調査・発掘にのりだしたものだといいます。この墓は、漢代のものであることから「馬王堆一号漢墓」と名づけられました。四月末に調査も完了し『長沙馬王堆一号漢墓発掘簡報』

長沙馬王堆漢墓より出土の漆器の奩盒（化粧箱）　新華社＝中国通信提供

が七月に発表されたので、ラジオプレスはこれをはじめて全世界に報道しました。

　このニュースのなかで、いちばん注目されたのは、なんといっても中国では〝二一〇〇年前のおばあさん〟とよばれていた軑侯夫人の屍体でしょう。

　『簡報』によると「皮下の疎性結合組織には弾性があり、繊維ははっきりとしていて、大腿動脈の色は、ま新しい屍体の動脈とよく似ており、防腐剤を注射したとき、軟組織はしだいにふくれあがって、その後じょじょに広がった」というのですから驚かされます。

　八月三一日の日中友好協会主催の報告書でも、「上膊部を指で押すと、へっこむが、すぐもとに戻り脚気のような窪みはのこらなかった」ということでした。これを聞いたとき、すぐに前の年の三月二日、東京芝の西応寺で発掘された前橋藩主松平直矩の側室三保のことが想い出されました。発掘に立ちあった慈恵医大の河越逸行氏は、この二四五年前の婦人が、ミイラでも屍蠟でもなく、ピンと張った腕や腰に弾力性がみられたことから、当初三〇代と推定したのですが、あとで過去帳などを調べてみたら六〇代だったといいます。

　長沙の屍体も屍蠟ではなく、中国では一応「湿屍」とよんでいますが、三保の方とまったくおなじ状態だったようです。

　さて、この女性、軑侯夫人を通して、当時の化粧風俗、とくに紅があったかどうかを知りたかったのですが、写真で見るかぎりでは化粧についてはわかりません。しかし一〇〇〇件に及ぶ副葬品のうち、円形の奩盒という化粧箱が二つ出てきたので、何か手がかりがつかめそうに思いました。それは二段重ねの化粧箱で、直径三五センチ、上段には絹の薄布、鏡袋、手袋などが納められ、下段には九つの小さな漆の箱があり、それぞれ鬘（かつら）、櫛（くし）、小刀、刷毛（はけ）、白粉などが入っていました。もうひとつの化粧箱は直径三三センチで、中には赤い絹の鏡袋に包まれた銅鏡一枚と、大きさの違う小さな丸いふたもの五個、それに櫛、小刀、刷毛、白粉、印章などが収められているといいます。

残念ながら『簡報』は紅にはふれていませんでした。しかし、これとは別に絹織物の項に「色には焦茶、深紅、灰、朱、淡褐、褐、浅黄、青、緑、白などがあり……服飾類には深紅の絹の裾……」という記載があるので、紅染めのあったことは確かでしょう。

王昭君と臙脂（えんじ）

当時の化粧に、ベニバナからとった紅が使われていたであろうことは、王昭君（おうしょうくん）という美女の逸話からも明らかです。

彼女は、漢の元帝（げんてい）の時代（二〇〇〇年前）の宮女ですから、軑侯夫人からすれば一〇〇年もあとになるのですが、テンポの遅い時代ですから、それほどの違いはないでしょう。まして紅そのものはあったのですから、まず、化粧用にも使われていた、とみていいでしょう。

元帝の後宮は、秦の始皇帝の〝後宮三千〟にはおよばなかったでしょうが、それでもたいへんな人数だったようです。帝はいちいち品定めをしてはいられないので、宮女の肖像画を画工に描かせました。女たちは、より美しく描いてもらうため画工にわいろを贈ったりしましたが、王昭君はそのようなことをしてまでも……と思ったのでしょう。彼女ひとりだけ贈物をしなかったので、画工の毛延寿（もうえんじゅ）はおこって醜い姿に描いてしまいました。

そのころ北方の遊牧民族である匈奴（きょうど）が、漢の元帝に帰順したので、帝は宮女を匈奴の首長である単于（ぜんう）に与えることにし、画工の描いた宮女の図から、もっとも醜い王昭君を選びました。ところが、お別れの挨拶にきた王昭君を見ると、これがまた絶世の美女だったので、帝はしまった！　と思ったでしょうが、もう後の祭りです。王昭君も泣く泣く馬にのせられて、遠い北方の匈奴に連れられていきました。

そのときのことを、詩人李白は

昭君玉鞍を払う
馬にのって紅頬に啼く
今日は漢宮の人
明朝は胡地の妾

（李太白集巻三）

と詠みました。画工の毛延寿は棄市の刑といって公衆の面前で首を斬られ晒し首にされるという極刑に処せられました。

一方、匈奴の単于は大喜びで、王昭君を閼氏と名づけました。それはおそらく、美しい臙脂・焉支（紅）になぞらえたのでしょう。前二世紀、漢の武帝に焉支山（閼氏山）をうばわれたとき匈奴は「わが焉支山を失う。わが婦女をして顔色なからしむ」（『史記』）、つまり、頬紅として使っていた臙脂がなくなったから、わが国の婦人の顔色は悪くなるだろう、とうたいました。その悲しみは閼氏と名づけた王昭君を手に入れた喜びで、きっと忘れたことでしょう。

この、臙脂がなくなったから、女性の顔色が悪くなった、という故事は、漢代にすでに頬紅があった、ということをうかがわせます。

漢代の紅化粧「的」

長沙漢墓発掘の円型の化粧箱の写真をみていたら、いまはロンドンの大英博物館にある「女史箴図巻」の結髪・化粧の図を想い出しました。

これは東晋の画家、顧愷之（四世紀末～五世紀初）の描いたものと伝えられているものですが、そのなかに描かれている化粧箱は、長沙漢墓のものとそっくりなのです。この形の化粧箱は、きっと、永いあいだ使われていたのでしょう。

そこで改めて「女史箴図巻」の女性の顔を仔細にみていたら、額の生際近くに、赤く横一文字や十文字の化粧をみつけました。これは、のちの唐の時代になって流行した花鈿という化粧の原形にちがいありません。ともかく晋の時代から、このような紅化粧のあったことがわかったのです。

しかし、昭和三〇年ごろのことになりますが、台湾にある中華民国化粧品工業会の会長さんが来日されたとき、お会いする機会を得たので、中国の化粧の歴史につ

「女史箴図巻」の結髪・化粧の図　大英博物館蔵

いてお尋ねしたのですが、あまりご存知でなく、また帰国後、わざわざ返事をいただきましたが、残念ながら期待するような文献もないとのことで、たいへん不思議な思いをしたことがありました。

その後になって、志田不動麿氏の「支那に於ける化粧の源流」という有名な論文の載った『史学雑誌』（昭和四年九月一日発行第四〇編第九号、第一二号）を見つけ、非常に精緻な研究に喝仰を癒したような感激を覚えました。

その論文は五七頁にもおよび、中国の古典籍を縦横に引用したもので、おそらく中国にもこれだけの研究はないのではないか、と思います。

しかし、その志田氏をしても「――私自身稍決しかねるものに的といふものがある」と言わしめている中国の古代化粧がありました。

的については後漢（九四七－九五〇）の劉熙が書いた『釈名』という本に「以レ円注レ面曰レ的、的灼也」とあるように赤い顔料を顔にぬったものを「的」といいました。的は灼とおなじ意味であるというのでしょう。日本では的をテキ、マトと読みますが、漢音もテキ、いまの中国発音ではデェといいます。灼は灼熱というように、明らかなさまをいいます。

この「的」にも次のような謂われがありました。

そのむかし〝後宮三千〟の美女のところへ天子は順番にお出ましになりました。そのとき、たまたま月の障りがあったら、これはたいへん失礼にあたるというので、そのときは額に赤い丸をつけて目じるしにしたというのです。それが的のおこりだといわれています。

的は灼とおなじ明らかなること、という意味ですから、ひたいに赤いしるしをつけておけば、まさにあきらかなことで、的という字をあてた意味がわかります。

ところが志田氏は、的が花子なのか靨鈿なのか、頬紅なのか、はっきりわからない、といわれ、論文のなかでも「ここではおだやかに頬紅と解さんとするものである」と述べていますが、頬紅では明らかにはわからないので、やっぱり額にぬったのでしょう。

志田氏はさらに他の文献を調べて、いちばん古いところでは魏（前四〇三—前二二五）の王粲の『神女賦』に「施華的、結羽釵」とあるのを見つけられました。華的は華形の的で、釵はかんざしのことです。

これでも、的とは花子であるか靨鈿であるかはわからないとおっしゃっています。しかし、化粧用語としてはいちばん古い記録と思います。

たぶん最初は単純な赤い丸で、それが、しだいにいろいろな形に発展していったものでしょう。

インドの化粧

ひたいに丸いしるし、というと仏像や仏画の白毫を思い出します。的も、やはりそのもとはインドの宗教・宗派を識別するためのひたいの化粧が伝わってきたものではないでしょうか。

そういえば、現在でも日本でお見うけするインドの既婚婦人は、ひたいに赤いしるしをつけています。ふと、以前、昭和三八年（一九六三）東京国立博物館で見た「インド古代美術展」のミニアチュール（細密画）を想い出しました。それは二〇×三〇センチぐらいの、小品ながら、たいへん丹念に描かれた細密画で、美しく色彩されていました。

若くて魅力的な青年クリシュナ（実は牛飼いの姿で地上にあらわれたヴィシュヌ神）と、乳しぼりの乙女ラーダー

1

2

3

クリシュナとラーダーの恋物語（細密画）
1 水浴する牧女たちの衣服をぬすむクリシュナ
2 牧女たちと踊るクリシュナ（部分）
3 水浴後に化粧する婦人
ニューデリー国立博物館蔵

との熱烈な恋物語を二十数枚の連続絵物語にしたものです。

　私は、その展覧会で、ラーダーの仲間の女が、爪にしては長すぎるくらい、ほぼ指の中ほどまでも真っ赤にぬっているのにひどく印象づけられ、いつかインドの化粧も調べなければ、と思いました。

　物語は「水浴する牧女たちの衣服をぬすむクリシュナ」にはじまり、「愛のたわむれにふけるクリシュナとラーダー」で終るわけですが、そのなかでも「牧女たちと踊るクリシュナ」に出てくる女たちは、盛装してイヤリング、ネックレス、ブレスレットなどをつけ、額に三日月形の装飾が見えています。これはどうやら描いたものではなく、頭から垂れ下げたアクセサリーのようです。

　それから小鼻の脇にピアスのようなもの、さらに小鼻からちょっとはなれた位置に靨鈿のようなしるしのあるものもあります。

　また、額のまんなか、ちょうど仏像や仏画にある白毫の位置にアクセントをつける紅化粧やアクセサリーがありました。インドのミニアチュール研究の第一人者である辻村節子氏は、クリシュナはヴィシュヌ神の化身の一人で、この話は紀元前六世紀以前のものですが、このミニアチュールの描かれたのは一八世紀後期ですから、古代インドに額の紅化粧があったとはいえない、とおっしゃっていましたが、私はどうしても額の装飾は、呪術をともなって仏像とともにインドから中国にわたり、「的」となったと想像したいのです。さらに、それが唐の時代になると宗教的意義を失って化粧として発達し、次にのべるような「花子（花鈿）」となり、さらにえくぼの愛らしさをとり入れて「靨鈿」を生んだのだと思います。

唐代の「花鈿」と「靨鈿」

　唐代の特徴的な化粧としては、額に描かれた花鈿（花子）と、両頰の靨鈿（粧靨）とがあります。赤や青、緑、黒などで花や星の形を描いたり、色布を貼ったりしました。この化粧にまつわる伝説にも次のようないくつかの話があります。

　晋の王嘉の『拾遺記』には「ある、月あかりの晩、呉の孫和が、彼の寵愛していた鄧夫人を膝に乗せていたとき、水晶の如意棒で誤って夫人の頬に傷をつけてしまいました。驚いて医師をよんで治療させたのですが、治った痕が赤い斑点になってしまいました。しかし、それがかえってとても魅力的だったので、ほかの官女もこれをまねて両頬に赤い斑点を描くようになった」とあり、これが靨鈿とよばれる流行化粧になった、ということです。

加彩長裙舞女木俑に見る花鈿（唐代）
（吐魯番阿斯塔那出土）

　また花鈿は唐の段成式撰の随筆『酉陽雑俎』によると、唐の中宗のとき、昭容上官が傷痕をかくすためにつくった、ともいいます。さらに、宋の高丞撰の『事物紀原』には「宋の武帝、女寿陽公主人が、ある日含章殿の軒先で昼寝をしていると、梅の花びらが、ひらひらと舞い落ち、額にぴたっとくっついて、三日たっても落ちなかったといいます。これがまたたいへん魅力的だったので、官女たちは競ってまねた」とあり、これが、花鈿という化粧のおこりだといわれています。

　ともかく古代中国の化粧は、紀元前六世紀の文献にすでに現われ、さらに漢代に急速に発達し、唐代に至っては中国特有の化粧として完成したようです。

　眉墨、白粉、口紅のほか、前述の花鈿、靨鈿をはじめ、額に黄色い粉をぬる額黄という化粧など、華麗な化粧美は、唐代でその極に達しました。

　長沙漢墓の発掘をめぐって、日本の化粧史を研究しようとすると、やはり中国の化粧史から研究しなければな

各式花鈿

序號	圖　例	資　料　來　源
1		敦煌莫高窟 192 窟壁畫
2		唐張萱《搗練圖》
3		新疆吐魯番出土絹畫
4		新疆吐魯番出土絹畫
5		唐人《奕棋仕女圖》
6		唐人《奕棋仕女圖》
7		新疆吐魯番出土泥頭木身俑
8		新疆吐魯番出土木俑
9		陝西西安出土唐三彩俑
10		唐人《桃花仕女圖》
11		新疆吐魯番出土絹畫
12		敦煌莫高窟 454 窟壁畫
13		敦煌莫高窟 121 窟壁畫
14		新疆吐魯番出土泥頭木身俑
15		唐人《桃花仕女圖》
16		敦煌莫高窟 427 窟壁畫

らないと痛感しました。

月下老人「赤縄の縁」

中国に赤い色についての故事があります。それは『続幽怪録』という本に載っている話です。

唐の時代といいますから、わが国でいえば奈良時代です。韋固という独身の青年が旅に出て宋城（今の河南省）までできたとき、一人の老人が月明りの下で大きな袋に倚りかかって本を読んでいるのに出会いました。韋固が「なにを読んでいるのですか」とたずねると、老人は「いま、結婚について調べているのだ。この袋の中には赤い縄が入っているが、私がこの縄で男と女の足を繋げば、たとえ仇同士の家の者であっても、またどんなに離れた土地に住んでいる者でも、必ず結ばれて、一生離れることはないのだ。ところで、君はここから北の方の離れたところで野菜を売っている陳という女の娘と必ず結婚することになるだろう」といいました。

韋固は一四年後、地方長官王泰の娘と結婚することになりました。年は一六、七でしょうか、その女は「実は私は長官の実の娘ではなく、本当は姪なのです。父は宋城で亡くなり、赤ん坊のときから乳母が野菜を売って育ててくれたのです」と話しだしました。このとき韋固はハッと、一四年前、月夜の晩に大きな袋に倚りかかって本を読んでいた老人の言ったことを思い出しました。

この故事を「月下老人」といい、「赤縄繫足」、つまり赤い縄が夫婦となる男と女の足をつないでいるのだ、といわれるようになったのです。

この、男と女を結びつける縁の縄が赤であるということは処女出血を連想させるのでしょう。ですから、結婚を象徴する色は赤、それも鮮血の、（明度・彩度の高い）明るい赤でなくてはなりません。

日本に紹介されたこの赤い縄の故事は、赤い紐や赤い糸に発展して男と女は生まれたときから赤い糸で結ばれているといわれ、婚礼衣裳に付属する服飾品になったのです。

4　古代の赤色染料

飛鳥・奈良時代の紅化粧

『日本書紀』の推古天皇一八年、

春三月に、高麗の王、僧曇徴・法定を貢上る。曇徴は五経を知れり。且能く彩色及び紙墨を作り、幷て碾磑造る。……

とあるなかの〝彩色〟というのが日本における古代染色の初出になっているようです。曇徴という坊さんは、五経、つまり易経・詩経・書経・春秋・礼記に通暁していたばかりでなく、染料や顔料、紙、墨、はては水力を利用した臼などのつくり方までも教えてくれたようです。

この染料のなかには、きっと紅もあったことでしょう。そしてベニバナの花づくりから紅をつくるまでも教えてくれたにちがいないと思います。

高松塚の壁画にある赤い色は、朱や弁柄などの顔料を使いわけているのですが、その表現している実際の衣裳

第1扇

第2扇

第3扇

▲「鳥毛立女屏風」（第1～第6扇）

の色や化粧の色には、染料が使われていたと思われます。

　壁画の写真を見ますと、おなじ赤でも、色相のちがいを表現していることがわかります。たとえば婦人像の左から三番目の上着の赤は、黄味がかった緋色(ひいろ)で、これは茜(あかね)染めだと考えられます。スカートのような裳(も)の赤は紅染めを表現しようとしているのかもしれませんし、ひょっとしたら上着の赤も茜でなく、黄色で下染めをした紅染めかもしれません。

　顔も、ほお紅や口紅は、ベニバナからとった紅にちがいないと思います。このようにみてきますと、高価な紅が、わりあいふんだんに使われていた、と想像されますが、もちろん貴族階級に限られたことです。

　この飛鳥美人の顔立ちは、あきらかに朝鮮系ですが、そこで想い出されるのは、正倉院の「鳥毛立女屏風(とりげだちおんなびょうぶ)」でしょう。

　現在は六枚が一枚ずつに離されて屏風の態(てい)をなしていませんが、いわゆる「樹下美人図」で、いずれも樹下に唐風の美人が画れています。ふっくらとした顔立ち、眉

第4扇　第5扇　第6扇

は太く、額には唐代の典型的なメイクアップである緑色の花鈿が描かれ、くちびるの両端にはえくぼのような靨鈿が描かれており、そして、頰には赤々と紅をさし、厚い肉感的なくちびるは真っ赤に塗られています。

最初、この画は中国から渡ってきたのではないかといわれていましたが、修理の際に発見された下張りに、「天平勝宝四年六月二六日……」と書かれていたことから、日本製であることがわかりました。奈良時代のあこがれの美女は、このような唐風美人であり、おそらく、当時のハイファッションはこれに近かったろうと思われています。

続いて思い出されるのが、それから二〇年たった宝亀三年（七七二）に画かれた有名な薬師寺の「吉祥天女画像」でしょう。

いずれも、いまから約一二〇〇年ばかり前の美女ですが、吉祥天女になると、額に描かれていた緑色の花鈿も、くちびるの側の靨鈿もその姿を消しています。

顔の輪郭はふくよかで、眉は太く、くちびるの厚いところは、「鳥毛立女屛風」とおなじですが、頰紅はさして

吉祥天女画像　薬師寺

いないかに見えます。

全体に、動的な唐風美人から、日本人好みの静的な美人の方向に少し移っているのは、このあとの平安朝美人へと続く、嗜好の流れを暗示しているものとみることができるでしょう。

この吉祥天女が、女神像であると同時に、この当時の若い人にとっては性的魅力のある女性像であったことが、『日本霊異記』中巻に書かれています。薬師寺の僧景戒が弘仁年間（八一〇―八二三）に編集した仏教説話集ですが、そのなかの「愛欲を生じ、吉祥天女の像に恋ひ、感応して奇表を示す縁第十三」からうかがえます。

奈良朝美人の理想像である前述の「樹下美人図」は、まさに唐美人そのままで、花鈿も四つの点が緑色にいろどられています。ところが、わずか二〇年後の「吉祥天女画像」には頭飾、服装は唐風のままですが、花鈿も靨鈿も姿を消してしまっています。

この二点だけで推断するつもりはありませんが、どうも唐風化粧は日本人にはなじめなかったのではないでしょうか。

日本人はすべてにわたって、飾ることを体質的にあまり好まなかったのでしょう。それは気候風土、食物などに育まれた感性からでしょうか。

そう考えて、ふとお稚児さんの額に赤い丸をつける習慣があるのを思い出しました。この額につける文様を、民俗学ではアヤツコ（綾つ子）とよんでいますが、綾は物を斜めにうちちがえることで、子は接尾語です。生後はじめて氏神様に参拝するお宮参りには、子供の幸せを祈るまじないとして紅か鍋墨で子供の額にまる印をつけました。のちにまる印のかわりに大の字や犬の字を書くよ

▲美保神社（島根県八束郡）
額に赤い丸をつける▶

うになりましたが、これもアヤツコです。

神主の服装が唐風ですから、このアヤツコも唐風化粧の名残りと考えられないでしょうか。

また、昭和五二年ごろ、ポーラ文化研究所の村沢博人氏と島根の美保神社の祭礼を取材に行ったとき、神事の世話をする頭屋の家族が稚児の額と両頬に赤い丸を描いていました。しかし、そのいわれはわかりませんでした。その後、韓国の博物館で花嫁人形の額にも赤い丸じるしを見つけ、まだ、調査・研究をすれば花鈿と靨田の系譜をさぐることができる、と思いました。

『万葉集』に見る紅

古代日本人は、中国人から教わった染色が、洗っても落ちなかったので、きっと驚き、喜んだにちがいありません。それに、ベニバナで染めた紅の色は、朱とちがって日本人の感覚にぴったりだったので、その普及は思ったより早かったようです。

ベニバナや紅についても、『万葉集』にたくさんの歌がよせられています。

巻四の相聞歌にある大伴坂上郎女の歌に、

いふ言の恐き国そ紅の
色にな出でそ思ひ死ぬとも　（六八三）

人の噂の恐ろしい国です。紅をぬったときのように、顔を赤らめたりはしないでくださいね、お互いに。たとえ恋い慕うあまりに死ぬようなことがありましょうとも、という意味でしょう。

この歌から、紅を頰紅として使っていたことが想像されます。赤らめたときの頰の色のように、自然な美しさをもっている紅の色に、万葉人は、秘めた恋心を連想したのでしょう。

また、巻七の譬喩歌——衣に寄す——では

紅に衣染めまく欲しけども
着てにほはばか人の知るべき　（一二九七）

美しい紅で衣を染めたいと思うけれども、染めた衣が似合って美しく映えたら、さぞかし人目につくことでしょうね。つまり、あなたのような美しい人と、こっそりと恋をしたいのですが、あなたはあまりにも美しいので、すぐ目立って人に知られてしまう、というのでしょう。さすが、柿本人麿です。

紅染めは高価なので、まだあまり普及はしていなかったでしょうが、それでも濃い紅染めなどが行なわれていたようです。おなじ譬喩歌に

紅の深染の衣下に着て
上に取り着ば言なさむかも　（一三一三）

紅で濃く染めた美しい衣を下に着ていながら、その上にまた衣を着たならば、人々はきっとあれこれいうでしょう。美しい妻がいるのに、また、別の女性と浅からぬ契りを結んでいる、というように、人々はきっと、とやかくいうでしょうね。

ここで、もう深染という表現が使われているのをみると、染色にいろいろ工夫がこらされていたことがわかります。巻一一の——物に寄せて思を陳ぶ——では、

紅の濃染の衣色深く
染みにしかばか忘れかねつる　（二六二四）

紅の深染の衣が、色深く染まっているように、深い契りをしてしまったのですから、わたくしには、もうどんなことがあっても忘れることはできないのです。

また、この深染にたいして薄染の美しさも認められていました。巻一二——物に寄せて思を陳ぶ——

紅（くれなゐ）の薄染衣（うすそめころも）浅らかに
相見（あいみ）し人に戀（こ）ふる頃かも　（二九六六）

淡い紅染めの衣裳のように、まだ、ほんの僅かしかお逢いしていないのに、不思議に懐かしく恋しく思っているこの頃なのです。

紅は深染もよし、また薄染もよしというわけでしょう。

このほかにも、紅染めを恋心にたとえた歌がいろいろあります。なかでも巻一〇、夏の相聞（そうもん）——花に寄す——では

外（よそ）のみに見つつ戀（こひ）せむ紅（くれなゐ）の
末摘花（すゑつむはな）の色に出でずとも　（一九九三）

いまはただ、外からだけ見て、恋い慕っていましょう。ちょうど末摘花とよばれるベニバナが、最初は黄色で、赤い紅をつくるという気配さえも見せないようにね。

この相聞歌から、『源氏物語』以前すでにベニバナのことを末摘花とよんでいることがわかります。

また、大伴家持（おおとものやかもち）の歌、巻一八に、

紅（くれなゐ）は移ろふものぞ橡（つるばみ）の
馴（な）れにし衣（きぬ）になほ若（し）かめやも　（四一〇九）

というのがあります。

「紅はうつろふものぞ」というのは紅で染めたものは、匂うような華やかな美しさはありますが、色は褪（さ）めやすい、ということです。

「橡の馴れにし衣」の橡（ツルバミ）は、ドングリの古名で、カシやクヌギ、ナラなどの実やカサで染めた黒い衣のことです。地味だが堅牢で、変色したり褪色（たいしょく）したりしません。

つまり、あでやかで若く美しい遊女（あそびめ）は心変わりしやすいでしょう。それにくらべると、妻女は地味で心変わりすることもなく、丈夫なことはまったく及ぶべくもない

のに――という意味でしょう（これは大昔の話です）。

　このように、古くから「紅はうつろふもの」といわれてきました。

　『万葉集』には紅をよみ込んだ歌はたいへん多いのです。それは色が美しいだけでなく、当時としては、他の色にはみられない濃淡が表現できたからだと思われます。それがまた万葉人の起伏のはげしい素朴で純情なこころをうったのでしょう。万葉人の豊かな感性はベニバナの紅によって、さらにいっそう高められたようにも思われます。

平安朝の服制と服色

　中国からは、染料と同時に、古代中国の思想である五行説にもとづく五色（青・赤・黄・白・黒）の考えが入ってきました。そして、この五色が正色とされ、階級によって服制と服色を定めました。したがって、それらの色は〝禁色〟といって、やたらと一般の者が使えなかったのです。ただし、おなじ赤でも深い色がいけないのであって、薄い色は許色といって、使うことを許されてはいたのですが、やはり深い色に魅力があったのでしょう。

　禁止令が出ても、金のある貴族たちは、「紅の深染」の赤を競って着ていたことは、万葉の時代から少しもかわっていませんでした。

　『新古今和歌集』巻第一八には

　延喜御時、女蔵人内匠白馬節會見けるに、くるまよりくれなゐのきぬをいだしたりけるを、検非違使のたゞさんとしければいひつかはしける

　　大空に　てる日のいろを
　　いさめても　あめの下には
　　誰か住むべき
　　　　　　　　女蔵人内匠

　かくいひければ、たゞさずなりにけり（一七四三）

　平安初期の延喜（九〇一～九二三）の御代、一月七日に白馬を御所の庭に引きだし、天皇がご覧になったあと、宴会をお開きになる白馬節会という儀式が、古くから年中行事として行なわれていました。この日に白馬を見るとその年の邪気を払うという中国の故事があったのです。身分の低い女蔵人内匠も、晴れの衣裳をきて参上し

たのですが、それが禁色になっていた紅の深染で、また運悪く車の簾のそとに裾が出ていたので、検非違使に見つかってしまいました。

ところが、彼女は身分こそ低いのですが、才知あふれた女性だったので、すぐ「大空に照る日の、緋の色をおとがめのようですが、太陽の色をとがめては、この世にだれも住むことができないのではないでしょうか」と詠んだので、さすがの検非違使も感心して「まあ、きょうはおめでたい日だから――」といって、とがめずに通したということです。

5 近世の紅

日本でベニバナを栽培しはじめたのはいつ頃なのでしょうか。これまでは七世紀の初めごろといわれていましたが、平成元年九月に奈良県立橿原考古学研究所が藤ノ木古墳（奈良県生駒郡鳩町、六世紀後半）の遺物研究の成果を発表したなかで、石棺内にベニバナの花粉が大量にあったと報告しています。花粉を分析した天理大学附属天理参考館の金原正明学芸員によりますと、ベニバナの花粉が一三九五個あったといいますから、遅くとも六世紀後半には日本でも栽培されていたことになるでしょう。しかし、大量にベニバナの栽培が行なわれたのは、近世に入ってからです。

ベニバナといっても花びらは黄色です。エジプトあるいはインド原産ともいわれるアザミに似たエキゾチックな花です。

芭蕉も見たベニの花

芭蕉は元禄七年（一六九四）、『奥の細道』の旅の途中、仙台から山形に入り、尾花沢の俳諧仲間鈴木清風の家に世話になりました。清風は紅花問屋の主で、〝紅花大尽〟とよばれていた、この地方きっての豪商でした。芭蕉はそのときのことを、

尾花沢にて清風と云者を尋ぬ。かれは富めるものなれども、志いやしからず。都にも折々かよひて、さすがに旅の情をも知たれば、日比とゞめて、長途

のいたはり、さま〴〵にもてなし侍る。

涼しさを我宿にしてねまる也

山形領に立石寺と云山寺あり。慈覚大師の開基にして、殊清閑の地也。一見すべきよし、人々のすゝむるに依て、尾花沢よりとつて返し、其間七里ばかり也。——

と記しています。

芭蕉は清風の案内で、はじめて、一面に広がる黄色い紅花畑を見て驚いたようです。「まゆはきを俤にして紅花粉の花」と、その花の形が眉掃きとよばれていた白粉刷毛に似ているのをみて感心しています。

また、彼は、やがてこの花も摘まれて、遠く江戸や京に売られ、振袖や、赤い下着を染める染料や口紅になって

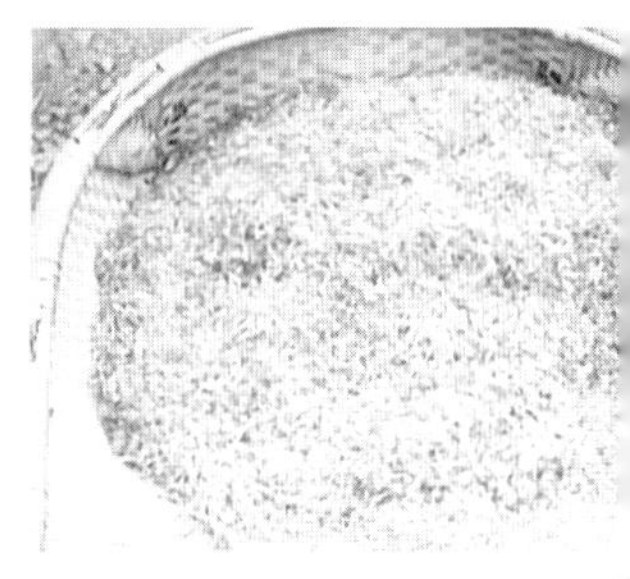

＊ベニバナづくり

1 ベニバナ摘み（腰につけたテンゴに花びらを入れる）
2 ベニバナ（アザミに似た黄色い花）
3 花びらをよって選ぶ
4 選ばれたきれいな黄色い花びら
5 花びらを桶に入れて踏む
6 黄色い色素を洗い流す
7 ムシロに並べ乾燥しないようにする
8 一昼夜放置すると赤く発酵する
9 真っ赤に発酵した花びら
10 花びらを臼に入れて搗くと、餅のようになる
11 搗いた花びらを手でまるめ、ムシロに並べる
12 上からムシロをかけて踏む
13 上のムシロを叩き、搗いた紅餅を下に落とす
14 裏がえしにして完全に乾かす
15 完全に乾くとムシロからとれる
16 集めた紅餅は箱に入れて出荷した

……さてさて、どんな美しい娘さんにめぐり逢えることやらと、

　　行すゑは誰肌ふれむ紅の花　（西華集）

とよんだのは、おそらくこのときでしょう。

　黄色い花びらの先が、少し赤味を帯びたころ摘みとるのですが、紅花には、アザミとおなじように茎や葉縁に鋭い棘があります。花を摘むとき、この棘がたいへん痛いので、朝はやく、まだうす暗く、露のあがらないうちに摘みとります。露にぬれているうちなら棘がやわらかいからです。摘みとった花は、臼で餅のように搗き、お煎餅のようなかたちにして乾かします。これを紅餅とよび、産地から馬や船で江戸や京へ運び、紅に仕上げるのです。

ベニバナは化粧料や染料のほかに、漢方薬としても使われていました。

婦人病の万能薬といわれ、産前産後、腹痛、月経不順などに駆瘀血剤として、つまり停滞した鬱血をのぞき、血液の循環をよくするのに、いまでも使われています。

紅には暖まるという効能効果があるので、腰巻のような肌着に紅染めが使われたのです。ですから「誰肌ふれむ」というのも頬や唇ではなく、あるいは紅染めの肌着のことかもしれません。

紅化粧は、うすうすと………

紅は収量が生花の〇・三パーセントとたいへん少なかったので「紅一匁金一匁」といわれたくらい高価なものでした。しかし血色のよい健康美を表現するのに紅は欠かせませんから、唇はもちろん、爪にも頬にも紅をさしていました。

その紅化粧にも流行がありました。江戸時代二七〇年の間でも、紅をうすうすとぬったり、まったくぬらなかったり、濃く緑色に発色するくらいにぬったり、さまざまでした。

「うすうす」というのはどの程度かというと、貞享四年（一六八七）奥田松柏軒の編集した『女用訓蒙図彙』には「ほうさきに紅をつくるは桜の花ぶさにたとへたり、花のしろき底に、ほの〳〵と赤色のあるにもあらず、なきにもあらぬやうにすべきなり」と、頬紅のデリケートな色合いを桜の花びらに例えて見事に表現しています。そして「紅つけたるとめにたつは、無下に心おとりせらるゝ也」と注意しているのですが、おなじことを五年後の元禄五年（一六九二）艸田寸木子（苗地丈伯）著の『女重宝記』は「紅なども頬さき口ひる爪さきにぬる事、うす〳〵とあるべし、こくあかきハ、いやしく茶屋のかゝにたとへたり」と、いましめているのは、素人の娘さんのあいだでも紅の濃いのが目だってきたからでしょう。『女用訓蒙図彙』は頬紅に続いて爪紅、口紅いずれもうすくぬるよう説いていますから、江戸の初期は淡いながらも紅化粧のさかんだったことがうかがわれます。

ところが江戸中期、八代将軍吉宗が行なった「享保改革」の影響は化粧にも現われたのです。化粧はその華やかさを消し、口紅はもちろん、頬紅もつけないほどの薄化粧となり、紅化粧は消えてしまいました。ずっとのちの文化一四年（一八一七）喜多村筠庭の著わした『瓦礫雑考』に「享保の比までも婦人は顔は粧に頬紅とて、紅と白粉を和て頬にぬること有しを、元文（一七三六―四一）の初めごろより貴賤ともにほゝ紅を止て白粉ばかりぬり、或は塗らぬもあり」とあり、この原因を、遊女が化粧をしなくなったからだ、と述べています。

しかし、ほどなく世情の安定につれて化粧も回復し、鈴木春信にはじまる錦絵にも、しばしば鏡にむかう化粧風俗が画題としてとりあげられるようになります。

明和・安永・天明期の、春信、湖竜斎、清長などの一連の美人画は、いずれも画一的な美人で、顔を見れば、どれもおなじ春信風美人や清長美人で、それにみんな全身像を描いています。

ところが、歌麿になると三人三様の美人を描き、髪形、眉の形、目の形、唇の形、表情など、すべてを描き分けています。そのためにも、歌麿は顔をアップにした、いわゆる大首絵で女性美をとらえたのでしょう。

歌麿がこのような手法を開発した背景には、おそらく安永ごろからの髪型の多様化につづき、彼の活躍した寛政、享和（一七八九―一八〇四）のころから化粧がさかんになり、関心がよりいっそう高まってきたからにちがいありません。たんなる歌麿の、美人画にたいする思い入れの現われだけではないように思います。

役者の影響が化粧にも

いったんは消えるかにみえた紅化粧が、江戸末期の文化年間になると再び復活します。

文化六年（一八〇九）発行の式亭三馬の書いた『浮世風呂』は、銭湯のなかで交わされた町人の会話を生き生きと再現させているので、当時の風俗を知るうえで貴重な文献です。三馬は戯作者であると同時に「江戸の水」という化粧水を売り出している化粧品屋を営んでいただけに、化粧にたいする関心も人一倍強かったにちがいありません。したがって、この本に書かれている化粧風俗の信憑性は高いとみてよいでしょう。

おかべ「さうさ。あのまア化粧の仕様を御らんか。目のふちへ紅を付て置て、その上へ白粉をするから目のふちが薄赤くなつて、少しほろ酔といふ顔

役者の紅化粧　一寿斎国政筆

色に見へるが、否なこつたねへ」
おいへ「目のふちへ紅を付けるのも、一体は役者から出た事らしいネ」
おかべ「あれも大かたはさうだらうが、昔からする人が有から、あの方はまアゆるしもせうよ。しかし、目のふちへ紅をつけた人は、老て目のふちが黒くなるツサ。気を付て御覧。目のふちの黒い人が、大年増にあるものだ」
おいへ「ありますく\」

とあるのをみると、目のふちへ紅をつけるアイメイクアップのあったこと、それも上方から流行してきたこと、いま風にいえばファッションリーダーは歌舞伎役者だったこと、その役者の影響を受けて、一部にはわりあい濃い化粧が行なわれるようになっていたことがうかがえます。

さらに、紅によるシミのできた人のいたこともわかります。なお、文中の大年増というのは、江戸時代は、一九、二〇歳はもう年増、二〇歳からが中年増、二八、九歳から上が大年増といったのです。

江戸の紅問屋「柳屋」

いま、綜合化粧品メーカーへと発展した柳屋も、実は創業のときは紅屋でした。

社史によると、創業は元和元年（一六一五）といいますから、いまから三八〇年ばかりむかしで、いちばん古い化粧品屋ということになるでしょう。

柳屋が初代と称し、業祖とあがめているのは呂一官という明国の人で、いわゆる漢方医だったようです。

むかしのインテリといえば、坊主に医者と相場は決まっていましたが、それは本職のほかになんでも知っている偉い人だったからでしょう。そういえば、ベニバナをいちばん最初わが国に紹介したのも曇徴という坊さんでした。

呂一官も、染色と織物の知識があったということですが、漢方薬は草根木皮を煎じていると、煎汁に色がでてくるから染料の発見につながったのでしょう。漢方薬のなかには染料植物が多かったのです。

紅花、紫根、丁子、大黄、黄柏（きはだ）などは、よく知られた生薬であり、染色原料でもありました。

呂一官は日本に来て間もなくの天正一二年、徳川家康に招かれて遠州浜松におもむき、土地と屋敷を与えられて帰化しました。そして堀八郎兵衛と名のることを許されたといいます。

呂一官の墓　江東区・本誓寺

やがて、家康によって天下が統一され、江戸の町づくりに譜代の家臣を連れて江戸に乗り込んできました。そのとき呂一官も江戸入りし、いま柳屋のある日本橋通二丁目角に家屋敷を与えられたのです。町づくりに参画したらしいのですが、それが一段落したころから、紅の製造を始めたようです。その動機は定かではありませんが、ともかく平和になれば化粧品が売れると思ったのではないでしょうか。

漢方医としての知識があるので、紅をつくることは、さして難しいことではなかったのでしょう。

これが元和元年のことだといいます。商売として成功したのでしょうが、惜しいことに九年後の元和九年（一六二三）一〇月一〇日、異国の地でその生涯を閉じました。墓は江東区清澄町の本誓寺にあります。

この呂一官、つまり堀八郎兵衛の商売の権利一切を引き継いだのが近江商人であった初代の柳屋五郎三郎でし

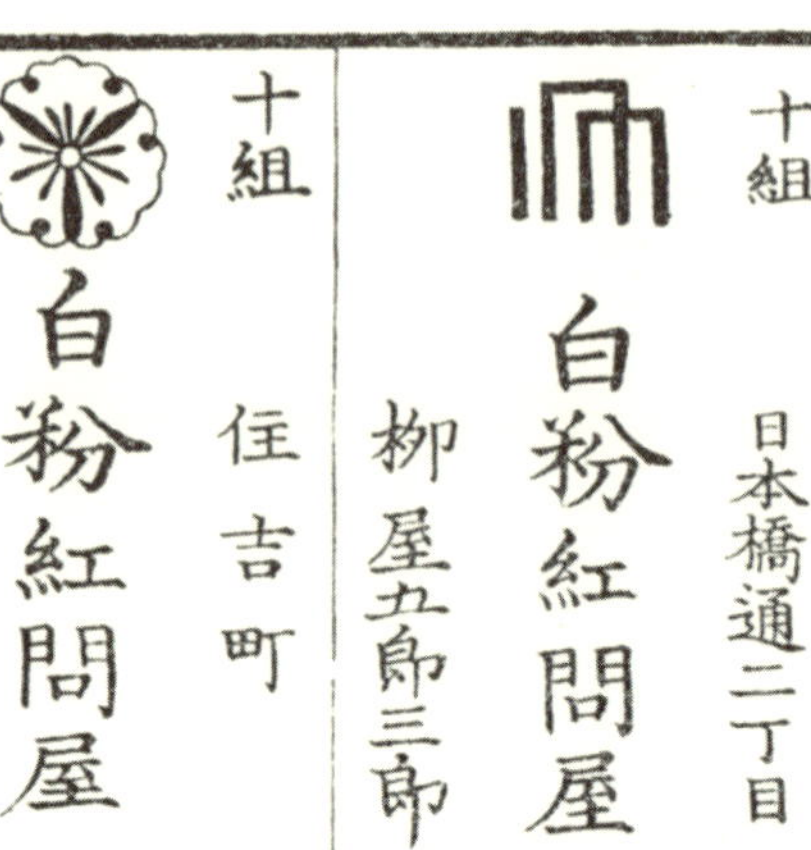

▲『江戸買物獨案内』に載った柳屋

玉屋は伽羅之油にも力を入れていた▶

た。しかし、その後の柳屋についての記録は残念ながら見当りません。

花咲一男氏によると、享和三年（一八〇三）に出た山東京伝の自画作『奇妙図彙』に

柳屋の紅猪口は
　くれないのいろいろ

とあるのが、いちばん古い記録だそうです。

京都の「玉屋」江戸へ進出

『江戸名物狂詩選』（天保七年・一八三六）には、

紅問屋玉屋の繁盛ぶりを

朱旗揺影本町風　認得暖簾玉屋中
世上人人貴寒製　買来猪口幾杯紅

と詠んでいます。

〈日本橋本町二丁目の角にある紅問屋、玉屋善太郎の店先には、赤い旗が景気よさそうに風にはためいてい

る。店のなかには、紅のなかでも、いちばん貴ばれている寒紅を買う人がいっぱい。それも、ひとりでいくつもの紅猪口を買っている人がいるからたいへんな賑わいである〉

とでもいうのでしょう。

朱旗は、もっぱら江戸だけで使われた紅屋の旗じるしで、紅染めした木綿の小旗を竿の先につけたり、暖簾といっしょに庇に吊ったりしたものです。

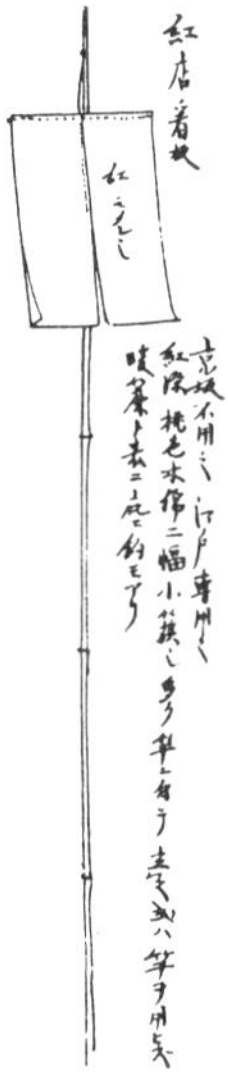

◀紅屋看板『守貞謾稿』

▲駒形堂吾嬬橋　広重『名所江戸百景』
紅屋の朱旗がはためている

川柳にも、

角の玉屋で約束の寒の紅　（柳樽百一三・11）

角ク玉で嫁が見立てる紅の猪口　（柳樽百二九・26）

と、玉屋の繁盛ぶりをうたっています。

寒のべにせと物や程御さい持チ　（柳樽三四・33）

という風景も見られたでしょう。御宰は大名の奥向きで使った下男のことです。大勢の奥女中に頼まれて買い込んだのでしょう。下男にたいするやっかみ半分の諷刺句です。

この玉屋、もともと京都が本店で、江戸はその出店。紅はやはり、京都が本場という京紅のイメージをもった玉屋はたんへん有利だったようです。

京都の紅屋の「小町紅」

京都の『商人買物獨案内』（文政年間）を見ますと、

▲東錦美人合　清峯筆

▲今風化粧鏡　国貞筆

▲佐野川市松のおまんがべに
奥村利信筆
東京国立博物館蔵

不思議なことに、どこの紅屋でも、商品名は〝小町紅〟を名のっていました。

いまのように商標権などのなかった時代ですから問題にならなかったのでしょうか。いや、そうではなく、きっと問題にしても、どうしようもなかったにちがいありません。

小町紅だって、はじめはどこかの商品名だったのが、いつのまにやら、どこの店でも使いだして、しまいに一般名のようになってしまったのでしょう。

ですから川柳にも小町紅は紅と同義語としてたくさん詠まれています。

少々はおまけ申すと小町紅　（梅柳二一・8）

小町紅は、いうまでもなく小野小町からとった美人の代名詞。少々は深草の少将をかけただけのもの。小町紅は高いものだから、少しはまけられるが、そんなにはまけられない、という意味でしょう。

高価なものだから、ふだん普通の人は口紅などつけませんでした。ですから、

渓斎英泉　　美艶仙女香といふ　坂本氏のせいする　白粉の名だかきに　美人をよせて
はつ雪や　美人のはぎの　又白し　　東西菴南北

さそふ水あらはと後家ハ小町紅　（柳樽別下・10）

さそふ水ないのに下女が小町紅　（柳樽百一二・3）

という句が生きてくるのでしょう。

もちろん、役者や芸者、それに奥女中などは毎日、厚化粧していたのですから、当然、口紅もつけていたでしょう。

恐ろしさ殿のお耳に小町紅　（柳樽九九・86）

といったこともあったでしょう。

紅を濃くぬる「笹紅（ささべに）」の流行

こんな川柳も見受けられます。

口紅粉（くちべに）がさっぱり池の茶屋ではげ　（柳樽二六・7）

池の茶屋というのは上野不忍池（しのばずのいけ）のほとりにあった出合茶屋のことです。出合とは逢曳（あいびき）、密会、デートのことです。

逢いびき専用の茶屋は、江戸中いたるところにあったようですが、なかでも不忍池の弁天島の周囲には一五軒ばかりあったので「不忍（しのばず）といへど忍ぶにいゝところ」（柳樽七六・35）というので有名でした。

その出合茶屋で、きれいにつけていったはずの口紅が、帰りにはさっぱりはげていた、というのです。

紅は高価なのだが、落ちやすい、しかし、その高価な紅をたっぷりぬっているという見栄（みえ）も手伝って、だんだん濃く、しかも光らすことが流行（はや）りました。

濃くはくと黒主（くろぬし）になる小町紅　（柳樽百一〇・16）

黒主は小町とともに六歌仙の一人である大伴黒主をかけているのですが、紅は濃くぬると黒に近い暗緑赤色になることを詠んでいます。これがまた、変わっていて美しいというので、〝笹紅〟とよばれ、江戸時代の先取り娘にうけ、当時の流行化粧へと発展しました。

これについて『嬉遊笑覧（きゆうしょうらん）』（文政一三年・一八三〇）には

近頃は、紅を濃くして、唇を青く光らせるなどするハ何事ぞ、青き唇ハなきものを、本色を失なへり、それゆゑ時勢粧（じせいしょう）を画く者、女の唇を草の汁にて塗

り、濃彩にハ緑青して彩りぬ。

と著者の喜多村信節をして嘆かしめています。

しかし、年寄りがどう嘆こうと、若い者には関係ありません。〝変わっている〟ということが新しい魅力だ、というのですから、まったく、いつの世でもかわりません。笹紅はますます流行していきました。

ところが、この流行の途中で、いわゆる水野忠邦の「天保改革」の影響をこうむり、高価な紅をたくさんぬることは許されなくなったのです。そこで流行を追う娘たちは紅を濃くぬったのとおなじ効果を出す方法を工夫しました。それは、紅をぬる前に、まず下唇に墨をぬり、その上から紅をぬることによって、美しい笹紅をつくり出したのです。

この化粧法については、文化一〇年（一八一三）に出た『都風俗化粧伝』にくわしく紹介されています。また、大阪生まれの喜田川守貞は、江戸に出てきて、あまりの風俗のちがいに驚き、天保八年（一八三七）から上方と江戸の風俗のちがいを克明に記録した『守貞謾稿』を残しています。そのなかでも笹紅について、

紅ヲ濃シテ玉虫ノ如ク光ルヲ良トセシガ又紅ノ多クイルヲ厭ヒテ下ニ墨ヲヌリ其上ニ紅ヲヌレハ紅多ク用ヒズシテ真鍮色ニ光ル也

と化粧法を説明しています。濃くぬった紅は、乾くと、ちょうど赤チンキか赤インキのように緑色に蛍光色を発するので、高価な紅をたくさんぬっているという、見栄が生んだメイクアップファッションといえるでしょう。

この口紅化粧のアイディアは、さらに唇の形なりに紅をぬる、というだけでなく、唇をデザインするという新しいメイクアップを生み出しました。

江戸末期の絵画資料、とくに英泉、国貞などの浮世絵版画や、上方の画家祇園井特などの肉筆浮世絵には数多くの笹紅化粧を見ることができます。

紅屋のマーチャンダイジング

紅猪口は、紅の猪口、つまり盃の中に紅をぬりつけたもので、乾いた状態で売られていました。

紅は染料で、光に弱いので、こんな容器が工夫されたのでしょう。猪口だから使わないときはいつでも伏せて

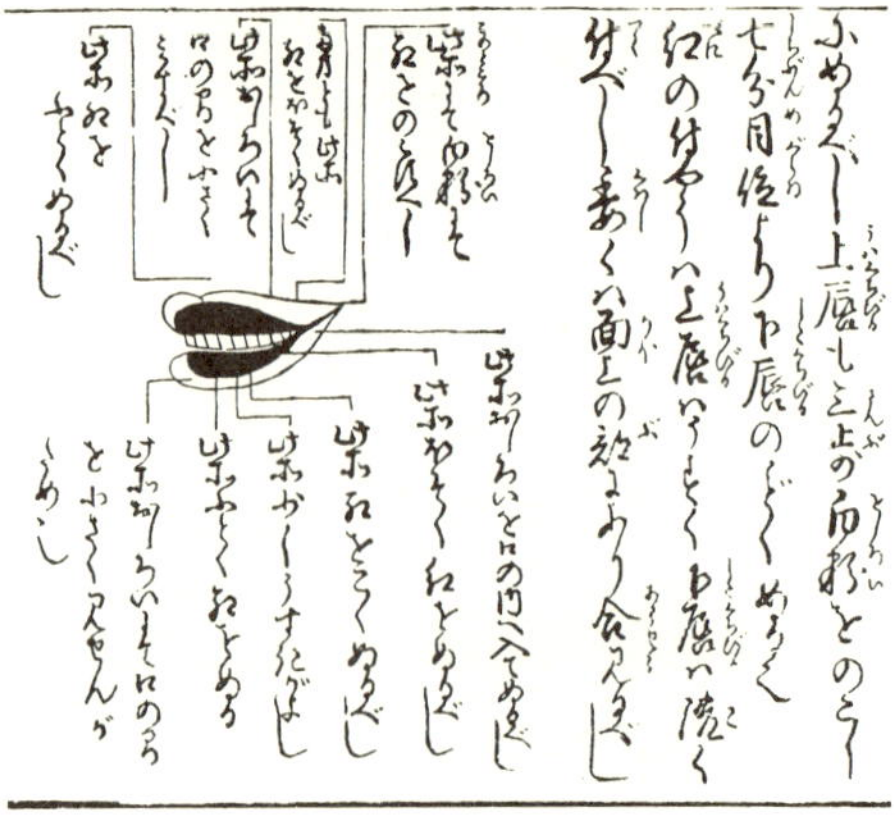

紅の付やう『都風俗化粧伝』

おくので、光線は入らないし、使うときは裏返せばいいのですから簡単です。なにしろ〝金一匁が紅一匁〟といわれたくらい高価なものですから、紅猪口を伏せておいても下に垂れるほどは塗られていません。

それにしても盃を伏せておくだけで完全密封とは、これまたなんとすばらしいパッケージなのだろうかと、その発想に驚かされます。

陶器製の猪口や皿のほかに、まだいろいろな容器があります。私の持っているものでも象牙製の薄い小筥や黒漆塗り、金蒔絵の、まさに蓋だけとしか思えない紅皿もあります。その蓋の内側に、黒ずんでいますが、玉虫色に光った紅がぬってあります。使うときは蓋を裏返せばよく、使わないときは伏せておけば埃の入る心配もありません。また、容器の蓋ではありませんからきちっと締める、などという手間もいりません。

これらの紅猪口には、いろいろな大きさのものがありました。小さい酒盃から、大きいのは茶碗のような大きさのものまでさまざまで、とくに大きいものは絵柄も美しく、紅をつかい終ったらお歯黒をつけたあとのうがい茶碗に使えるようにと、ちゃんとアフターユースが考えられていました。

量り売りではないけれど、皿や猪口をもって行って紅を刷いてもらえば、安くあがりました。

また携帯用で、帯の間にもはさめるように、折りたたんだ板紙に紅をぬりつけたものもありましたが、これはたいてい金泥の表紙に丹頂が描かれていました。

文化・文政（一八〇四－二九）という時代は、江戸時代のなかでもいちばん綱紀が弛み、風俗が頽廃した時代ですが、庶民の文化は爛熟し、その極に達していました。ですから、化粧品も、きっと売れたにちがいありません。

文政七年（一八二四）に出された『江戸買物獨案内』と

＊浮世絵に見る笹紅（描き方にもいろいろあったことがわかる）
1英泉　浮世風俗美女競　　2英泉　浮世風俗美女競
3英泉　今様美人拾二景　　4英山　青楼美人合

いう、いまでいえば「ショッピングガイド」とか、「有名店案内」といった種類の本があります。この本には、江戸中の商店が数千軒載っているのですが、どうやら全部広告掲載料をとっていたらしく、スペースに大小があります。

そこにわりあい大きなスペースで柳屋が顔を出しています。それに紅だけでなく、白粉もはじめるようになっていたことがわかります。

まだまだ化粧人口の少なかった時代に、ともかく江戸に一五軒も紅問屋がありました。前述の紅白粉問屋玉屋善太郎をはじめ、京都の有名紅問屋の出店ができていたというのですから、江戸における紅の需要は想像以上だったのでしょう。

この化粧紅の需要を高めた背景に、私は紅屋のなかにすぐれたアイデアマンのいたことを見つけました。

紅屋のマーケティング戦略

紅は紫外線を極度に嫌うだけでなく、温度にたいしても敏感です。したがって良質の紅のうちでも寒のうちの深夜丑の刻（午前一時から三時ごろまで）につくったものがいちばんいいとされて、これを寒紅とか丑紅とよんでいました。

紅製造の五カ条という紅屋の家訓があります。

一、紅製造ニ先ダチテ垢離沐浴シテ神鏡ニ向フベシ
二、製造ハ深夜丑満時刻ニ於テスル事
三、年中寒水ヲ貯蔵シ製造料ニ供スル事
四、工場内ヘハ月事アル婦人ヲ入ル可ラズ
五、製造紅ハ黒色漆器ニ容レ穴蔵ニ収ムル事

垢離は神仏に祈願するため、冷水を浴び、身体のけがれを去って清浄にすること。沐浴は髪を洗い、身を洗うこと。つまり身を清め、そしてもっとも寒い時刻に、さらに細菌のない清らかな水でつくらなければ良い紅は出来ない、というのでしょう。

このときつくった紅を寒紅とよび、とくに寒のうちの丑の日につくったものは丑紅とよんで、そのすぐれた効用を宣伝したのです。

丑の日になると、朝早くから紅屋の店先は若い女性で門前市をなしたということです。丑紅の売り出しには素焼きの小さな寝そべった牛をつくり、これを金色と黒色

栄昌　郭中美人競　なで牛　東京国立博物館蔵

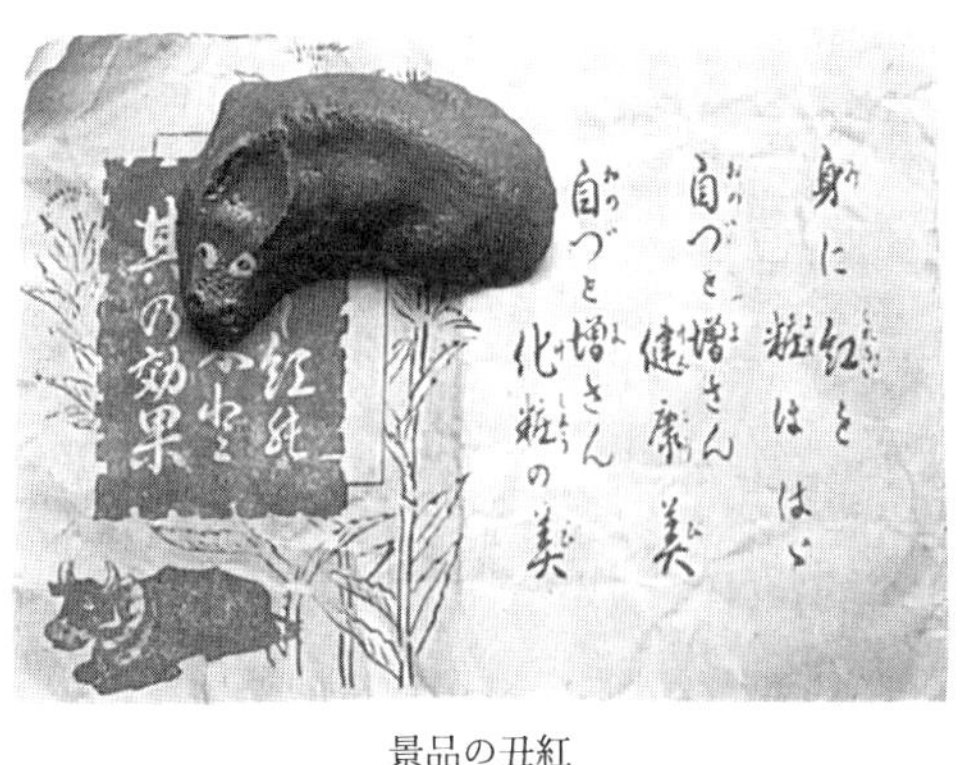

景品の丑紅

との二種類にぬりわけ、紅のお買い上げ金額に応じてお客さんに差しあげました。

年に一度、この丑紅の景品の牛をもらうために朝早く起きて紅屋の店先に並ぶのにはわけがありました。もちろん、このときの紅が品質的にもいちばんすぐれていると宣伝されてはいましたが、それだけでなく、この景品の牛をもらい、家に帰ってから小さな座布団をつくり、その上に載せて神棚にあげて毎日お祈りをすると、一年中健康で美しくなれる、という当時流行していた撫牛信仰をとり入れた前宣伝が効いていたのです。

豪商などでは素焼きや木彫りの臥牛の置物に布団を敷いて神棚に祭り、牛の背を撫でて商売繁盛を祈っていました。また花柳界でも撫牛信仰は盛んだったようで、栄昌の描く「郭中美人競のうち若松屋内緑木」には、四枚重ねの布団の上にのせた比較的大きな牛を撫でている絵があります。これなどは花柳界で行なわれていた盛塩の故事から、牛が客をつれて来てくれるようにという願いが込められていたのかもしれません。

この絵の牛は立派ですが、丑紅の景品の牛は金色と黒色はあるものの素焼きの牛で安物です。しかし、考えてみれば交通安全のお札にしても、護符にしても大量に印刷された薄っぺらな紙です。ようは、そこに付加価値があるかないかが大切なのでしょう。

むかしの化粧品屋には、こんなにもすぐれたマーケティングマンがいたのか、と感心しました。

6 近代の紅

明治に入ると、御一新ということで、化粧も化粧品も、しだいに上流階級から洋風化の途をたどります。すべてにわたって江戸時代の、あの洗練された色彩感覚はどこへ行ってしまったのかと、不思議に思われるくらい一変してしまいます。

以前、明治の文学作品から色名を抽出したことがありますが、あまりにも暗い色名ばかりなのに驚いたことがありました。その暗いなかで、光ってみえたのはわずかに金とダイヤモンドだけでした。

明治はいい時代だった、という人もいましたが、実際、明治時代に少なくとも二〇歳代を送った人(現在だと百歳以上の方)に以前お聞きしたのですが、いや、暗い、いやな時代だった、とおっしゃってました(四〇年ぐらい前に聞いた話です)。実は、そういう話を聞いたこともあって文学作品のなかから明治の色を抽出してみたのです。

また、改めて絵画作品をみてみると、油絵などはとくに暗い色調のものが多く、一種独特な雰囲気をもっています。

ところが明治の浮世絵版画(錦絵)になると、これはまた、油絵とまったくちがって、どぎつく、品性のうすれた色彩と配色です。

明治の著名な風俗研究家石井研堂も『錦絵の彫りと摺』という本のなかで、明治の錦絵を「俗悪低級の赤錦絵」と決めつけ、「予は本邦の錦絵は事実上明治の初めに亡びたと思っている」と嘆いています。しかし近年になって、明治の版画もそれなりに認められるようになりました。それは色彩に時代懸ったことと、見なれたこと、それに明治の風俗を知る資料価値があるからでしょうか。

天然染料から合成染料へ

どうして明治に入ると急に色彩感覚が変化したので

しょう。そのひとつの理由は天然の染料が舶来の合成染料に変わったことにあると思います。

江戸時代末期の一八五六年（安政三）イギリスのW・H・パーキン（William Henry Perkin 1838－1907）が偶然、絹を薄紫色に染める色素モーブ（mauve）を発見したのです。これが合成染料の研究開発へと発展し、ほどなく日本へも合成染料が紹介されました。洋紅とよばれたカルミンとかコチニールとよばれたもの、さらに廉価なアリニン染料などがどんどん輸入されたので、それまで使われていたベニバナの紅は急速に斜陽化の一途をたどったのです。

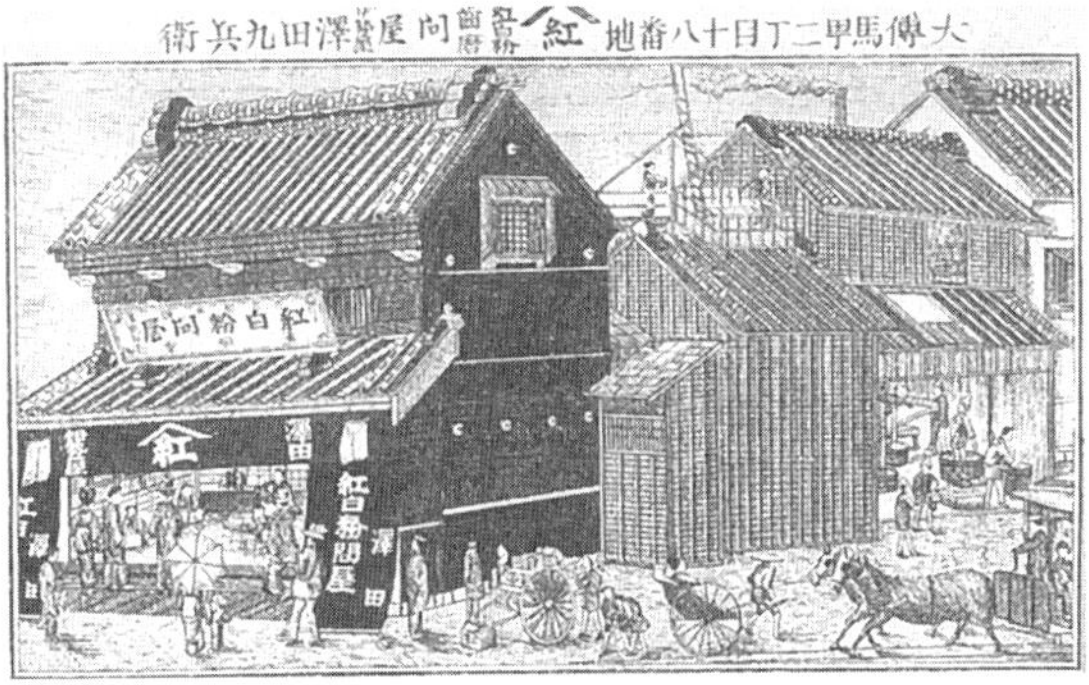

明治時代の紅白粉問屋伊勢半澤田商店の店先
伊勢半蔵

西欧諸国に追いつけ追い越せという国策にのって、西欧文化を批判する余裕もなくうけ入れたようです。ちょうど第二次世界大戦後にアメリカ文化をなんでもありがたがっていたのと似ています。

明治の錦絵はその象徴といえるでしょう。

明治四三年発行の藤波芙蓉著『新式化粧法』（博文館刊）は、化粧の意義から美顔術、化粧法、化粧美学と、二八〇頁にわたって書かれた洋風の美容百科です。著者についてくわしくはわかりませんが、博文館という、当時一流の出版社から出ているものなので、まずこの時代の水準とみていいでしょう。それによると、

> 紅は素、蕃紅花といふ植物から採つたのと、カルミンと云つてコッセニル虫から製したものとの二種類ある……

としています。

蕃紅花は紅花のことらしいのですが、カルミンはカーマインレッド（Carmine Red）、コッセニルはコチニール（Cochineal）のことです。ここまではまあいいのですが、

> 此等の原料によりて製せられた紅は、元来幾ら厚く塗つたところで、その性質として決して瑠璃色になる筈のものでない。

といきまいて、青光りするのは混和物があるからだ、と決めつけています。そして、

この混和物こそ誠に忌むべく嫌ふべき非衛生的な汚穢物であるのだ。それは口にするさへ紳士淑女の前に憚るべき物で、芙蓉は之を明らさまに云ふことを躊躇せねばならぬ。と云つて此儘黙しては研究の道にそむき……思ひ切つて云ふことにするが、夫れは男女合歓によつて得たる精液を混和するが為であるのだ。

と、まったくあきれ返った珍説ですが、新しがり屋は、すべて古いものを排斥するために、このような愚にもつかない理屈を考えたのでしょう。

されば此等の紅を使用ふ位なら寧ろ猩臙脂を代用すべく、殊にこれが代用として塗唇ポマード即ち西洋紅を使用するの安全にして利便なるに如はない。その製法は左の処方による。

扁桃油　一〇〇・〇
白蠟及び鯨蠟　各一三・〇
ゲラニウム油　一・〇
白檀油　〇・六
アルカンナ根　一三・〇

……

この処方をみると、明治ももう末期なのに、西洋紅といっても、植物性のアルカンナ根を使っています。合成染料が、明治二、三年には、すでにわが国に紹介されていたのに不思議です。

当時の合成染料は、もっぱらドイツからの輸入にたよっていました。それは、安価なところから、しだいに天然染料を追いつめつつありました。

ところが、大正三年八月の第一次世界大戦の勃発により、染料や医薬品の輸入は途絶えてしまいました。あわてた政府は、翌年の六月に「染料、医薬品製造奨励法」を公布し、それまでの細々とした合成染料工業の保護と振興を積極的にはかりました。その結果、合成染料工業は急速に成長し、その反対に紅屋や藍玉問屋は次々と倒産していきました。

明治・大正の紅化粧

遠藤波津子著『正しい化粧と着付』（大正一五年）に、

白粉をつけただけでは片化粧といはれますが、実際白粉の上へ紅をさしてこそ初めて化粧が完成されるので、生気を添え、晴々しい気持を見せるのは紅の力です。当今では若い方々がこれに気付き、どなたもお紅はよく用ひていらっしやいますが――

とありますが、大正も末になって、ようやっと紅化粧が若い人からうけ入れられるようになったのです。

事実、明治・大正の新聞・雑誌に掲載された化粧品広告や記事のなかに紅はほとんどありませんでした。わずかに京都の紅清・紅平という江戸時代からの紅屋が、小さな広告を二、三度出したくらいです。

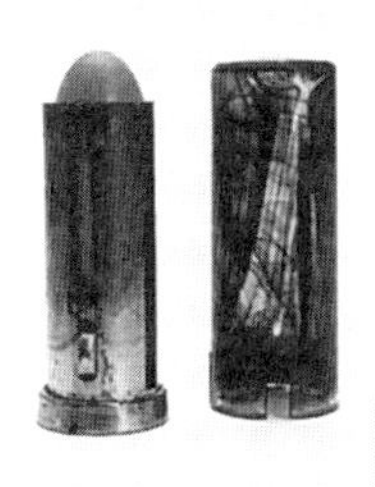
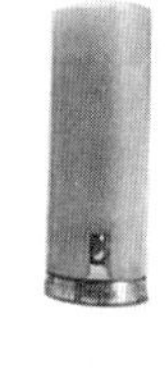

昭和20年代の押し出し式口紅（パピリオ）

キスミーの口紅（昭和20～40年代）

おそらく、口紅や頬紅は、上流階級の洋風化粧をしている人びととか、花柳界の人たちくらいだったと思います。それも、おもに舶来の化粧品だったからでしょう。

〽紅屋の娘の言うことにゃ……

舶来のリップスティックを模倣して国産化した最初は、大正七年、「オペラ口紅」で有名な中村信陽堂だといわれています。

創業者の中村重雄氏は

「明治三九年フランスのロジャガレー社とボージョイス社の口紅二種が輸入されました。容器は何れもチック式の紙製小型丸筒で装置は押出式でした」

と回想録で述べています。

舶来の棒状口紅は三色以上あり、一本二五銭で、当時としては高価でした。中村氏はベニバナからつくった本紅（皿紅）に似た真赤色の棒紅を、当時、日本で初めて公演されて話題をよんでいたオペラ（歌劇）にちなんでオペラ口紅と名づけ、一本一五銭で売り出したのです。

その後、各社とも競って売り出しましたが、どうも舶来の口紅にくらべると、いま一歩、というところだったようです。

　余談になりますが、私はかつて野口雨情作詞、中山晋平作曲の〝紅屋の娘の言うことにゃ……〟という歌がなんとなく哀調をおびているところから、この大正時代に続々と倒産していく紅屋の娘の悲哀を歌ったものであろうと想像していました。しかし確証はありませんでした。野口雨情の作詞年代も調べてみましたが、わかりませんでした。訪れたレコード会社でも、ＮＨＫの資料室でも、流行歌の作詞年代などわかるわけがないじゃないか、といわんばかりでした。

「紅屋の娘」がレコード化されてはやったのは昭和四年頃ですが、私の祖父をはじめ二、三の古老に聞きますと、たしか、大正時代にもはやっていたといっていました。もし大正時代とすれば、紅屋の倒産と話が合うではないか、そうにちがいない。私はもう、幻の紅屋の娘に憑りつかれてしまいました。

　そんなとき、親切な老先輩が、あの「紅屋の娘」の紅屋が、いまでも牛込の神楽坂にある、という情報をつかんできてくれました。

　神楽坂の芸者は、いまでも本紅を使っているのかもしれない、などと勝手な想像をしながら飯田橋駅を降りて、何年かぶりで神楽坂をのぼりました。

　驚くほど明るい柿色のタイルを敷きつめたきれいな坂道をのぼりながら、ふと、こんなところに古いノレンの紅屋があるなんて、ちょっと似つかわしくないな、という気がしましたが、ともかく、ぐるぐる訪ねまわりました。

　結果は案の定、戦前までは紅屋という屋号の菓子屋があった、ということで、教えてくれた人の聞きちがいと、私の早トチリでした。いまから三〇年も前のことです。

　そのほか、深川にあったという話も聞きましたが、それはとうとう行かずじまいになりました。

　それにその後、深川など、神楽坂より広いところを、あてどもなく捜しまわらなくてよかった、という結果になってしまいました。

　昭和三九年の秋、当時日本風俗史学会の理事長をなさっていた藤沢衛彦氏（明大教授）のお宅で、たまたま「紅屋の娘」の話が出たので、以上の経過をお話しした

ら、

「あの歌は、私の家で作られた歌なのでよく覚えていますが、そんな深い意味はありませんよ」

と一笑に付されてしまいました。

そのときの先生の話では、大正八年ころ、日本民謡協会というのがあって、藤沢先生と野口雨情氏が総務理事をやっていた関係から、先生のお宅が事務所になって、しょっちゅう作詞家や作曲家、歌手などが集まっていたそうです。

あるとき、野口氏が例の「紅屋の娘」の原案をもってきて、なに屋の娘がいいだろうか、とみんなに相談をもちかけられたとき、誰がいい出したのか記憶にないが、紅屋の娘がいいだろう、ということで簡単に決まってしまった、ということでした。

私は、作詞にあたって別にはっきりした意図のなかったことに夢破れた思いをしたものの、物事は、だいたいがこんなものかもしれない、すべてに理由をつけたり、意味を考えたりすることはたいへん危険だということを、改めて知らされたような気がしました。

しかし、その場に居あわせた誰かが、紅屋の娘を提案し、みんなが賛成し、それが歌われ、多くの人びとの心の琴線(きんせん)に触れ、愛唱された、ということに、私は夢をまだ捨てきれませんでした。

そこで、そのころの流行歌をさらに捜し求め、ようやく「神田祭」(小林愛雄作詞、弘田竜太郎作曲)の一節を見つけ出しました。

二、白粉に
　涙かくして
　門に立つ

江戸時代の紅猪口

紅皿　小町紅　大正末期〜昭和初期

紅板　小町紅が漆をぬった紙の上にぬってある。懐中用　大正末期　伊勢半蔵

というのがありました。わずか一例にすぎませんが、やはり前に述べたような、その当時の時代背景を認めてもいいのではないか、と思い、ふたたび藤沢先生に「神田祭」の一節をご覧に入れたら、昭和三年に、レコードに吹き込むため、歌詞の一部を書きかえた、ということだけお聞きすることができました。もとの歌詞はわからないが、やはり、この時代には、紅屋の娘に、共通のイメージのあったことは確かでしょう。ともかく、これらの流行歌が、消えゆく紅(くれない)のフィナーレになってしまったのです。

7　第二次大戦後の紅

第二次世界大戦後の昭和三〇年、キスミー化粧品は顔料を入れたふつうの口紅にエオシン酸という染料を配合した〝キッスしても落ちない〟「スーパー口紅」三色を発売して爆発的な人気をよびました。

キスは接吻とか、くちづけ、あるいはちょっと気どってフランス語でベーゼ（baiser）とよんで、モガ・モボの時代からさかんになりました。ところが、このときいちばん困ったのは口紅がついてしまうことです。ダンスをしても寄りかかれば洋服やワイシャツについてトラブルのもとになります。

そこで出来たのが「ツートン口紅」。これはエオシン酸やフロキシンという染料を使ったもので、見た目にはオレンジ色ですが、唇にぬると赤く発色するのでツートンとよばれていました。染料ですから唇を染めますが、落ちにくいのです。当時としては一色しかできないのが欠点でした。とはいえ、キスミーの派手な宣伝広告は、男性の私にも電車の車内吊りなどの印象が強く残り、いかにも、戦後を実感させるものでした。

紅屋の復活　一方、細々と続けられていたベニバナ栽培も、第二次世界大戦でまったく絶滅してしまいましたが、再び見直されてきたのは、戦後も

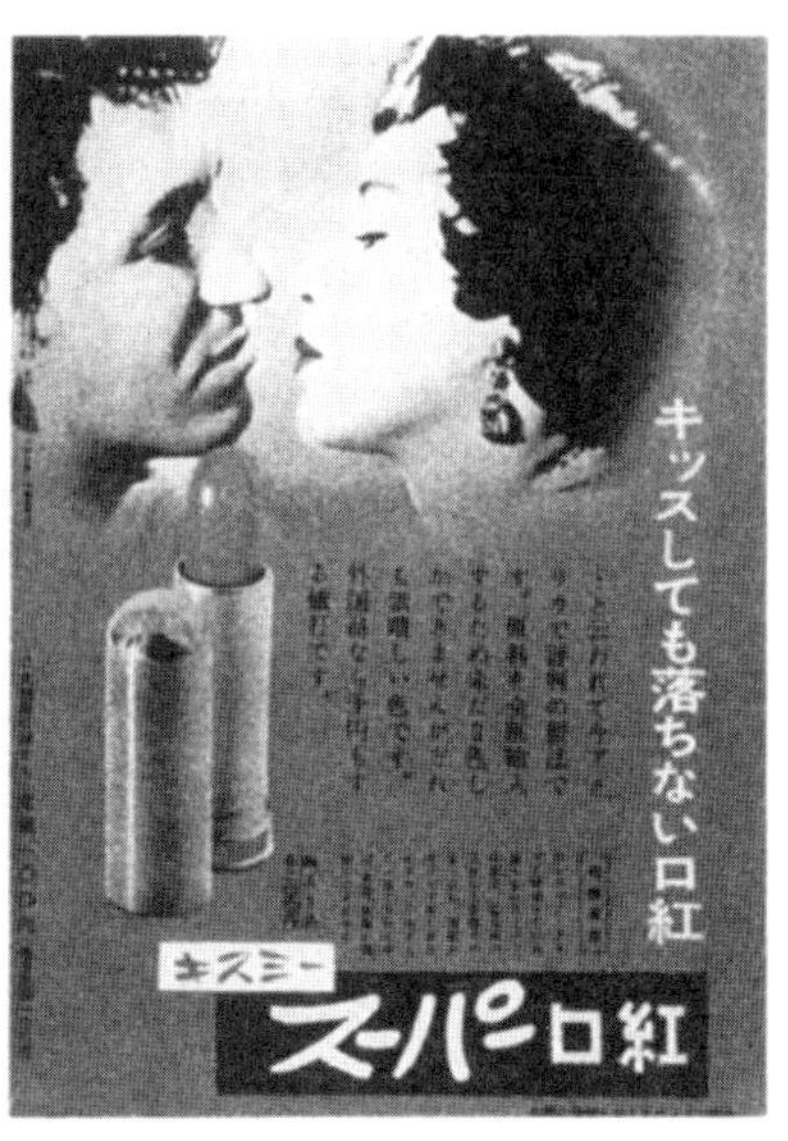

「キッスしても落ちない」がセンセーションを巻き起こした「スーパー口紅」
昭和31年『明星』1月号

だいぶ経ってからのようです。

その間の事情は『羽陽文化』一八号—紅花特輯号にくわしく記されています。

昭和二五年に厚生省が作成した全国薬用植物栽培計画案を知った山形県薬務課の原田氏は、なによりもまず、紅花の種さがしに奔走しました。県内くまなく捜しまわり、やっと入手したのは、わずかひと握りの種だったということです。さっそく出羽村の佐藤八兵衛氏の手で播種し、その翌年の春には十数本の発芽を見ることができたそうです。

間もなく有志により紅花振興会が結成され、翌二六年には紅畑も一〇坪（三三㎡）に増え、二七年には、翌年の秋に行なわれた伊勢神宮式年遷宮の御料として紅花餅一貫八〇〇匁（約三kg弱）を納入することができたといいます。ふつう反当り収量は紅花餅（紅餅）で三貫匁（五kg弱）といいますから、その増殖ぶりがうかがえるでしょう。

私がベニバナを知ったのは、昭和三二年一〇月の『薬事日報』に、武田薬品研究所の渡辺武氏が「紅花の今昔」と題して書かれていたのを拝見したのが、最初だったよ

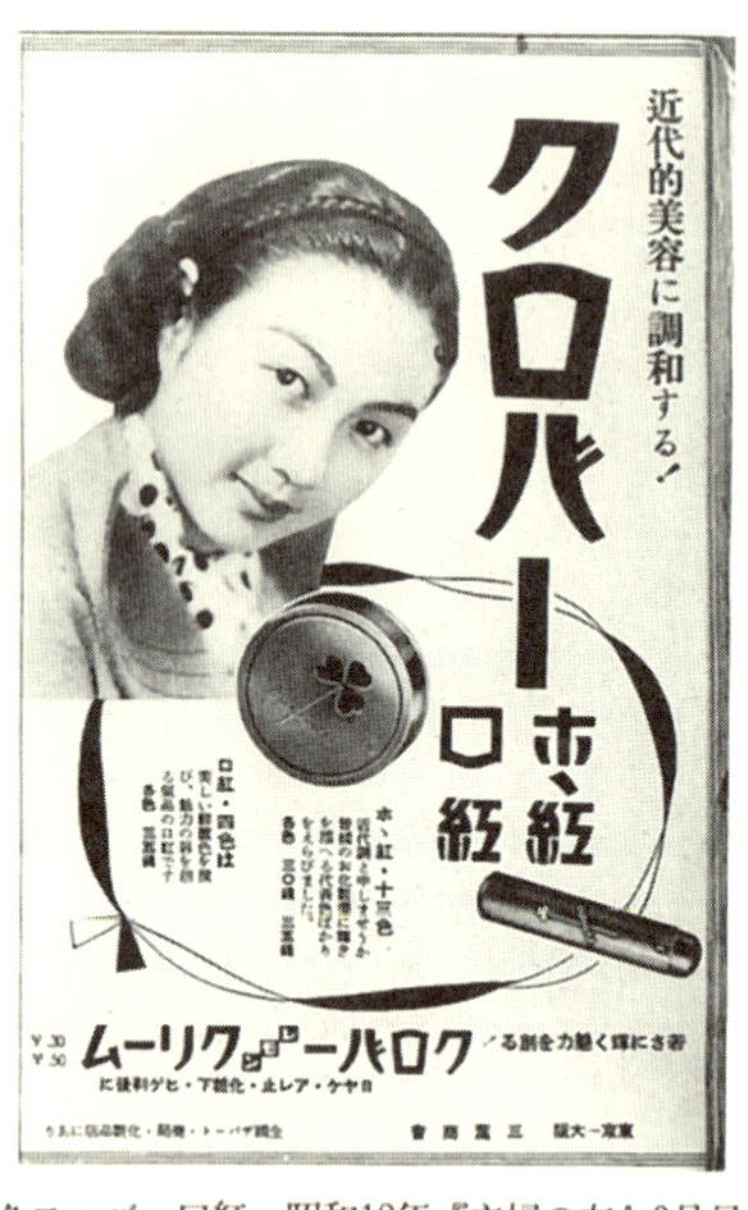

キスミー特殊口紅　昭和27年〜40年の新聞広告　クローバー口紅　昭和12年『主婦の友』3月号

うに思います。渡辺さんが、そのなかで

「天然紅（が見直されてきたのは）は、ただ皮膚に色彩を添える目的ばかりでなく、貧血や月経不順、のぼせ、血の道などを予防し、其の健康美を創造する作用が期待されているからである。

天然紅は、今日までのところ世界最高級の紅というべきであろう」

と述べられていたのをみて、私はベニバナに関心をもちはじめました。

翌年の二月二八日付『科学新聞』には、当時の資源科学研究所の和田水氏（東海大学名誉教授）が「興味をよぶ花の色の生合成」と題してベニバナの色素生成について解説をなさっていました。また、その年の七月一日付『日本経済新聞』で、山形市農業委員会事務局長森谷久右衛門氏の「植えつぎて濃し紅の花」というベニバナ紹介の随筆などが目につき、しだいに予備知識がついてくると、本物のベニバナや紅を見たくなり、私は和田先生を訪ねました。

資源科学研究所は新大久保駅から歩いて一〇分ほどの

ところにありましたが、研究所とは名ばかりで、戦後一〇年とはいえ、あまりにも荒れはてた建物に驚きました。

兵舎の跡らしいが、廃墟というにひとしく、このようなところで女性の研究者が、それも本来なまめかしくあるべき紅を研究しているというのが、なんとしてもイメージとして結びつきませんでした。

和田先生とは、どのような話をしたかいまとなってはもう憶えておりませんが、帰りにはベニバナの種と、特許和田式溶剤抽出法による紅猪口をおみやげにいただきました。

しかし、その紅は化学的処理をしたものと聞いたせいか、なんとなくソレらしく、コクがないように思えたので、ぶしつけにも「緑色じゃないんですね」とたずねたら「淡(うす)くぬってあるからですよ。濃くぬれば緑色になりますよ」と笑われてしまいました。

紅の薬効

その後、渡辺さんにもお目にかかる機会を得ました。お宅は京都市外の閑静な住宅地、阪急西向日町にありました。

あとで知ったことですが、渡辺さんは椿の研究家としても第一人者とのことでした。椿はセンダン科に属し、根皮、葉、莢果(きょうか)が薬用に供されるからでしょう。おなじように紅も、花、痩果(そうか)（種）、紅色素などが重要な本草でしたから、渡辺さんが研究の対象とされたのも当然でした。

ベニバナが婦人病の万能薬といわれてきたのも、血行障害に有効で、悪血を去り、造血をうながすので、温まるのでしょう。ですから漢方薬としても配合されていますが、紅花酒としても愛飲されてきました。

紅染めの肌着や腰巻が、冷えなくていいというのも、ここからきたのです。

漱石の『坊ちゃん』に出てくる教頭の赤シャツが「――当人の説明では、赤は身体に薬になるから、衛生の為めにわざわざ誂(あつ)らへるんださうだ――」というのも、やはりおなじ理由によると思われますが、はたしてどんなものでしょうか。

渡辺さんの研究は、花よりもむしろ種に含まれている、いわゆるベニバナ油の主成分、リノール酸でした。

脳卒中、心筋梗塞、狭心症などは、血中のコレステロールの増加からくる動脈硬化に起因します。そこで、リノール酸がそのコレステロールをエステル化して体外に排出しやすくする、という性質を利用して、動脈硬化を防ぐ薬をつくろうというのが目的でした。

そのリノール酸が、ベニバナ油には七五％も含まれていて、食用油中、最高の含量であるところから紅花の研究がはじまったのです。

武田薬品のＰＲではありませんが、動脈硬化予防薬「ベニオール」というのは、このベニバナ油からとったリノール酸が主剤の製品です。

渡辺さんからは「ボクのところでは、種からとる油だけが必要なんで、花はいらないから、パピリオさんで使いませんか」と、親切なお話をいただきました。

「いまはみんな輸入なんですよ。アメリカでは種から油をとるのが目的ですからね」と。

このころは、まだ日本であまり栽培されていなかったので輸入に頼らざるをえませんでした。それでも、紅専門のキスミーをはじめ、ジュジュ、資生堂、パピリオなど、みんな天然紅の研究を始めていました。化粧品メーカーだけでなく、食品メーカーも薬品メーカーも、それは化学合成色素を排除し、天然物のみを良しとする消費者運動なんかとまったく関係なく行なわれていました。良心的なメーカーはいつでも、できるだけ良いものを、と、絶えず研究しているのです。

現代の紅屋

現在、数多くの企業で出している社史のなかで、古書価のいちばん高いのはキスミー（伊勢半）の社史で二〜三万円しています。昭和三四年（一九五九）に刊行されたその伊勢半一七〇年史『紅』によると、寛政二年（一七九〇）日本橋小舟町に初代澤田半右衛門が紅製造問屋を創業したとあります。

この社史は、私が、前述の渡辺武氏や、山形の紅の研究家今田信一（こんたしんいち）氏、色彩史の大家上村六郎（うえむらろくろう）教授、風俗史研究家吉川観方（よしかわかんぼう）氏などの、諸先生方をご紹介し、紅をそれぞれご専門の研究領域からご執筆願った論文集的なものですから、社史としては、いまでも高く評価されているのです。

それはともかく、本当に本紅でつくった口紅を市販し

資生堂の本紅

キスミー伊勢半の小町紅

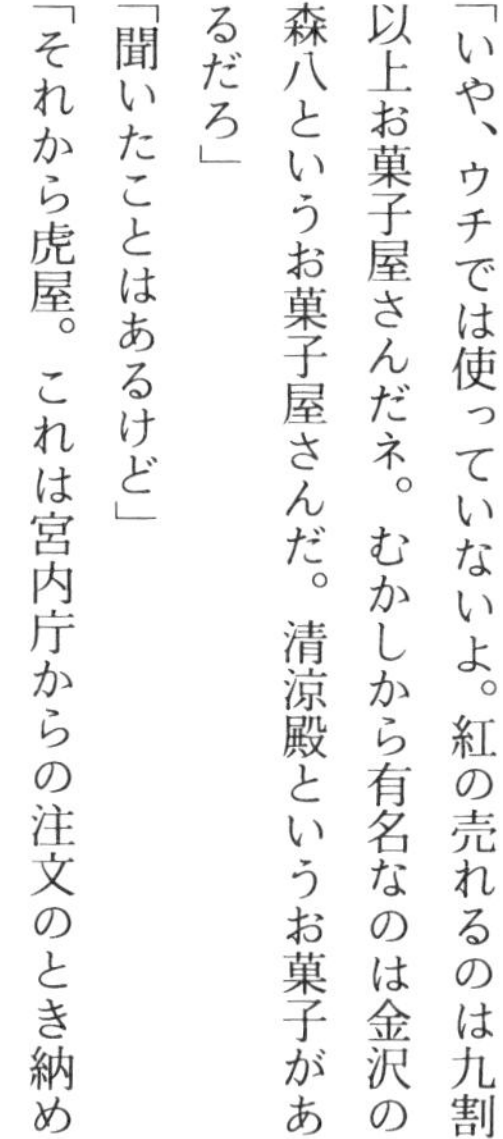

ているのだろうかと思い、昭和四〇年ころのことですが、当時キスミーの研究所長だった廣田博氏を訪ねました。彼はたいへんな篤学の士で、私の親しい友人のひとりであるところから質問はざっくばらんに過ぎました。

「本紅を口紅に入れてるの」

「いや、ウチでは使っていないよ。紅の売れるのは九割以上お菓子屋さんだネ。むかしから有名なのは金沢の森八というお菓子屋さんだ。清涼殿というお菓子があるだろ」

「聞いたことはあるけど」

「それから虎屋。これは宮内庁からの注文のとき納めるんだ。——それから京都で売っている紅ちょこ。おもしろいことに、お寺からも注文があるんだよ」

「お寺でなにするの」

「護符ってあるだろ、あの赤いのを染めてるんだ。だからほんの少しだよ」

「その紅は山形のかい」

「それがね、このごろは香港からの輸入がふえているんだよ。輸入物の方が安くて、収量が多いんだ」

「そうか、やっぱりねぇ——」

お菓子の紅といえば、こんな思い出があります。

現代に生きる本紅

昭和四七年ごろのことですが、月一回、裏千家で『資勝卿記』というお公家さんの日記を東大資料編纂所長の森末義彰先生が講読してくださる、ごく限られた数人を対象とした研究会がありました。

いつも、三時間近くの講義のあと、それこそ高級料亭なみの会席料理をご馳走してくださるのが楽しみでした。お料理のおいしいことはもちろん、器も凝っているので、日本の食物史を味覚、視覚、触覚、作法などの点

ハリウッドの本紅

で、実際に勉強ができるという、たいへんありがたい会でした。その上、これが全部タダなのですから、いまの世に信じられないような話でした。

　さてある日のこと、いつものようにご馳走のあと、お菓子とお薄が出されました。お菓子は赤い練り切り、主催者の多田侑史先生は

「今日のお菓子は珍しいんですよ。伊勢半さんに、本紅をゆずってもらってつくらせたのですが……、これひとつに紅がいくらぐらいかかっていると思いますか」

「………」

　美しい紅色の練り切りを前にして、だれも答えません。紅一匁が金一匁というくらい高価なものであることは知っていても、見当もつかないのです。

「二〇〇円ですよ。だから高いものですね」

　餡を包んだ上がわの着色料だけに二〇〇円、とすると、いったい売る場合はいくらぐらいになるのだろうか。もちろん餡も選りに選ったものでしょうが、おそらく一〇〇〇円はするだろうと思いました。

　上品な紅色は、鈴木春信の描く本紅の美しさとおなじものでした。

　しばらく紅の話に花が咲きました。話のついでにといって、いまも宮中で使われているという大きな紅白の水引を見せていただきました。それは紅白といっても、紅の部分は黒に近い暗緑色であることをはじめて知りました。

「赤くないんですね」

「ええ、本紅で濃く染めていますから、ほら、こうやってなめれば赤い紅がとれます」

といって指にとって見せてくれました。

　そういえば、むかし口紅に使った紅猪口なども、紅を濃くぬりつけてあるので、やはり暗緑色というか、玉虫色をしていることを思い出しました。それも、紅さし指（薬指）をなめて紅をとれば赤くなるのですから、この水引も相当濃く着色してあるのだな、とうなずけました。

資生堂「シャーベットトーン」

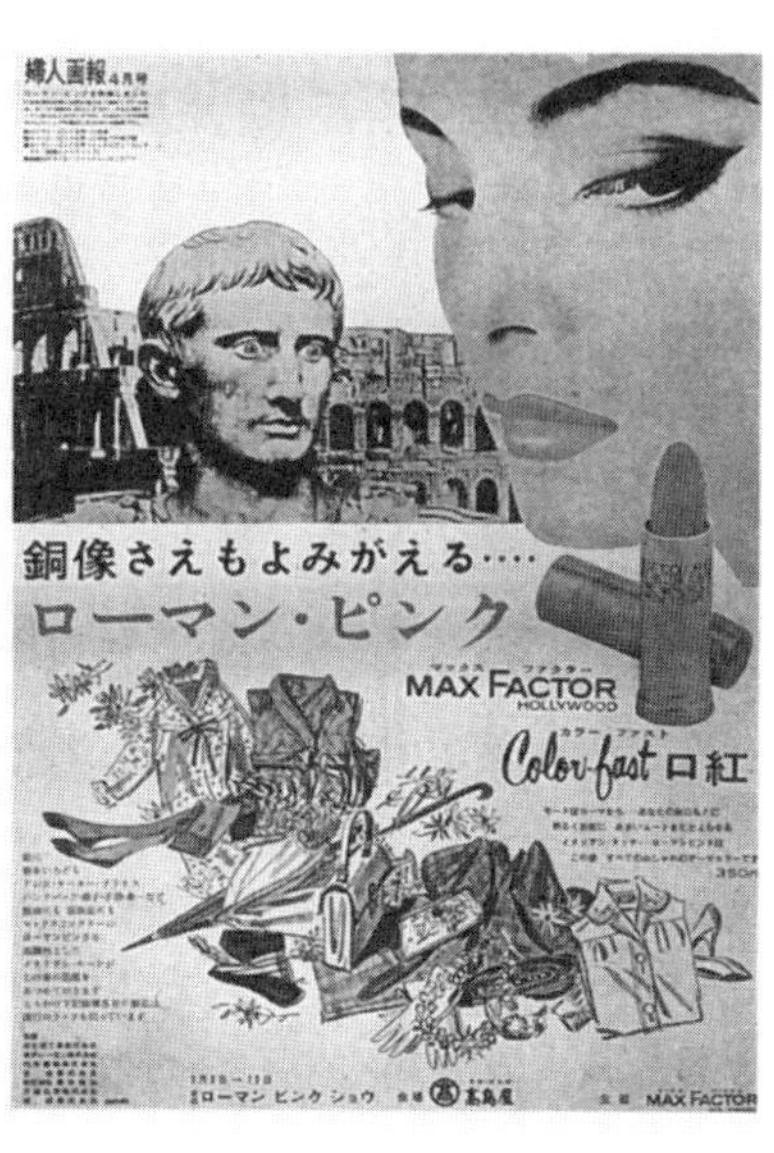

マックスファクター「ローマン・ピンク」

こう知らされると、たしかにこれまで見てきた紅白の水引が安っぽく思えてくるのですから、われながら単純なものだとあきれます。紅が高価なものであることを知っていた昔の人にとって、この紅白ならぬ黒白の水引は、たいへん価値のあるものだったのでしょう。

一色から多色の紅へ

昭和四六年六月二一日付『日本香料新聞』は、資生堂の和田孝介氏がベニバナから抽出した色素を口紅基剤に溶解させ、口紅に利用することに成功した、と伝えていました。

当時、資生堂は全国のベニバナ産額の九五%を買い付けていたといいます。しかしそれも前の年あたりから減反方針を打ち出してきたというので山形ではあわてていましたが、あるいはこれも輸入の影響かもしれません。

それにしても、当時グラム当り八〇五〇円という高価なので、それほどたくさんは配合できないと思いますが、資生堂では紅一〇〇%の、昔ながらの紅猪口を、昭和五〇年ごろ一万二〇〇〇円で販売していました。最近(平成七年)聞いたのですが、ハリウッド化粧品でも紅一〇〇%の口紅が結構売れているそうです。

ともあれ、せっかく復活したベニバナブームも、またもや輸入ものの脅威にさらされようとしていました。やはり「紅花のいろは移りにけりな――」というのは宿命なのでしょうか。

昭和三四年春にマックスファクターは「ローマン・ピンク」に続いて「ライト口紅」、「カフェアラモード」などつぎつぎと口紅の色を主題にしたキャンペーンを展開しました。

四二年の春、資生堂は「リップ・アート」キャンペーンで、口紅をぬった上に新発売のリップカラー、青や黄やパールをぬり重ねることによって新しい色を発見することを提唱しました。

さらにカネボウは、五六年秋のキャンペーンで、〝キッスは目にして〟と目もと口もとに明度・彩度の高い「レディッシュカラー」一一色のパウダーアイシャドーとリップステックを発表して、目ぶたに紅をさす流行をクリエイトしたのです。

明治以降、天然染料は合成染料に変わりましたが、第二次世界大戦後のメイクアップキャンペーンをみますと、江戸時代の紅づかいの感性が、いまにうけ継がれ、さらに新しい展開をみせていることが、浮世絵の紅とあわせてみるといっそうよくわかります。

白の章

おしろいのものがたり

1 白のイメージ

白のイメージには、清潔、純真、神聖、清浄、清楚、潔白、純潔、高貴、善などがあります。しかし白という漢字の意味は広く、それをさらに「皓」と「素」に分けて考えたほうがよさそうです。

「皓」は、自然界の雲や雪、霜、水などから発想された白で、皓月、皓雪というように「白く光って明らか」という意味で、つまり光沢のある白です。化粧関係では皓髪、皓髯、皓歯という使い方をしています。

それにたいして「素」は、楮などの木の皮を川の流れや雪の上で晒して白くした素糸、素絹、素衣、素服というように、本来の地の色の白く美しい表現に使われています。化粧関係の語彙では、素肌、素膚、素歯、素妝、素粧、素面などがあります。

しかし「皓」にしても「素」にしても、いずれも清潔、潔白、純潔、高貴、善というイメージのあることに変わりありません。

2 白い肌への憧れ

禊から生まれた白い肌

古代人が何よりも恐れていたと思われる〝死〟。それは現代でも変わりありませんが、現代では難病以外、その原因のあらかたが解明され、必ずしも充分ではないものの、治療が行なわれるようになりました。ですから、なすすべもなく、恐怖や不安に戦いていた古代人とは雲泥の差です。

古代の人びとは死を恐れ、病から逃れようと、汚れや穢れを取り除き、身心を清めるために、水を浴びました。水を身に滌ぐところから、この行為を「ミソギ」と呼ぶようになった、といわれています。

前章でも引用した『魏志』倭人伝にも「倭人は十日余の服喪のあと、遺族が沐浴する」と伝えています。

「禊」という言葉の記録は、『古事記』にすでに見られます。

伊邪那岐命が伊邪那美命に向かって「汝が身は如何に成れる」と尋ねますと、伊邪那美命は、「我が身は、成り成りて、成り合わざる處一處あり」と応えました。そこで伊邪那岐命は、「我が身は、成り成りて成り餘れる處一處あり。故、此の吾が身の成り餘れる處を以ちて、汝が身の成り合わざる處に刺し塞ぎて、国土を生み成さむと以為ふ。生むこと奈何」と、ウィットに富んだ口説きかたをしています。伊邪那美命も、「然善けむ」と応じて、大八州をはじめ、一四の島と三五柱の神々を生んだ、という話です。

ところが、火之迦具土神を生んだとき、その炎で美蕃登を焼かれ、それがもとで亡くなり、黄泉国へ旅立たれてしまいました。伊邪那岐命が黄泉国へ追いかけていくと、伊邪那美命はとても喜ばれ、「黄泉神に帰してもらうようたのんでくるから、しばらく待っていてください」と言い、さらに、その間、けっして中に入らないよう念をおしました。ところが伊邪那岐命は待ちきれなくなり、暗闇の御殿に入ってしまいました。髪にさしていた櫛の男柱を一本とって火を灯して見ると、蛆がたかり、頭、胸など八か所に八柱の雷神がむれている伊邪那美命の死体がよこたわっていました。この光景に伊邪那岐命は恐ろしくなり、あわてて逃げ去ろうとしました。約束を破られ、醜い姿を見られた恥しさに怒った伊邪那美命は、八柱の雷柱をはじめ黄泉国の軍隊を使って伊邪那岐命を追わせました。

ようやく逃げ帰った伊邪那岐命は、「穢き国に到りて在り祁理、故、吾は御身の禊為」といって海水で禊祓をし、死の恐怖から逃れた、ということです。このことは、穢れ汚れを洗い落す。つまり黒から清潔な白、健康へという美意識の生まれたことを物語っています。

漢の応劭の撰になる『風俗通義』にも、「禊者、潔也」とあります。古代の白い化粧は禊から生まれたといってもいいようです。それは汚れ、穢れを取り去った清浄無垢、健康な素肌への憧れです。

白い肌は高貴の象徴

平安朝の貴族文化の時代になると陽のあたらない広大な宮殿

内の生活で、青白くなった肌に、さらに白粉をぬった白い肌が上流階級のイメージとなり、しだいに白は高貴を象徴する色になってきたのです。それは働く庶民の日焼けした肌色とは対照的です。この時代の白い肌は、もはや素肌ではなく、白粉をぬった白い肌でした。

つい近年まで「色の白いは七難かくす」という美意識の続いていたのは、漆黒の髪と、多彩な衣装との中間に位する顔の化粧としては、やはり白い色が調和しやすく、美しく見えたからでしょう。しかしその白い化粧にも、時代により「素」と「皓」と「白」がありました。

現在、肌の色で黒色人種、黄色人種、白色人種と分けていますが、これは生まれつきのメラニン色素が多いか少ないかによる分類です。私たちのような黄色人種は、紫外線をたくさん浴びると、いわゆる日焼けして、いっそう黒くなります。これは紫外線の刺激から肌をまもるための防禦作用で、皮下組織にあるメラニン色素が増えるからなのです。ですから紫外線を避けるか全部反射させてしまえば、メラニン色素は増えず、新陳代謝により、しだいにそれまであったメラニン色素が減るので色が白くなるのです。

労働をせず、宮殿や大きな屋敷の中で陽のあたらない生活をしていた貴族たちは、総体的に色白ですが、欲望は際限のないもので、より白くなりたいという願いは、黄色人種はもちろん、白色人種でも同様です。そこで肌を白くする化粧料と、肌を白く見せる化粧料が必要となってきたのでしょう。白い肌にたいする憧れは日本だけではありません。

古代ローマの皇帝で、暴君として悪名高いネロの愛妻ポッペア夫人はいつも真珠のようなハリのある肌を保っていましたが、そのためには、毎日、午前中はロバの乳の風呂に入り、夜は小麦のフスマとロバの乳で練ったパックをたっぷりぬって寝みました。しかし、そのために常に五百頭のロバを飼っていなければならなかった、ということですから、だれにでもできたわけではなかったでしょう。（クセジュ文庫『美容の歴史』）

また、唐の玄宗皇帝の寵妃楊貴妃は華清池の温泉で湯浴し、密陀僧（一酸化鉛）のパックをしていました。

日本でも江戸時代の文化一〇年（一八一三）に刊行され

た綜合美容読本『都風俗化粧伝』に、《楊貴妃秘宝内宮玲瓏散》の処方を「密陀僧を細かに粉にし、水を少し入れ、湯煎にし、毎夜顔にぬり、明朝洗い去るべし、半月の後、色白玉の如し」と紹介しています。そのほか、「顔の色を白ふし、光沢を出し、肌目をこまかにし、美人とする薬の方」を一二種類ものせていますから、江戸時代の人も色を白くすることに一所懸命だったことがうかがえます。

色を白くしようとどんなに苦労をしても、一時的に白くなるだけで、太陽にあたればまたすぐメラニン色素が増えるので、なかなか思うように白くはなりません。そこで古代人は、簡単に肌の色を白く見せようと白い粉をぬったのでしょう。それが見た目の肌色を白くするだけでなく、幸いにも紫外線を防いでくれるのでメラニン色素の増えるのを押えたのです。ですから肌の色が本当に白くなる効果もあったのです。

3 昔・むかしの白粉

江戸時代以前の白粉は、大きく分けると、植物性の白色顔料や鉱物性の白色顔料、動物性の白色顔料を、それぞれ単品で使っていました。植物性の白粉は、水銀白粉や鉛白粉のつくられる以前に使われていたのですが、「おしろい」としての必要条件である、ノビ（展延性）・ノリ（被覆力）・ツキ（付着力）などの性質をすべて備えていたわけではありませんでした。たとえば顔料によってはノビが悪かったり、ツキが悪かったりと一長一短で、どの植物性顔料も満足のいく化粧仕上がりにはならなかったと思います。

植物性は、成分からいうとデンプンですが、最も多く使われていたのは米の粉です。白粉の「粉」という字は、もともと一字で「おしろい」という意味をふくみ、また「おしろい」とも読ませていました。粉という字を分解すると、米を刀で分けると読めるように、米を砕いて細か

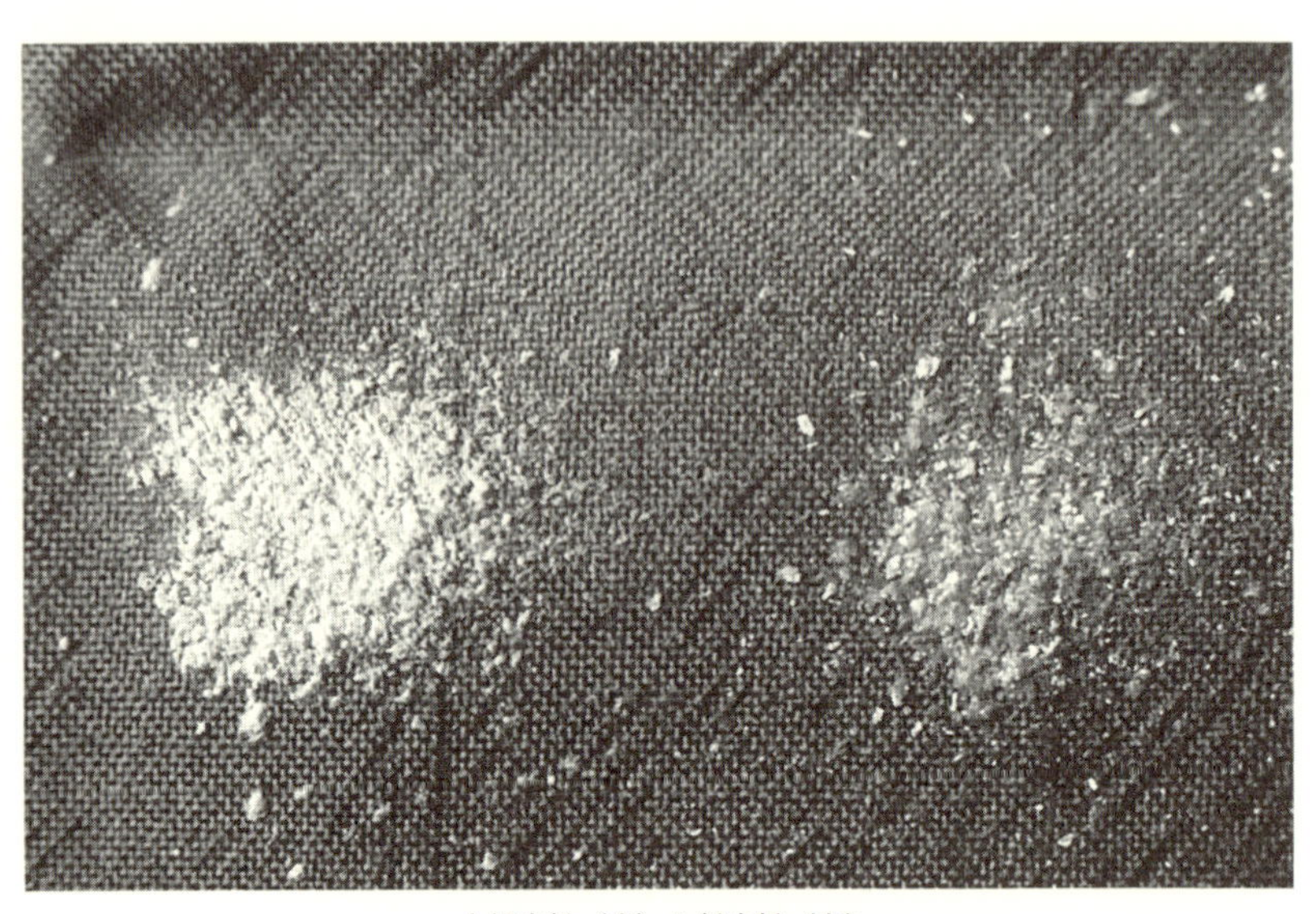

水銀白粉（右）と鉛白粉（左）
左にくらべ、右の方がキラキラ光って透明感がある

く分けたからで、古代は米から造った粉を「おしろい」として使っていたことが理解されます。また今と違い「おしろい」は真っ白なものだけでしたから「白粉」とも書きました。むろん米だけでなくアワやヒエ、ムギなどの穀類も使われていたようです。醍醐天皇の時代、延長五年（九二七）に書かれた『延喜式』に白粉を造る御料として「糯米一石五斗、粟一石」とあります。穀類以外にキカラスウリの根のデンプンは天瓜粉と呼ばれ、主に汗しらずとして、現在のボディパウダーのように使われていました。

鉱物性のものは、産地によって違いますが、陶磁器を造るための粘土、いわゆる白陶土や滑石粉（蠟石を粉末にしたもの）、それに雲母などがあります。

また動物性では、ハマグリなどの貝殻粉で、古くは胡粉と呼ばれていました。おしろいを分類するときに昔のおしろい、今のおしろいという区別よりも、その原料や使い方などからは、伝統的おしろいと近代的無鉛おしろい、というように区別したほうがはっきりします。その区別を必要とする場合は、伝統的な水銀白粉と鉛白粉は白粉という宛て字を使うことにします。

水銀白粉と鉛白粉

奈良時代になってから大陸から「鉛白（鉛白粉）」や「軽粉（水銀白粉）」の製法が伝わりました。奈良・平安・鎌倉・室町と、古代から中世にかけては、主に穀物の「粉」とハフニとよばれていた「鉛白粉」が使われていました。中世末期ごろから「水銀白粉」も使われるようになったのですが、一六世紀のはじめ、梅毒が中国からもたらされ急速に広まり、その治療に「水銀白粉」が有効なこと、さらに虱とりにも効果のあることなど、その隠れた用途はいつとはなく知れわたりました。

「松椿蒔絵手箱」の白粉筥と軽粉
熊野の阿須賀神社蔵

しかし、「水銀白粉」は原料の水銀の産出量がしだいに減少し、需要に供給が追いつかなくなり、江戸時代に入ると「鉛白粉」が一般的に広く使われるようになったのです。

白粉として現存する最古のものは、上野の東京国立博物館に陳列されている、国宝「松椿蒔絵手箱」の中の銀白粉筥に入っているので見ることができます。

私は四〇年前、これを初めて拝見しました。白粉筥の中に真っ白なキラキラと輝いている鱗片状の結晶を見たときの強烈な印象が、いまでも鮮やかに残っています。

この白粉については昭和二六年、当時の大阪学芸大学の上村六郎教授が分析され、成分は塩化第一水銀（Hg_2Cl_2）、いわゆる軽粉であると発表されました。この研究発表のなかで、教授は「——ただし、古くはこれをおしろいに使った例は、今のところ知られていない——」といわれて、『本草綱目』と『都風俗化粧伝』の用例を挙げられ、「——軽粉は、そのままおしろいとしては使われず、主として顔を美しくするための薬物的な材料として使用されたもの、と見ることが出来るのではなかろうか」と疑問を提起され、さらに「伊勢おしろいなどといっているが、このおしろいの意味は、必ずしも顔に白くぬる粉のことではなく、単に白い粉の意味であろう」と結ばれていました。

教授が引用された『本草綱目』は、いまから四百数十年前、中国明代の碩学、李時珍の編纂した漢方薬の原料である、生薬の百科辞典です。このなかに軽粉、いわゆる水銀白粉を配合した治療法がたくさん出ています。そのなかから文字を見ただけでも、なんとなく分かりそうなものを書き抜いてみます。

外用の膏薬としては、抓破面皮、底耳腫物、婦人面脂、小児頭瘡、下疳陰瘡などがあり、また、内服薬としては、大便壅結、血痢、腹痛、水気、腫満などが挙げられています。婦人面脂とは、おそらくニキビのことでしょう。この治療には大真紅玉膏が良いと記されていて、その処方は「軽粉、滑石、杏仁、皮ヲ去リ、等分ニ末ト為シ、蒸過シタ脳・麝少許ヲ入レ、鶏子清ヲ以テ調合ス。面ヲ洗ヒ終ワリテ、之ヲ塗レバ、旬日ノ後、色紅玉ノ如シ」と述べています。そのまま訳すと「軽粉とタルクと杏仁の皮をむいたものを同量ずつ混ぜ、粉末にしてから竜脳と麝香を蒸溜して得たものを少し加え、これを卵の白身で煉ったものを、顔を洗ってからつければ、十日もすれば顔の色は紅玉のようになる」ということでしょう。試したことはありませんが、成分から考えて多少は効果がありそうに思えます。

似たような処方が『都風俗化粧伝』第一章顔面之部の〝色を白くする薬の伝〟にあります。

> 妍国白瑩膏と名づく此の方は、第一悪血を去り、鮮血を循らし、いか程黒き顔色なりとも、此の薬を用ふる時は、忽ち白玉の如く肌膚の密理を細かにし、顔一切の腫物を治す。
>
> 官粉　十匁、密陀僧　二匁、白檀　二匁、
> 軽粉　五匁、蛤粉　五匁、
>
> 右五味細かに粉にし、湯を使ふ時、鶏卵の白みの汁にて溶き、顔に擦込み、其の後糠にて洗ふべし。

とあります。これらの処方をみると、明らかに今のパッ

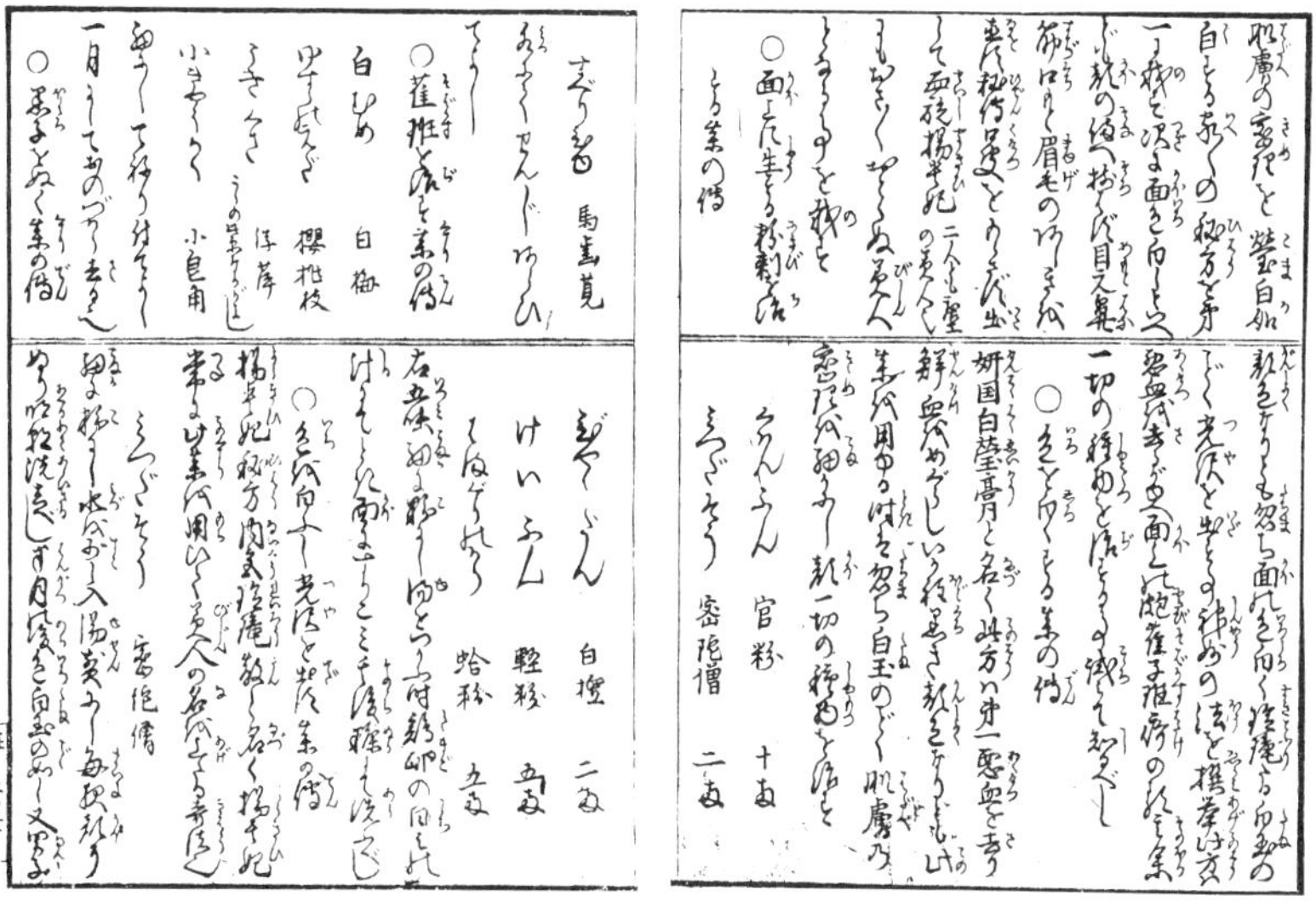

『都風俗化粧伝』の妍国白瑩膏と楊貴妃秘方内宮玲瓏散

ク と同じような使われ方で、なんとなく効果がありそうな感じがするではありませんか。

官粉は鉛おしろい。密陀僧は黄色い粉で、陶器の釉薬や密陀絵の絵の具。白檀は、扇子などでおなじみの香木の一種で、これから白檀油という香料がとれますが、殺菌力が強いので、薬品としても使われています。また蛤粉は、人形の顔の仕上げなどに使われる胡粉のことです。なかでも軽粉の効果は『都風俗化粧伝』にも〝黒鰻風を治する伝〟、〝白鰻風を治する伝〟という処方の重要な配合成分として入れられていることからもわかるように、多くの場合、美容薬として利用してはいますが、「おしろい」としての化粧効果をうたっているものは少ないのです。しかし、ないわけではありません。

軽粉（ハラヤ）は白粉として使われていた

江戸時代中期の故実家として知られる伊勢貞丈（一七一七－一七八四）の著わした『祝の書』という写本のなかには「ほうまゆの事——白きわは常のおしろいにあらず、はらやをすりて用」とあります。

「ほうまゆ」は棒眉と書くように、棒のように太い眉のことで、「白きわ」は顔の生え際を美しく見せるために、他の部分より白くぬったおしろい化粧をいいます。「はらや」というのは慶長三年（一五九八）に刊行された日本語とポルトガル語の辞書『日葡辞書』には「Ｆａｒａｙａ　ハラヤ（軽粉）」とあるので水銀白粉であることがわかります。

「常のおしろい」というのは鉛白粉です。白際は絵画作品を見るかぎり、常のおしろい化粧よりも白くなっています。軽粉は鉛白粉よりも透明感があるので、化粧効果はルーセントパウダーのようにキラキラと輝いていたのでしょう。化粧を式正・礼・晴・褻と分けた場合、式正・礼の額の際化粧として使ったのです。

植物性の白粉

これまで鉱物性の水銀白粉と鉛白粉をみてきましたが、ここで植物性の白粉について述べてみようと思います。

この章の初めにも少しふれましたが、植物性の白粉というと、『延喜式』に、白粉をつくる御料として、「糯米一石五斗、粟一石」とあるのが最も古い記録で、これは穀粉の白粉です。

そのほか、オシロイバナ（紫茉莉）の実も、白粉として使われていたといいます。しかし、どのていど実際に使われていたかはわかりません。おそらく混ぜものとして使われていたくらいでしょう。『資源植物事典』（昭和二四年初版・北隆館）には、「オシロイバナ科――南米原産の多年生草本で二百余年前に本邦に輸入された。――果実は黒色球状で皺があり、この中に一種子がある。胚乳は白粉状となるので、小児はこれをオシロイと称して戯れる」とあります。江戸時代中期の外来種ですから子供が遊びに使っていたというのが、江戸時代から戦前までの風俗でしょう。

天瓜粉は、今も汗しらず、タルカムパウダーなどをこう呼んでいるくらい、江戸時代には馴染みの深い商品で、また、白粉の代用もしていたといいます。

天瓜はキカラスウリ（黄烏瓜）の別名で、天瓜粉はその根から採った粉です。成分は澱粉、アルギニン、コリンなどで、古来、漢方薬として使われていました。

小野蘭山の『本草綱目啓蒙』という享和三年（一八〇

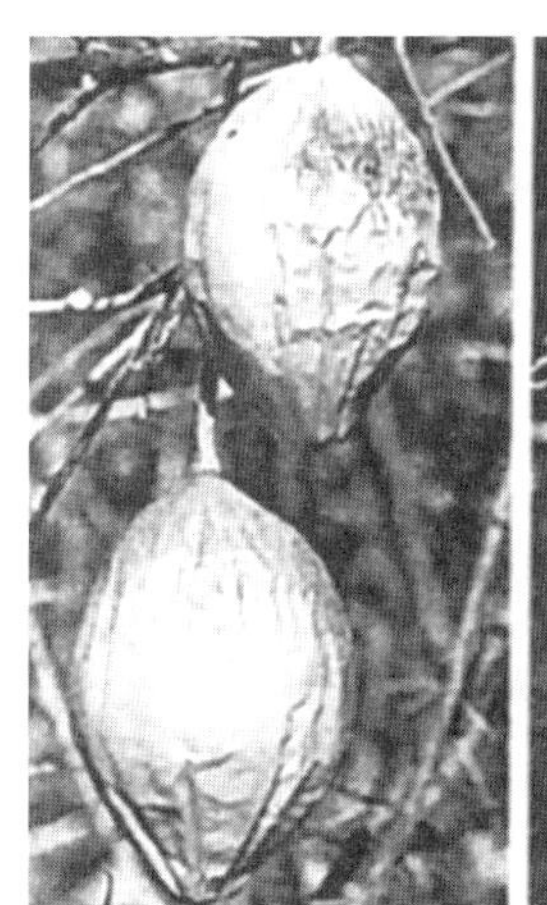

キカラスウリの雌花（右）と果実

オシロイバナ

三）に出た日本の本草学の集大成にも、「括楼ノ根ハ、土中ニ長ク蔓延シ、葛根ノ如シ——採乾シテ用ユ——冬月、葛粉ヲ製スル如ク水飛シ、粉ヲ採ルヲ天花粉ト云フ」と記しています。

括楼はキカラスウリの別名。水飛は水で細かい粉と荒い粉を分別すること。天花粉は天瓜粉と同じ。つまり葛根から葛粉をとるように、キカラスウリの根から天瓜粉をとるのですが、それには冬が良い、ということです。

キカラスウリというのは、その名のように、果実が熟すと黄色から褐色に変わりますが、本家のカラスウリの果実は熟すと真っ赤に色づきます。鳥が好んでついばむので烏瓜と名づけられたのですが、根から採る澱粉の価値は、本家と分家の関係を逆転させます。カラスウリから採った澱粉質は別名をとって王瓜粉と呼び、天瓜粉の代用として使われていたようです。

江戸末期の農学者、大蔵永常の著わした『廣益国産考』という安政六年（一八五九）に刊行された農学書のなかに〝家庭で作る天瓜粉〟とでもいうような記事がありますが、王瓜を使ったもののようです。「この根より取りたる粉に、龍脳を少し加え、匂いをつけ、菊童と名づけてひさぐ（売っている）家あり」と記してますが、菊童とは、京橋常盤町二丁目にあった同名の化粧品屋から売り出された「顔のくすり」といって売り出した白粉代りの商品名です。

「夏は婦人もとめて白粉の代りに用ふるに、面皰、そばかすを治し、その外、顔のできものを治するといへり、もっとも若き婦人は白粉下にぬりて、其上におしろいをぬるに、きめをこまかにし、艶を出すといへり。また老婦は此粉ばかりをぬりてふきとれば顔のきめこまかになり、白粉をつけたるようにして、おしろいのごとく白き粉うくことなしとて、もっぱら用う」といいますから、薄化粧用に使ったのでしょう。今でも汗しらず（タルカムパウダー）をおしろい代りに使っている人がいますが、成分はタルク（滑石粉）ですからまるで違います。

植物性のおしろいでは、穀粉、紫茉莉、天瓜粉、王瓜粉の四種類ぐらいでしょう。

白粉にまつわる玉虫の俗信

江戸時代はいろいろな俗信がありましたが、化粧関係にもあります。たとえば、なかなか化粧がうまく仕上がらない場合のおまじないとして面白いのは、玉虫をおしろい箱の中に入れておく風習です。

鎌倉前期の歌人、鴨長明（かものちょうめい）の書いたといわれる『四季物語』には、「なりはうつくしう玉むしなどいひていみじけれど……」と、その姿、色の美しさから玉虫などといって珍重されているけれど、といっています。この虫は思いもよらない幸せを呼ぶというので、宮中の女官たちも好んで鏡台の白粉箱に、一〇年も二〇年も入れているのだ、と書いています。なぜ、玉虫を入れておくのでしょうか。

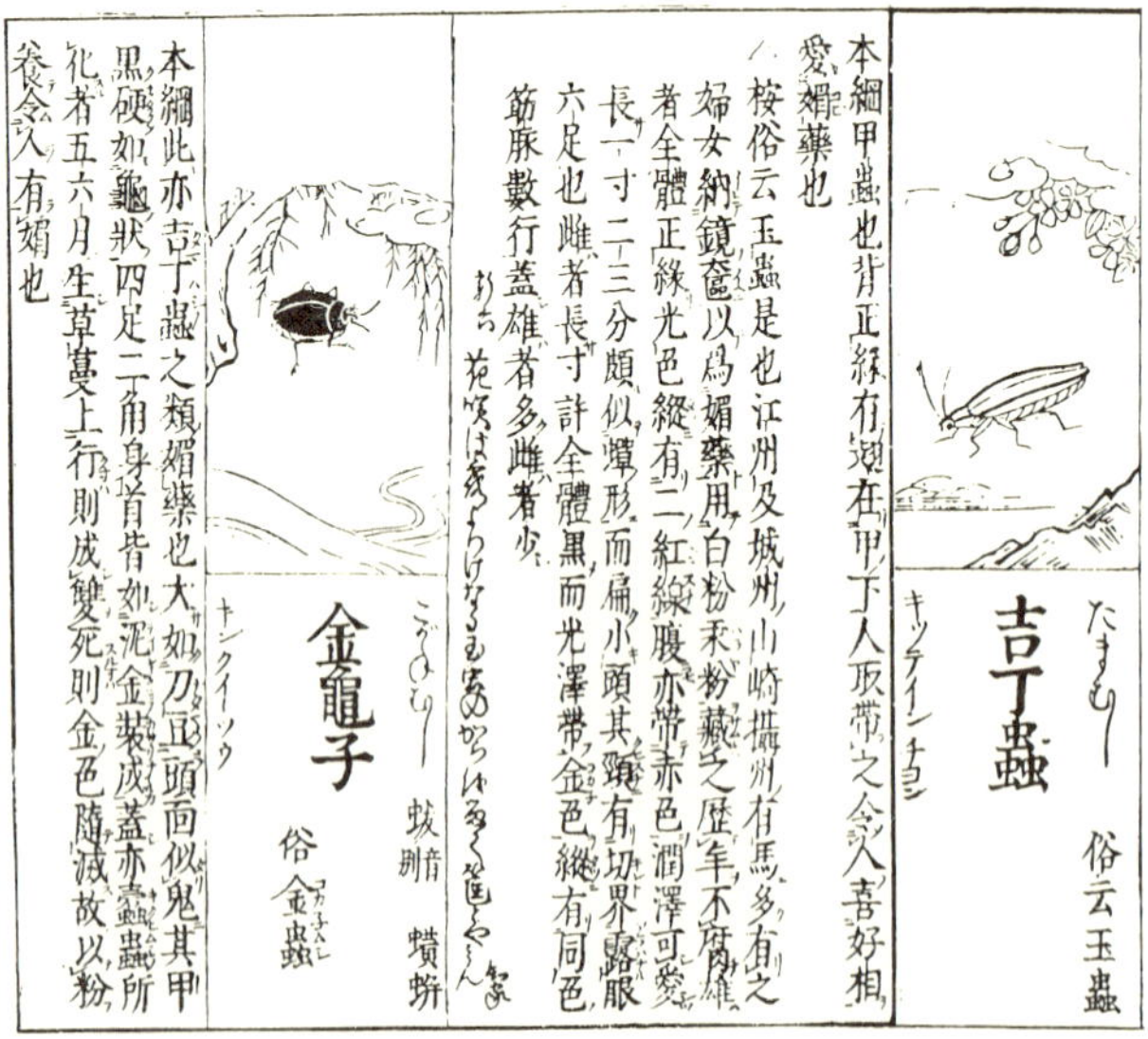

大阪の医者、寺島良安が正徳三年（一七一三）から三〇余年かけて編纂した図入りの百科辞典『和漢三才図会（わかんさんさいずえ）』

たまむし（吉丁虫）とこがねむし（金亀子）『和漢三才図会』

に、「――婦女納鏡奩以為媚薬、用白粉汞粉蔵之、暦年不腐――」とあるように、媚薬（ほれぐすり）にしたというのですが、本草の専門書、明の李時珍の編纂した『本草綱目』にも『本草綱目啓蒙』にもありません。ただし、『大和本草』に玉虫に宛てていた金亀子（コガネムシ）は、『本草綱目』にも唐の段公路の撰になる『北戸録』に「粉を以て養って媚薬に供する」とある記事を紹介しているにとどめています。

つまり中国ではコガネムシ（金亀子）を媚薬としていたのが、日本では名前が入れかわり、玉虫に媚薬としての効能があるかのように、間違って伝わってしまったようです。何年たっても腐らないので、そのまま信じられていたものと思います。

俗信だから、といって捨てきれないのは、化粧の効果のなかにはそのような心理効果が大きく働いているからなのです。

4　軽粉の産地を訪ねて

私は、江戸末期と明治初期のものと思われる鉛白粉を持っていますが、残念ながら軽粉は持っていませんでした。昭和四八年、なんとしてでも軽粉を手に入れて、実際に反射率などを比較してみたいと思いたち、伊勢白粉の産地、射和を訪れる決心をして、初夏の昼下り、新幹線で名古屋へと向かいました。

いざ、松阪へ

名古屋には定刻到着、近鉄の窓口で松阪へいちばん早く着く列車を尋ねると、いま発車ベルの鳴っている特急だということで間にあわず、次の列車まで四〇分ほど待つことになりました。その間に訪問先の松阪女子短期大学の鳥羽正明教授に電話を入れ、これから丹生と射和と伊勢に行きたいので、適当な宿の紹介を頼む、というと、そういう目的なら松阪を中心に歩いた方がいいから、とりあえず松阪へ来るようにとの指示を受け、ご厚意に甘えることにしました。

列車は全車指定席、幸運にも若い女性の隣席で、すっかり気をよくしました。席に着くと間もなく発車、おしぼりのサービスで気分はリラックスし、隣席の娘さんに話しかけると、鳥羽まで仕事で、とのこと。新進の歌手で、ひとりで全国をキャンペーンしているのだ、と話してくれました。しだいに会話もはずみ、彼女が私の仕事を尋ねたので、化粧の歴史を勉強しているというと、ニキビで悩んでいるが治療法を教えてほしいなどと聞かれ、いっそう打ちとけてきました。

松阪近くになるころ、彼女は私を喜ばせる話をしてくれました。「射和に親戚があり、たしか井上さんというお医者さんで、軽粉を入れた秘伝の薬を使っている、という話を聞いたことがあります」

〃災い転じて福をなす〃ということわざがありますが、前の列車に乗り遅れ、駅で小一時間またされましたが、乗ってからの松阪までの一時間四〇分はとても短く、しかも有意義なものとなりました。

松阪駅のホームには鳥羽先生が迎えに来てくれていました。駅前の喫茶店でこれからの目的は、かつて松阪を中心に、丹生で水銀を採り、射和でそれから軽粉をつくり、さらにそれを全国に伊勢白粉としてひろめたのが伊勢の御師(おし)であるという文献上の結論を確かめたい旨を告げました。鳥羽先生は勤務先に希望にそえる方が何人かいるというお話でしたので、ご指導いただくのは翌朝大学ですることにし、その日は先生に松阪城跡を案内していただきました。

「この城の石垣は、ほかの城と違って小さいんですよ。近くで大きな石が採れなかったことと、大きな石を遠くから運ぶ経済力もなかったからでしょうね」城郭史の権威、鳥羽正雄先生のご子息だけに、さすがに詳しい。

本居宣長(もとおりのりなが)の「鈴の屋」や本居記念館は、すでに閉まっていたので、街におりて骨董屋に案内してもらいました。先生が掘り出し物を見つけたことがあるというその店は、玩古堂(がんこどう)という名で、小じんまりとした店でした。入るとすぐ三段重ねの白粉入れが目についた。直径七・八センチ、高さは一一センチ。何よりも気に入ったのは、内側にほんの僅かですが、おしろいが付いていたことです。これまでも、たびたび三段重ねを見ましたが、だいたいが直径一三センチ、高さ二〇センチもある大ぶりのもので、食器と見まがうものばかりでした。

　店の主人は、古伊万里だといっていましたが、ともかく当時の一万三千円のいい値が高いか安いかを考えもし

白粉師　『人倫訓蒙図彙』

白粉解き（三段重ね）　自蔵

ませんでした。ほかに金珠という細かい金線細工のべっ甲まがいの櫛を二枚求め、あわせて一万九千円也。鳥羽先生のご紹介だから、と一割引いてくれましたが、先生から、あのおやじがまけるなんて珍しいことだ、と妙に感心されました。

射和（いざわ）の竹川文庫にて

　翌くる朝早く、市の郊外にある女子大のキャンパスを訪ねました。授業の合い間をみて、渋谷先生と田中先生がかわるがわる射和と丹生の話を教えてくださいました。丹生は、とうの昔に廃坑になったと文献で読んでいたので、あきらめていたところ、最近、また細々と掘っていると聞き、やはり来てよかったと思いました。しかし、なにしろ遠く、山の中なので、バスは一時間に一本しかないという。そこで、その日は近くの旧家で射和に関する文献資料を集めている「竹川文庫」を訪ねることにしました。

　文庫には古文書類も相当あるということから、何か手がかりがあるかもしれない。さらに、その近くに、昭和二七年に廃業するまで、最後の釜元として水銀白粉をつ

くっていた宮田吉兵衛氏のところへ行けば、軽粉製造道具などが見られるかもしれないし、ひょっとして軽粉が残っているかもしれない、などと虫のいい期待を抱いて、住所も調べずにタクシーに乗りました。

運転手さんは「射和へは、以前は松阪から三重交通松阪線の電車が通っていたのですが、今はバスしかありません。過疎化が進んでいるから、バスもタクシーも少なく、他県と同様、自家用車と自転車が町の人の足になっています」という。二〇分も走ったところ「もうここからは射和ですが、お客さんはどちらへ」、「竹川文庫に行きたいのですが、場所がわからないのです」といったが、親切な運転手さんで、わざわざ車を降りて尋ねてくれました。射和は国道42号線をなかにはさんだ小さな静かな町で、竹川家は町の入口、国道の角にありました。

竹川家を訪れると、ご主人はお勤めで、美しい若奥さんが裏の土蔵に案内してくださり、自由にご覧くださいとおっしゃってくださった。土蔵の中には、所せましと文書類が積まれていましたが、未整理らしく雑然と置かれた感じで、どこから拝見していいのか、手のつけようがありません。そこで、射和の軽粉関係の資料の有無を尋ねますと、こんどは大奥さんが出てきて、困惑している私に、即座に『軽粉関係文書』と記(しる)された文書の束を出してくれました。

竹川家も、かつては軽粉製造の釜元だったそうです。江戸時代から明治まで、一六軒あった軽粉株仲間のなかでも富山家とならぶ有力者で、水銀の購入、価格の協定、製品の販売などの統率を行なう年行司(としぎょうじ)をしていたとのことです。ですから古い資料はたくさんあるのですが、残念ながらその束の中に私の期待している資料は見当りませんでした。この膨大な資料は、四代前の竹斎翁(ちくさいおう)が集めたもので、軽粉関係の文書は翁が書いたものでした。

この辺りで、水銀から軽粉を造りはじめたのは、いつごろなのだろうか。大奥さんの話では、記録はないが言い伝えでは、奈良時代、行基菩薩(ぎょうきぼさつ)が伊勢の国を巡錫(じゅんしゃく)の折この地に立ち寄り、水銀から軽粉を造る方法を教えたのが起りだそうです。行基はこの時代の高僧で、諸国を巡り、寺院の建立をはじめ、道路や橋の建設などをはじめ、行基焼きという焼物、行基葺(ぶき)という屋根の葺き方を教えたり、行基地図をつくるなど、生きた百科事典のような人で、水銀白粉の知識があったとしても不思議ではありません。

竹川家の大奥さんは庭の隅に転がっていた、錆ついた砲弾のようなものを見つけてきてくれました。直径二〇センチ、高さ五〇センチほどで、上部に小さな口のある円筒型の重い容器です。「これが水銀を運んできた入れ物ですよ。大阪から運ぶのに使ったそうです」と、むかしを懐かしむようにほほえまれました。

この近くにある水銀の産地丹生は、近世初期の明暦・万治年間には廃坑になってしまい、それ以後は中国から輸入された水銀を大阪道修町にある薬種問屋を介して買っていました。大阪から伊賀街道を通ってきましたが、輸送中にこわれないよう鋳物でつくったのでしょう。口が小さいのは、一回の使用量が小指の先ぐらいの小量なので、むしろ小さい方が危険が少なかったからだと思います。このほか文献によると徳久利形の陶器製のものもあったといいます。

大奥さんは若奥さんと一緒に、私の目的の軽粉をさがしてくださいましたが、それらしきものはついに見つからず、気の毒がって宮田家など心あたりの所をくまなく尋ねてくださいましたが、どこでも整理してしまっていて、今は何も残っていない、ということでした。

中国に学んだ軽粉の製法

行基や空海が学んだ中国で、最も古い水銀関係の記録は、紀元前の周代の法典『周礼』だといわれています。後漢の大儒、鄭玄が『周礼』のなかの「凡そ瘍を療するには五毒をもって之を攻む」という部分を注釈していますが、五毒の薬とは、石胆、丹砂、雄黄、礬石、茲石の五つの原料をあわせて三昼夜焼いて造ったという薬です。使い方によっては毒になる原料ですが、この薬は瘍、つまり吹き出ものや腫れ物などの皮膚病にいちばんよいというのでしょう。

中国では少なくとも鄭玄の活躍していた二世紀ごろには、すでに水銀の原鉱である丹（辰砂）を焼いて水銀をとり、皮膚病の外用薬として使っていたといえます。行基は、おそらく軽粉の製法を中国で習得してきたのでしょう。

上鍛之皮甲落也
鍊精　陶隱居曰鍊精一名鍊𥡴和名加禰乃佐比鍜竈中如塵者也
鉛　説文云鉛音延和名奈末利青金也
錫　唐韻云錫先擊反鉛錫爾雅云錫謂之鈏常吝反兼名苑云一名白鑞盧盍
反和名之路奈末利
水銀　蔣魴切韻云汞胡孔反上声之重和名美豆加禰水銀別名也唐韻云澒今案汞或通澒水銀滓也
汞粉　陶隱居曰汞粉和名美豆加禰乃加須加燒時飛著釜上之名也俗名之水銀灰
鎮粉　小品方云鎮粉和名美豆加禰乃介布利加燒朱砂爲水銀其上黒烟名也
錢　唐韻云錢初牙反與差同錢異名也漢書志云鏹居兩反訓世途都良錢貫也音義云鏹音容和名世途乃波太毛能錢横也
玉類第百五十三

『和名類聚抄』

この後、承平年間に出た源順（みなもとのしたごう）の書いたわが国最古の百科事典『和名類聚抄（わみょうるいじゅうしょう）』には「汞粉和名美豆加禰乃加須　焼時飛著釜上之名也俗名之水銀灰」とあります。これは「汞粉とは和名をミヅカネノカスといい、焼くと釜の上に飛んで付着したように集まっているもので、俗にいう水銀の灰のことである」という意味です。これを見ると、この本のできた平安中期ごろには、すでに近代まで続いていた軽粉の造り方と全く同じ方法がとられていたことがわかります。

竹川家を辞して、車中で娘さんに聞いた井上医院を訪ねましたが、軽粉を配合した家伝薬のことは知らないし、使ったこともない、とまことにそっけない返事でした。がっかりして玄関を出たところ、真ん前が宮田吉兵衛氏のお宅でした。文字通り仕舞屋（しもうたや）に造り替えられ、新しい表札に吉兵衛氏の名はすでになく、脇にかすかに読める古い表札が残っているだけでした。

射和の軽粉の造り方を調査するため多くの人がこの地を訪れ、宮田氏が廃業する以前の見聞記などを発表しています。そのひとつ「伊勢の軽粉」山崎一雄（『古文化財之科学』第七号・昭和二九年三月）によると、釜場にはカマドの上に直径一〇センチぐらいの穴が四五個あいている鉄板が置かれ、その穴の中に、やはり直径一〇センチ、深さ一五センチほどの底の深い鉄鍋を落してある。鍋の内外は、実土（みつち）と呼ぶこの地でとれる赤土で塗り固められており、鍋の中の実土の真ん中には、縦に直径三センチほどの深い穴をあけてあります。その穴の中に、食塩と苦汁（にがり）と実土を煉り固めた団子状のものを入れ、その上から水銀を小さなヒシャクに一杯入れます。鉄鍋の上にホッツキという直径一五センチ、深さ一〇センチほどの素焼きのお碗をかぶせ、鍋との隙間（すきま）は実土を塗ってふさ

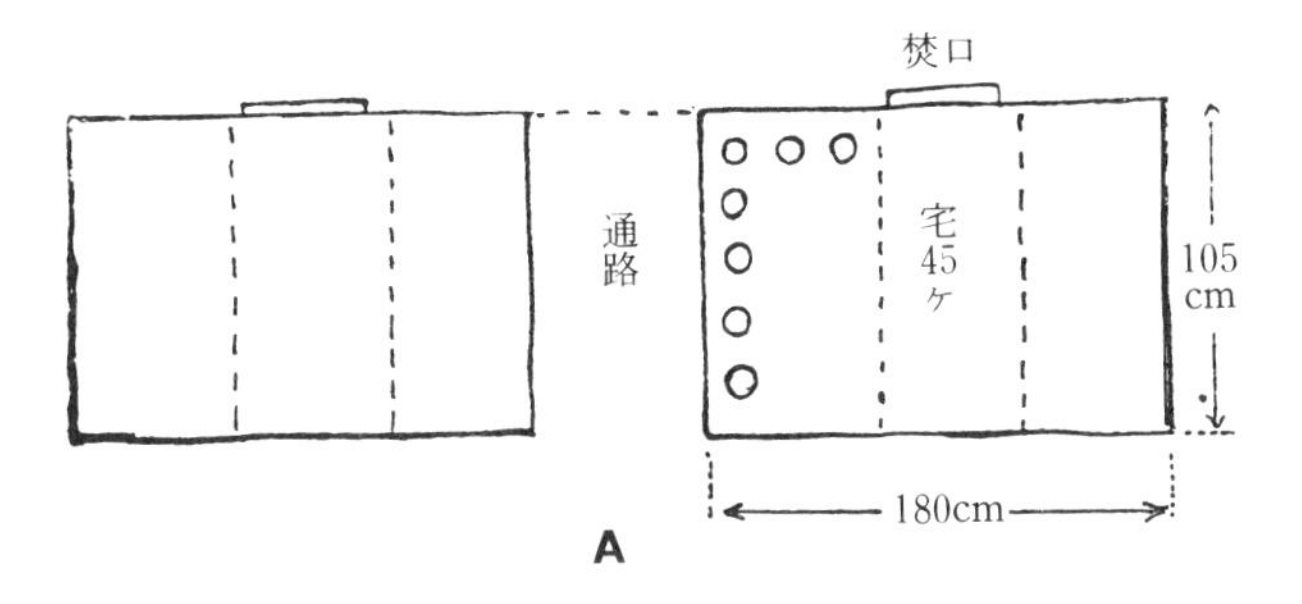

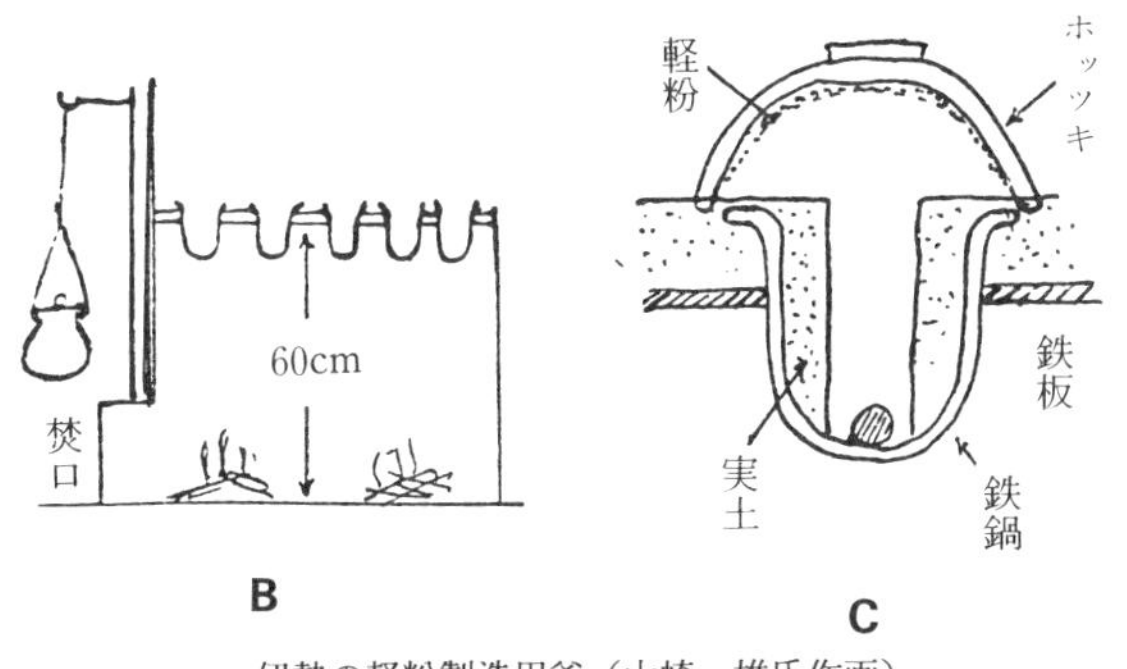

伊勢の軽粉製造用釜（山崎一雄氏作画）
A：平面図　B：断面　C：鉄鍋

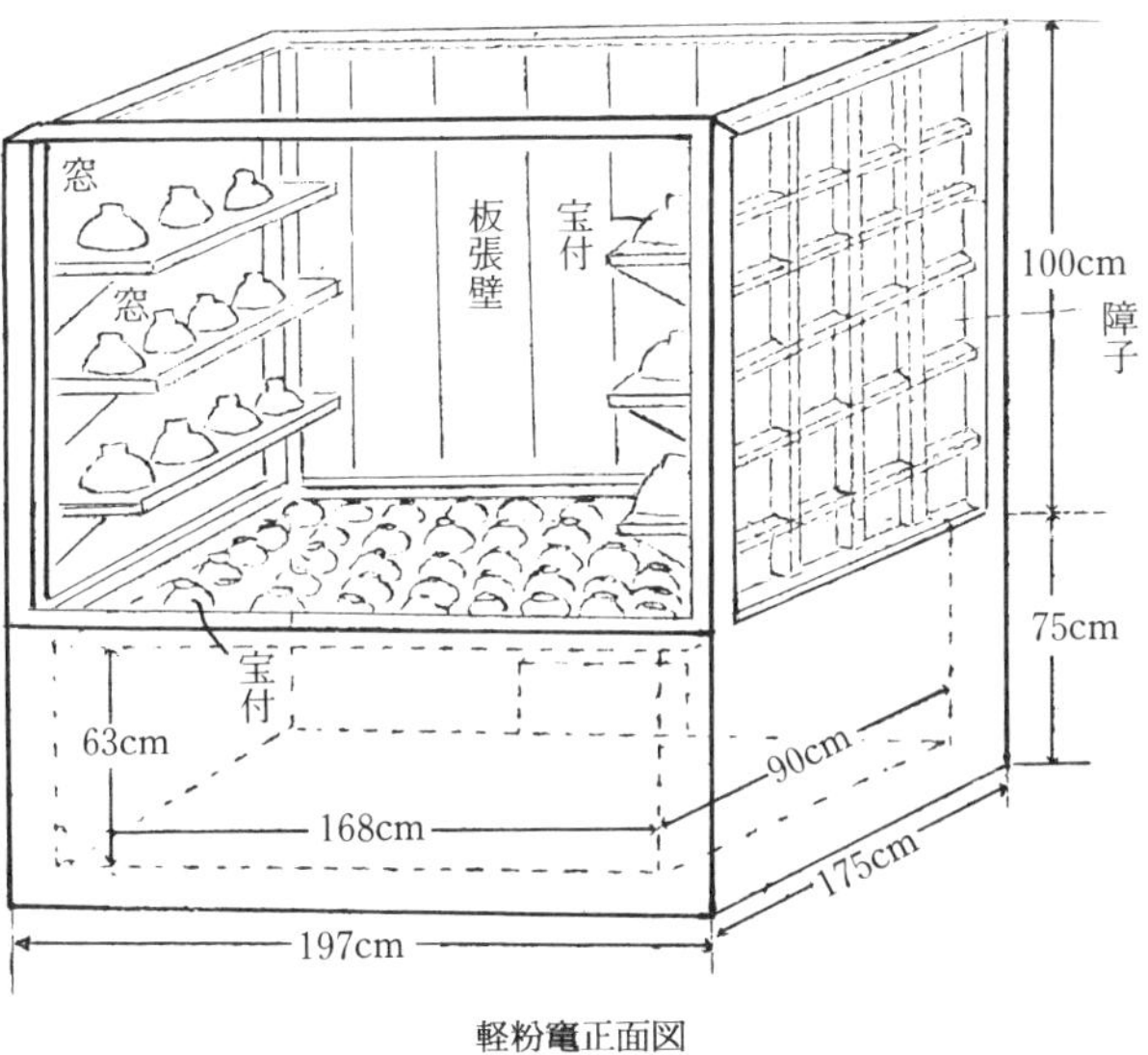

軽粉竈正面図

ぎ、密閉します。

鉄板の下のカマドからトチの割木（わりき）で、およそ二時間ほど焚き、一時間ほど冷やしてから、上にかぶせたホッツキをはずすと、ホッツキの内側一面に水銀が昇華して白い粉の甘汞（かんこう）、いわゆる軽粉になって付いています。これを羽毛で掃き取り薬紙に包み製品にしたのです。ホッツキ一個で二匁の水銀から同量の軽粉がとれたそうです。

帰京後ひと月ほどして、竹川家の土蔵の中で撮った大奥さまと若奥さまの写真をお送りしたら、折り返し礼状が届き、あれからひと月足らずで大奥さまは急逝され、あの写真が生前の最後のものになったと知らされました。

有レ生者必有レ死　（生ある者は必ず死あり、始め
有レ始必有レ終　あれば必ず終りあり、これ自然
自然之道也　の道なり）
（漢の揚雄撰『揚子法言（ようしほうげん）』）

射和における軽粉の歴史は、すでに終っていたのでした。

今は昔の伊勢街道を行く

二か月ほどして、前の旅で行きそびれた水銀鉱山、丹生（にう）へ行くため、まず、松阪へ出ました。ここから丹生へのバスは日に四本しかありません。着いたのが昼近くになったので、次の発車まで三時間も待つことになりました。バスの案内所に相談すると、途中の大石（おおいし）までのバスが間もなく出るから、終点から丹生へはタクシーを使いなさい。大石でタクシーを呼んであげますから、と親切に教えてくれました。

大石まで四〇分近く。この辺りまで来ると、だいぶ山深く人家もありません。こんな奥深い所に、むかし電車が通っていたなんて不思議な気がします。軌道跡を舗装したのでしょうか、辺りとは不釣合いなほど立派な道路でした。運転手さんは廃屋になった無人の駅舎から電話でタクシーを呼んでくれました。

「お客さん、すぐ来るそうですよ」

「ありがとう。立派な道路ですね」

「ええ、国道一一六号線です。櫛田川（くしだがわ）に沿った、橿原（かしはら）に続いている伊勢街道です」

とすると、大阪からのお伊勢参りはこの道を通ったのでしょう。そういえば、鈴鹿峠を通る伊勢別街道というのもあり、これは京都からの道で、有名な難所でしたから、もっと淋しい所だったでしょう。

鈴鹿峠といえば、『今昔物語』に京都の水銀(みずかね)商(あきない)が伊勢からの帰途、ここで山賊にあう話があります。「今ハ昔、京ニ水銀商スル者有ケリ……」という書き出しの話です。伊勢の国から馬百頭に水銀を積んで京へ上る途中、鈴鹿峠で八〇人ほどの山賊に襲(おそ)われ、積荷を全部盗られてしまいましたが、幸い商人は草馬(あらうま)に乗って、高い岳(おか)に逃げることができました。そのとき、俄(にわ)かに雲かと見まがう蜂の大群が押し寄せ、山賊を刺して皆殺しにしてしまいました。ホッとした水銀商は谷間に降り、山賊が略奪で貯め込んだ財宝を、そっくり京に持ち帰り、ますます富み栄えました。蜂が危難を救ってくれたのも、日ごろ、彼が酒を造って蜂に与えていたからです。蜂でさえ恩を知っているのだ、まして心ある人は恩を忘れてはいけない、という勧善懲悪(かんぜんちょうあく)、因果応報(いんがおうほう)の話です。

この話は平安時代、すでに伊勢・京都間を往来していた水銀商人の存在の例証として、よく使われています。その後、水銀の産出量が減り、輸入水銀を大阪などから射和へ運ぶようになりますが、その時の道は鈴鹿峠の方ではなく、この伊勢街道だったと思います。

水銀鉱山の今昔

ほどなくタクシーが到着。ピカピカの新車でした。サッと来るタクシーといい、立派な道路といい、まったく、山奥という気がしません。運転手さんが丹生などへ、なにをしに行くのか、といぶかし気に尋ねるので、このごろ、また水銀を掘りはじめたと聞いたので見に来たのだというと、

「水銀の鉱石って白いんですね」

「そうかなあ？　赤いんじゃない」

「私もこの前初めて見たんですが、真っ白でしたよ。キラキラ光って」

天然の水銀なら辰砂だろうから赤いはずだが、などと思っているうち目的地に到着。日曜日だったので操業していませんでしたが、採掘され山積みされている原石は、彼が言うように白い。しかし、中には辰砂の赤い鉱石も混じっていました。幸い留守番の人がいたので、許

水銀鉱山（大和水銀鉱業所）

可を得て坑道口まで登ってみました。竪穴で、深さは一六〇メートルあるという。

昔は、横穴式もあったという話が、やはり『今昔物語』のなかに、「今ハ昔、伊勢ノ国、飯高郡ニ住ケル下人有ケリ……」の書き出しで始まります。

ある日この下人が、仲間二人と水銀を掘りに行きました。十余丈ほどの穴に入ったら、突然入口が崩れて塞がってしまいましたが、日ごろ信仰する地蔵尊のお導きで彼だけが脱け出せた、という話です。この説話では明らかに横穴式です。昔はこの地方には、大小百以上の竪穴や横穴の坑道があったそうです。

永年中止していた採掘を再開したのは昭和四三年ごろのことで、さく岩機を使ってさらに大規模に掘りだしたのは近々、この二、三年のことだということです。今では日に二〇〜三〇トンの原石を掘り、奈良の菟田野町に運び精錬しているそうです。この丹生の部落には、かつて三千戸の家と一万人からの人々が鉱山を中心に生活し、松阪よりも栄えていたといいます。しかし、今は訪れる人もまれで、昔日の繁栄の面影はありませんでした。

丹生から再び射和へ

この大和水銀鉱業所を出たところに、丹生大師という寺院があります。運転手さんが、一見の価値があるから、ぜひ見るように、とすすめるので停めてもらいました。私は寺院建築のことは不案内ですが、広大な境内を見ていると、過去の栄華がしのばれ、建物にも中世寺院の風格が感じられてきました。しかし人気のない庫裡から大師堂へ登る回廊をはじめ、建物すべてがすっかり色褪せたのを見ていたら、その昔、水銀景気で賑わった丹生の盛況が空しく、急に大勢の怨霊が現われたのか、背筋が寒くなり、そうそうに車に戻りました。

運転手さんが丹生への目的を聞くので、軽粉を求めてここまで来たこと、まだ軽粉が見つからないことを話し

ますと、

「そういえば、私の知人の家で蔵を整理した時、おしろいを川に流した、ということを聞きましたよ……。そうだ、昔、水銀を造っていた、と言ってたなあ……。お父さんも普通でない死に方をした、と言ってたから、このごろの水銀中毒みたいなものなんでしょうね……。行ってみますか？」

「これからか……。じゃ行ってもらいましょうか」

彼は、あたかも自分も研究を始めたかのように元気に走り出しました。


残念なことに、その家の方は留守でした。しかし幸い、この前訪れた竹川家の近くだったので、ひと月ほど前に亡くなられた大奥さんの仏前にお参りすることにしました。玄関に入るなり若奥さんは、「あれから主人に軽粉を捜してもらっているのですけれど……。見つかったらご連絡しようと思っていましたのよ。見つかるといいですけれど。もしありましたらお送りしましょう」と、確信あり気にほほ笑まれました。

ご主人や家族の方々にご挨拶した時、なんとなく都会的なその面ざしが印象に残りました。この地方を訪れ、これまでにお目にかかった方々のお顔を思い出してみると、どの方も鄙(ひな)びた顔でなく、まるで大都会の山の手に住む人びとのような顔立ちだったのに、改めて驚きました。かつて都(みやこ)との交流の多かったこの地方の文化の豊かさの証(あかし)でしょうか。

松阪にあった白粉町

竹川家を辞した後、本居宣長(もとおりのりなが)記念館に廻りました。松阪については、かねてからここの館長の山田勘蔵先生にご教示を受けるように、と言われていましたので、失礼とは思いましたがアポイントメントなしに伺いました。「東京から招いた講師の講演会がちょうど始まったばかりで、館長は夕方まで会場から出られません。せっかく来られたのに……」と、応接に出られた主事の方は気の毒がり、目的はと聞かれたので、水銀白粉のことで、とお話ししましたら、それならやはり館長でないと、と困惑の様子でした。その時、二階から降りてくる人の足音を聞いた主事の方は「あっ、館長さんが降りてこられた」と、小さく叫ぶように言われました。

館長さんは、足もとがご不自由らしく、ゆっくり、一歩、一歩降りてこられるのが、申しわけないがもどかしくさえ感じられました。不躾を承知で、さっそく、「中世・近世において座という商工業者の同業組合がつくられ、時の権力者や寺院などの保護を受けて、商品の製造や販売の独占権を持ち、その代りに税を収めていた。その白粉座がこの松阪にあった、と聞いたことがありますが」と、挨拶もそこそこにお尋ねすると、館長は、

「さあ、俗説として白粉座があったといってますが……。あったともなかったともいえませんね」

「白粉屋はあったのですか」

「ええ、それは……。天正一六年に松阪城が出来た時から白粉町というのがあったのですが、白粉屋がたくさんあったかどうか、これもわかりませんね」

と、学識の豊さを感じさせる慎重さで話される。ちょっと待つように言われ、やがて数冊の本を持ってこられた。

「この島川安太郎さんの『松阪の町の歴史』には《天正一六年松ケ島から移る。昔は飯野郡射和で造る軽粉を商う店が多かったので白粉町の名がある。中世まで白粉屋が二軒残っていたが、それもいつしかなくなった》とありますがね……」

「これは昭和四〇年の刊行ですか。新しいんですね……。このもとになる文献はあるんでしょうか」

「天保四年(一八三三)に出た、この安岡親毅の『勢陽五鈴遺響』に《白粉町、天正一六年松ケ島ヨリ移ス。往昔白粉ヲ商フ者二戸アリ。今ハ絶廃ス故ニ名ク》とあるだけで、ほかにないんですよ。まあ、蒲生氏郷が天正一六年(一五八八)に、近江の日野からこの松阪に移封されて、それ以来、伊勢商人の中心地として繁栄してきたのですから。氏郷は楽市楽座方式を採り入れたのですが、油だけは座があったのです。つまり油以外は自由だったのですね」

「先生、私はこのように考えるのですが。原料の丹生、製造の射和、宣伝の伊勢、という地理的条件からいっても、白粉を商品化し、販売する白粉屋が松阪にあった、とみてもいいと思うのですが……」

「そう考えてもいいでしょうね」

5 伊勢白粉

伊勢白粉研究についての多くの文献が、必ずといっていいくらい狂言の『素袍落』を引用しています。

御師が宣伝した伊勢白粉

気まぐれで伊勢参宮を思いたった主人が、かねて同行を約束していた伯父のもとへ、召使いの太郎冠者を誘いの使いにやります。伯父は急な話なので断りますが、めでたい門出の祝いに、太郎冠者に酒を振舞います。酒に目のない太郎冠者は、すすめられるままに盃を重ね、ついつい呑み過ぎてしまいます。伯父ははなむけに素袍を与え、わたしの名代として着ていくように、といいます。主人から、はなむけを貰ったらみやげを買ってこなければならない、と言われたこと思い出し、次のようなやりとりとなります。

太郎冠者「ありがとう存じます。さてもさても結構な素袍じゃ。さて、おみやを進ぜましょう」

伯父「それは無用にせい」

太郎冠者「なぜにそう仰せられるるぞ。私のことでごされば、しょうからしい物でもござらぬ。まずこなた様へは、めでとうお祓い、奥さまへは伊勢おしろい。わこ様へは愛らしいゆう笙の笛をあげましょう――」

と、ここで「伊勢おしろい」が出てきます。狂言の成立年代からみて、中世にはすでに伊勢白粉が参宮みやげとして有名だったのでしょう。

伊勢白粉の名を高めたのは、伊勢参りのおみやげだけではなく、伊勢の御師が全国の檀家廻りの折、おみやげとしたことも大きな実物宣伝効果をあげたのです。

御師は御祈師の略称だといわれています。願い主の依頼を請け、神に祈禱し幣物を捧げ、祝詞を奏上したので、祝詞師ともいいました。彼らは本来、全国にある神領地の神税徴収のための使いから発展した、身分の低い神職でしたが、鎌倉時代以降になると職業化し、組織的に活動するようになったのです。檀家を廻り、御祈禱の大麻(伊勢神宮で毎年一〇月一五日から歳末にかけて頒布されるお

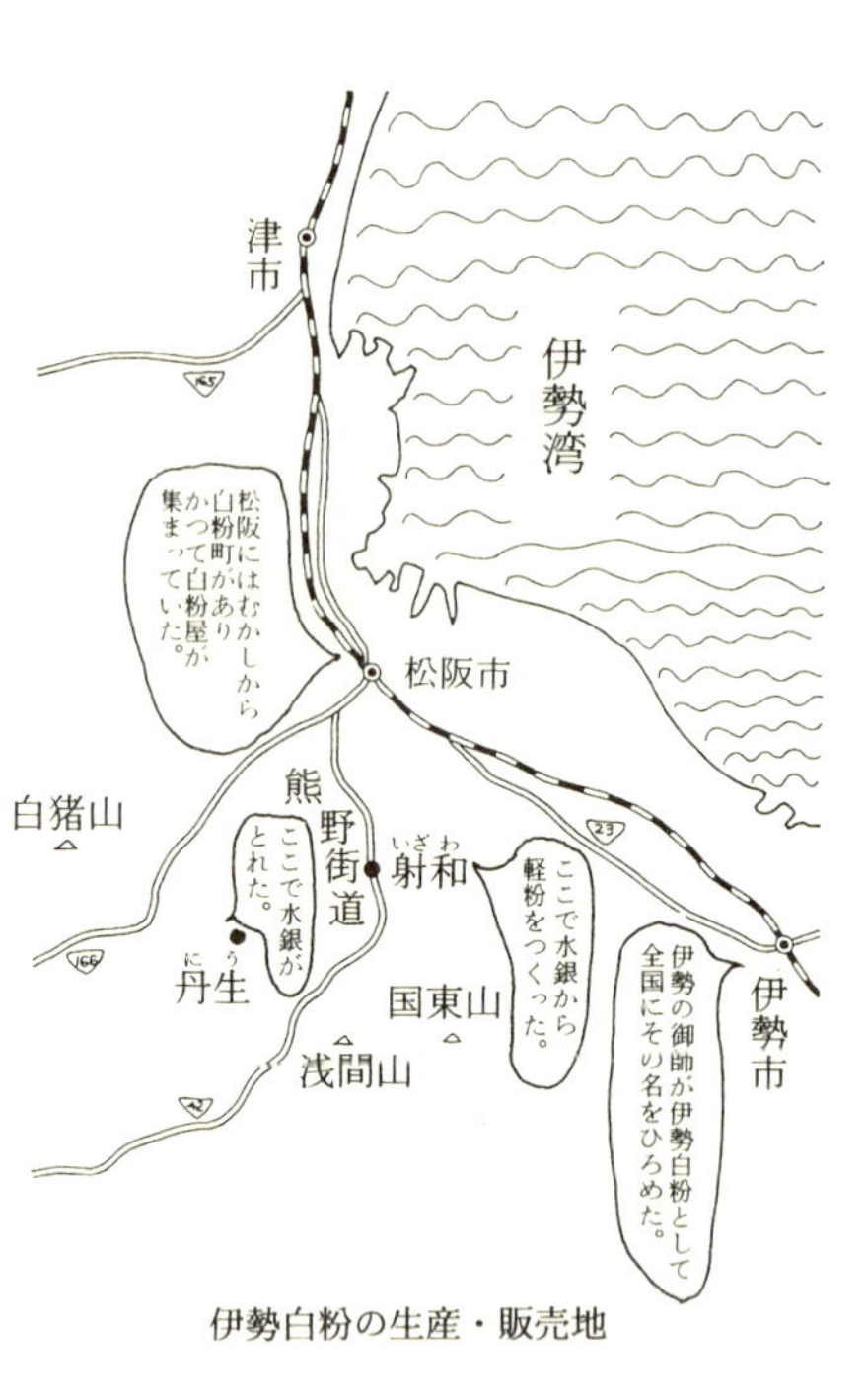

伊勢白粉の生産・販売地

札（ふだ））をとどけ、その見返りとして、応分のお初穂料を受けたのです。

御師の家は担当地域の檀家がお伊勢参りをする時の宿も兼ねていました。また、御師が檀家を訪れる時は、必ず伊勢エビ、伊勢暦とともに伊勢白粉をみやげとして持って行ったのです。あるいは訪問販売をしていたかもしれません。

そこで、もしかしたら御師の子孫の家に伊勢白粉が残っているかもしれない、と思いたったら、もう矢も楯（たて）もたまらず、ともかく伊勢へ行くことにしました。昭和四八年のことです。

八月初め突然、予定もたてず、旅装もそこそこに東京駅へ駆けつけ、一九時一五分発の新幹線にとび乗りました。例によりホテルの予約もなし。鳥羽なら宿もたくさんあるだろう、と思ったのが間違いのもとでした。着いたのが夜なかの一二時近くで、町はすでに灯は消え、歩いている人影も見当りませんでした。ホテルで宿泊を申し込むと、今日は全国高校総合体育大会があり、どの宿も満員で空室などない、とそっけなく断られ、途方にくれてしまいました。

旧盆を避けて早めに来たのが逆目（さかめ）になり、おまけに皇太子の宿泊された鳥羽国際ホテルで食中毒があり、四日間の営業停止処分をうけて、客を市内のホテルに全員割りふったので、おそらく一部屋も空いていないだろう、とのことでした。

やむを得ずタクシー会社の宿直の人に事情を話すと、伊勢まで行かなければ宿がない、ということで、真夜中の道をとばしてもらいました。途中、モーテルまで声をかけてくれたのですが満室。やっと伊勢市内に入り、とあるホテルの前で車が停まりました。運転手さんのなじみの所らしく、気さくに交渉に行ってくれたところ、予約客で時間過ぎても来ない部屋あるので、それを空けましょう、という返事を聞きホッとしました。どんな場合でも抜け道はあるものだな、と感心し、ふと、

　ぬけるにもぬけぬにも伊勢縁が有　（末二・28、安二智4）

という川柳を思い出しました。駄ジャレですけど「抜ける」というのは、江戸時代、伊勢参りを〝抜け参り〟といったことをさします。親や主人、はては妻女にも断りなしに、密かに抜け出してお伊勢参りをすることが流行りました。一生に一度はお参りしないと一人前にならないというので、だれもとがめだてしなかったということです。

伊勢白粉に虱除けの効果

江戸時代から昭和の戦前まで、不定期に刊行されていた雑書の『三世相大全』という本に「伊勢両宮は恐惶も吾朝の宗廟にして、平人軽々しく参るべき宮居にあらず、若参宮せんとおもはば身を清浄にして、道中にて、假にもけがれたる事をなすべからず」とあって、道中は身を清潔に保ち、女性に接してはいけない。もし参詣の途中で不潔なことをすれば、〝抜けぬ〟神罰をうける、と信じられていました。

ただし、帰りはその限りではないというので、みんな伊勢の古市の遊廓で精進落し、といって遊んで帰ったようです。そこで、

　御はらいとしらみを御用しよってくる　（安元義7）

といった始末になります。道中、風呂にも入らないから虱もわいたことでしょうが、ここでは悪い遊びをしてもらった毛虱のことです。「御用」は酒屋などの御用聞きの小僧のことです。

「毛虱」はまた、「開じらみ」が訛って「鳶じらみ」などと呼ばれ、川柳の題材として喜ばれたようです。

　色男どこでしよつたか鳶しらミ　（明二松5、末一・4）

英泉　大磯駅　神奈川県立歴史美術館蔵

とびしらみおいらじやないと女房言イ　（天二桜3、末四・3）

女房にいぶしぬかれる鳶じらミ　（明三満3）

実は伊勢白粉には、この毛虱などの虱除薬としての効果もありました。最後の句の〝いぶし抜かれる〟とは、『都風俗化粧伝』に、ハラヤ（水銀白粉）を髪の根元にぬれば「虱死して悉く落ちるなり」と記しているように、伊勢白粉を髪の根元にぬれば、いぶし出されたように虱がはらはらと落ちるのですが、ここでは女房に問いつめられて鳶虱の原因がぽろぽろと落ちてきたのでしょうか。

話がだいぶ脱線しましたが、伊勢白粉は、中世から近世以降は虱除薬とか梅毒の治療薬としての用途も有名だったようです。川柳にも、

鉄砲疵に軽粉の強ぐすり　（柳樽一六四・12）

とあります。「鉄砲」とは最下位の女郎を意味します。

伊勢白粉とはいうものの、このような隠された用途があったからこそ、御師のみやげとしても喜ばれたのでしょう。前述の狂言にも、あのあと、

太郎冠者「おみやを進ぜましょう」
伯父「それは、今聞いた」
太郎冠者「なぜにさように仰せらるるぞ、私のことでござれば、しょうからしい物でもござらぬ。まず、わこ様へはめでとうお祓い。奥様へは愛らしゅう笙の笛。こなた様へは伊勢白粉を進ぜましょう」
伯父「むさとしたことを言う。サアサア早う戻れ」

とあるように、酔って「伯父御に伊勢白粉」と、わざととり違えているのでしょう。

伯父御が苦笑して言った「むさとしたことを言う」は、『邦訳日葡辞書』（岩波書店）には例としてMusato xita cotouoyŭ（むさとしたことを云ふ）をあげ、「思慮分別のないことを云ふ」とあります。となると、ただ酔って取り違えただけでは面白くありません。やはり、ここには伊勢白粉の裏むきの用途がなくては「むさ」が生きてこないと思います。

御師をさがして

前日は真夜中だったので気づきませんでしたが、宿のそばに古めかしい建物があり、その前に「御師龍太夫跡」という立派な石碑が建っていました。なんと、これから捜そうと思っていた御師の家です。現代、建物は神宮御用紙製造場となっていますが、大きな宿舎のような感じで、かつては御師が参宮の檀家を泊めたものに違いない、と思わせるようなものでした。その工場の責任者に話を聞くと、たしかに龍太夫という人は勢力のある御師だったようですが、御師制度は明治五年に廃止になり、今の建物は缶詰の国分商店の創業者国分勘兵衛氏が、明治三二年に建てたものだ、ということでした。国分家は射和軽粉の代表的な釜元でした。いま、この工場では伊勢神宮、明治神宮をはじめ、全国の主な神宮のお札に使う和紙を漉いているとのことでした。

明治初期の、この地方のとまどいを想像し、宿命のようなものを感じさせられました。製造場で、伊勢の古いことなら市役所にいる伊勢市文化財調査委員の谷口永三氏に尋ねたら、といわれたので、すぐその足で市役所に行き、谷口氏に製造場で聞いた旨つげると、気さくに椅子をすすめてくれました。

水銀白粉を手に入れたくて、八方手を尽くしたが見つからないこと、御師が手みやげに使っていたので、あるいは子孫の方の家なら残っているのでは、と来意を告げると、

「御師の子孫はもうほとんどいませんね。久保倉、龍太夫……」

「龍太夫の屋敷跡は先ほど見てきました」

「そうですか。それに春木、真珠会館の裏に三日市の子

孫がいますが、何もありませんね。家は一部改造してますが、御師の家の面影は残しています。でも物は残っていませんよ。御師は、伊勢ではとても経済力を持った特権階級だったですがねえ、この町の人は御師にはとても恩恵をこうむっていました。それが明治五年から一〇年ごろまでに壊滅してしまったのです」

「なぜですか」

「明治新政府が特権階級を好まなかったからでしょう」

と言って顔をくもらせた。

「御師のことを調べるには、どうしたらしいいでしょうか」

「神宮文庫へいらっしゃい。入口の門は八日市場町にあった福島みさき太夫の門です。大きな立派な門です。あれを見れば御師の勢力がうかがえるでしょう。そうだ、あそこには神宮文庫のことなら何でも知ってる服部さんという人がいます」

谷口さんは即座に文庫に電話し、いま、これこれの人が行くから便宜をはかってくれるように、と頼んでくださいました。

御師龍太夫跡

なるほど文庫の門は大きく立派でした。そこには、

「伊勢市文化財——江戸時代中期安永九年（一七八〇）の建築。これを永く保存するため譲り受けて昭和十年三月ここに移築したものである」

と由来を記した掲示がありました。

　文庫の服部さんはさっそく部厚い『神宮文庫図書目録』四冊を出して、必要な文献を書き出すように、といわれました。『伊勢御師定宿繁栄講（いせおしじょうやどはんえいこう）』、『外宮天正遷宮記（げくうてんしょうせんぐうき）』など十冊ばかりを選び出したところ、これらの中に

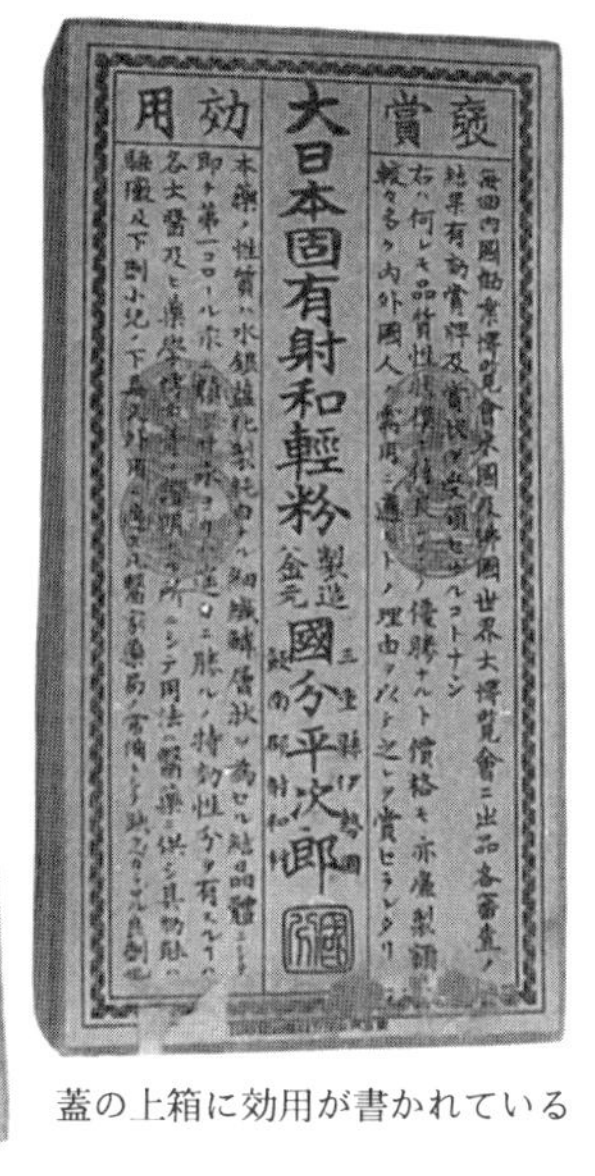

蓋の上箱に効用が書かれている

竹川家で発見された軽粉
右の蓋を開けたところ

は伊勢白粉のことはない、とのことでした。やむをえず『化粧眉作之書』と『眉之書』の二冊のコピーをお願いして失礼しました。

文庫の向い側に神宮博物館入口の道標が立っていたので、ここなら伊勢白粉があるのでは、と思い、またまた執念深く立ち寄りましたが、ここでも目的の伊勢白粉は見当りませんでした。

ついに、幻の軽粉を入手

水銀白粉のふるさとを訪ねる旅には、まだ心残りはあるものの、一応終ることにした。帰京後ほどなく、竹川家の若奥さんからお便りをいただきました。その文面には、頼まれていた軽粉が、やっと見つかったことを、わがことのように喜んでくださるお気持ちがあふれていました。

手紙の後を追うように、桐箱に収められた軽粉が送られてきました。まさしく私が十数年前に見た、あの足利義満夫人の奉納と伝えられる、六〇〇年前の軽粉と同じものでした。

手にとってよく見ると、鱗片状のキラキラ光る大きな結晶より、非常に微細の結晶のものが多い。手の甲にぬってみると、滑らかにのび、想像していた以上に被覆力も付着力もあり、「おしろい」としての効果の、素晴らしいものであることは間違いありませんでした。

大きな結晶と微細な結晶の割合、つまり粒度分布を調

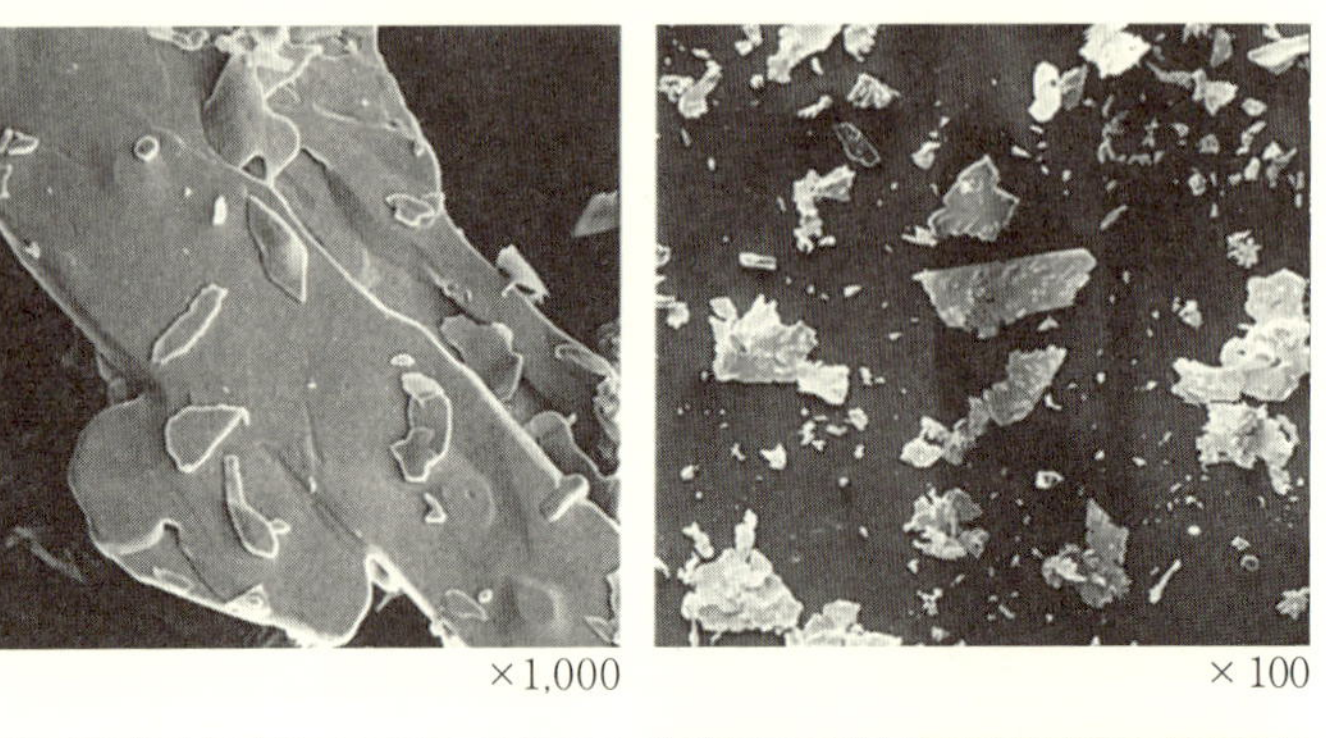

×1,000　×100　×3,000　×300

水銀白粉（軽粉）の電子顕微鏡写真

べるため、当時ライオン歯磨研究所長の阿部竜二氏にサンプルを送り分析を頼みました。その結果、成分はX線解析によると、標準甘汞Hg_2Cl_2と完全に一致しました。粒度分布は、走査電子顕微鏡で観察した結果、非常に欠けやすく、原形を保っている結晶はほとんどなく、測定不可能で、また、その意味がないとのことでした。大きなもので〇・二×〇・〇七㎜、厚さは一・六〜一・八×1／300㎜、もちろん大きさは〇・一㎜以下のものが大半でした。

昭和四〇年ごろから、粉おしろいに雲母を入れてキラキラ光らせるのが流行っていましたが、化粧効果のねらいはまったく同じもののようでした。前述の『祝の書』に出ていた、白際に軽粉を使ったのも、このキラキラ光る化粧効果をねらったものでしょう。

平安時代の、採光も照明も悪く、また薄暗かっただろう宮殿内でも、化粧効果は現代の夜のそれと同じなのでしょうか。昔の人の生活の知恵に、改めて敬服した次第です。

×700

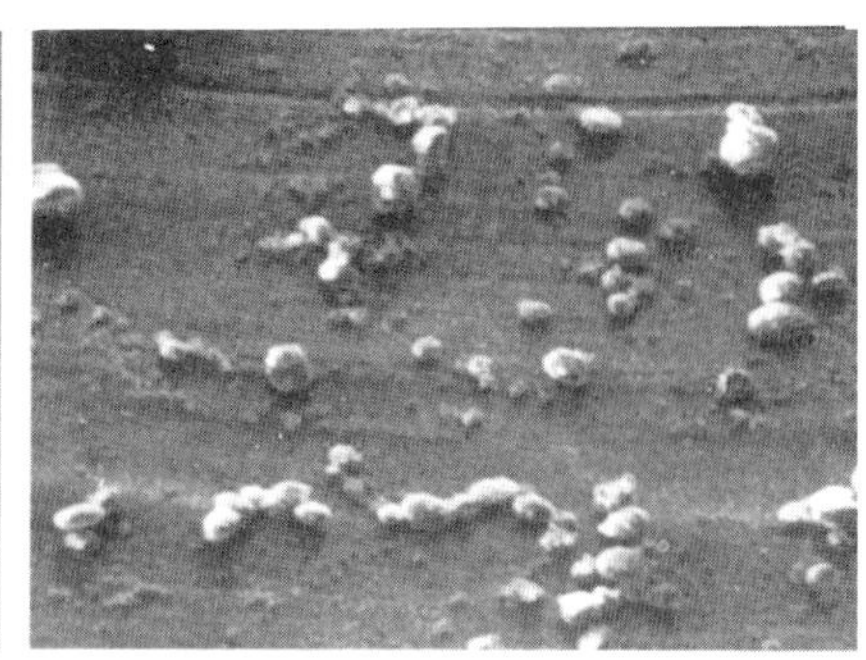

×50

×2,000

×200

鉛白粉（鉛白）の電子顕微鏡写真

6 鉛白粉

鉛白製造のはじまり

鉛白の製造は、もっとも古い技術のひとつです。『科学文化史年表』（中央公論社）に、植物学の父といわれたギリシャのテオフラストスが、鉛板を酢に浸して、初めて鉛白をつくったとあります。もっとも、はじめは白粉用ではなかったようです。

中国でも鉛白製造の記録は古く、宋の高丞が、およそ一、七六四の事物の原始をまとめた『事物紀原』に「周の文王のとき、女人はじめて鉛粉を伝う」とあり、また晋代の張華の撰といわれる『博物志』にも「殷の紂王鉛を焼いて粉をつくる。これを胡粉という」とあります。

わが国の記録としては、従来、どの解説書も『日本書紀』雄略天皇七年の条を引いています。しかし、ここに出てくる鉛花は、鉛華つまり鉛白（白粉）ではなく、赤い鉛丹だから紅化粧であることは、赤の章に書いた通りです。したがって、白粉の最初の記録にはなりません。それよりも、おなじ『日本書紀』に、やはり多くの書物に引用されている白粉の記事があります。持統天皇六年(六九一)五月四日「沙門観成に、絁十五匹、綿三十屯、布五十端賜ふ。その造れる鉛粉を美めたまへり」というのです。観成は元興寺の僧で、おそらく新羅から持ってきた文献をたよりに、たいへんな苦労をして鉛白をつくり、女帝の持統天皇に献上し、その褒美として下賜されたものでしょう。

それにしても、たかが白粉を造ったぐらいで、たくさんの褒美を出したのも、やはり女帝だから嬉しかったのでしょう。改めて『日本書紀』を見ると、持統天皇は他の天皇に比べると、やたらと褒美を出したり、罪を赦したりしています。女帝だからというより、お優しい方だったのでしょう。天皇には、夫であり先帝だった天武天皇の遺志を継いで、中央集権国家を完成し、新都、藤原宮を造営するという大事業がありました。これを達成するためには莫大な費用と労力を必要としたので、褒美や恩赦の多かったというのも、民衆の心をつかむための政策の一環だったに相違ないと思います。

もちろん、いくら男まさりの女帝でも、白粉を献上されて嬉しくないことはないでしょう。ともかく、はっきりした鉛白製造の記録は、この時が初めてと思います。つまり、わが国の鉛白製造の歴史は、一三〇〇年も昔になるのです。しかし実際に白粉が商品として大量に造られ市販されるようになった記録はこれよりずっと後のことになります。

江戸時代に入ってからの話ですが、品物や物事の起源を記した享保一九年(一七三四)刊の『本朝世事談綺』には、白粉について、「慶長・元和のころ、泉州堺、銭屋宗安と云うもの、大明の人に習ひ、はじめて造る。又、小西白粉は、堺の薬種屋、小西清兵衛大明にて習ひ得たる所の法也。——近世本朝の白粉、甚だ勝れたり、よって異国人是を買い去る」とありますが、残念なことに、詳しい造り方の記録は残っていません。明の末期崇禎十年(一六三七)に宋応星の著わした農工業史である『天工開物』が江戸初期には、すでにわが国にも紹介されていましたが、この本によると「鉛を薄く削ったものを巻いて筒のようにし、それを木で造った蒸籠（せいろう）の中に入れ、酢を入れて七日間蒸す――」とあります。これでおよその見当はつきますが、実際にはどのようにしてつくったものなのでしょうか。

私はまたまた、〝鉛白粉のふるさと〟ともいうべき堺の町を訪れてみたくなりました。「異国人是を買い去る」というほど勝れた鉛白粉が、どのようにしてつくられたのか、自分の目で確かめたいと思ったからです。

鉛白の生産地は堺

入手時期ははっきりしないのですが、私の手元に昭和一四年発行の『鉛丹及び鉛白と鉛屋市兵衛』という、七〇ページほどの小冊子があります。株式会社鉛市商店の社史のようなもので、染料・顔料の研究家として著明な山川隆平氏の執筆による「御定丹（ごじょうたん）製法人の研究」と「京阪白粉屋考」の二部からなる貴重な文献です。

〝鉛白粉のふるさと〟堺へ行こうと思い立ったのは、たまたま書庫で見つけたこの本が発端ですが、かんじんの鉛屋市兵衛さんのお宅の存在は不明です。本の奥付に鉛市商店の所在地は天王寺区上本町九丁目三四とあるだけなので、堺の住所はわからぬままに、五月の連休を使って堺を訪れる予定をたててしまいました。昭和四九年のことです。

八方手を尽くしましたが、所在はいぜん不明でした。なにぶんにも東京にいて、遠い堺の町の、住所もわからない人を捜そうというのですから無謀もいいところです。出発間近かの五月一日の夜になって、市内電話案内の利用という方法に気づきました。鉛屋市兵衛という名は、おそらく世襲で、現在も同じ名を継いでいるにちがいないと思ったのです。

さっそく堺市の電話案内を呼び出し、住所はわからないのですが鉛屋市兵衛さんという方の電話番号を教えてくださいと頼みました。不愛想な返事を覚悟していたのですが、案に相違して親切に「市兵衛さんというお名前はありませんが、鉛さんというお宅はあります。番号は堺局の〇〇〇〇番です」と教えてくれました。

夜分遅く、面識のない方に突然の電話はどうかと、一瞬ためらいましたが、もうタイムリミットだからと、先方のご迷惑は承知でダイヤルを廻しました。（その頃はま

だダイヤルでした）

「夜分、突然で失礼ですが、鉛屋市兵衛さんのお宅でしょうか」

「市兵衛は祖父ですが、もう亡くなりましたが……」

幸いご当主がご在宅で、すぐ電話口に出てくださいました。

「もう鉛白はつくっていませんし、戦災ですっかり焼けてしまい、何も残っていません。せっかくお越しいただいても、なんのお役にもたちませんし……。私でわかることでしたら電話でお応えしますが」

「実はそちらで戦前に出された『鉛丹及び鉛白と鉛屋市兵衛』という本を持っていまして、このなかに書いてあるようなことなのですが、ぜひ直接お目にかかりたいのです」

「それでしたら、いつでもどうぞ」

「さっそくですが、明日の晩こちらを発ち、夜は大阪に泊りますので三日にお伺いしたいのですが、ご都合はいかがでしょう」

ご都合も何もない。まことに強引で、少々ためらいましたが、連載中の原稿締切りギリギリで、この機会を逃すことはできなかったのです。

堺の鉛家をたずねて

鉛さんのお宅は南海電鉄高野線の急行で、難波（なんば）から二つ目の駅、堺東（さかいひがし）の閑静な住宅地にありました。そのなかでもひときわ目立つ宏壮なたたずまいですが、戦後求められたものだそうです。

「堺にはおしろいと鉛丹の工場がありましたが、昭和二七年七月、空襲で焼けてしまいました。また、大阪工場は四天王寺の近くで、おしろいだけをつくっていましたが、昭和九年ごろやめました。でも鉛白だけは昭和三〇年ごろまでつくっていました」

昭和九年というと、昭和五年に出た「鉛白ヲ使用シタル化粧品ハ昭和九年十二月三十一日以降ニ於テ之ヲ販売シ、又ハ販売ノ目的ヲ以テ陳列若ハ貯蔵スルコトヲ得ズ——」という改正省令の年限にあたります。

「九年以後は陶磁器や絵具、ペンキなどを造っていました。現在も日本で一社だけ鉛白を造っているのが三井金属です。ただ、製法は電解法ですが……」

電解法はともかく、鉛家が伝統的製法を三〇年ごろまで維持していたのだが、製造器具などすべて廃棄してしまった、ということなので、せめてご記憶されていることだけでも記録させていただきたいとお願いしました。

鉛家では富山の細蔵（ほそくら）で採れる三菱の鉛か、兵庫の生野産のものを使っていて、その製法は、

① 鉛のインゴットを熔かし、水冷式の回転しているシリンダーの上にたらし、厚さ一〜二ミリ、幅二〜三センチ、長さ一〇〜一五センチほどの不定形なリボン状の薄片をつくる。

② このリボンを槇（まき）でつくった五〇センチ立方の室（むろ）の中に山積みにする。室の底は簀（す）の子になっていて、その下に稀酢酸を入れた鉄鍋が置かれ、それを下から五〜六寸の特製練炭で蒸すようになっている。およそ一〇日間ほど蒸すと、リボンの表面は塩基性酢酸鉛（えんきせいさくさんなまり）から真っ白な塩基性炭酸鉛に変わる。これが鉛白。粉がふいたようになる。回りに鉛白のついたリボンを水洗いして鉛白をとる。未反応のリボンは再び室に入れ、新しいリボンと一緒にさらに蒸す。

③ ひとつの室で二〇〇〜三〇〇キロ。全部で一〇〇〜一五〇室あるのを、三交代の組合わせで操業するので、月産一〇〇トンは生産された。

④ 取り出した鉛白は水簸（すいひ）して濾過（ろか）する。濾過したケーキ状の鉛白の塊は、五センチ角ほどに小さく切って自然乾燥して製品に仕上げた。

以上が鉛家に伝わった、いわゆるオランダ法鉛白の製法だそうです。

鉛白と鉛丹

岩波書店の『理化学辞典』には、「製法にオランダ法とドイツ法がある。前者は底に酢酸を入れた容器の上部に管状鉛板を置き、この容器を廃木皮を堆積した室に並べ放置すると、鉛は酢酸蒸気に作用して塩基性酢酸鉛を生じ、これが木皮の醗酵によって発生した炭酸ガスに作用されて鉛白を生ずる——」とあります。同じオランダ法でもだいぶ違うのは、たぶん、少しずつ改良された結果だろうと思います。

『天工開物』の製法では、既述のように鉛を薄く削って巻いて筒のようにしています。筒ならば積み重ねても酢酸蒸気は通るでしょうが、薄片を山積みした場合の方が

底鍊底後成鉛草節鉛單入洪爐煎煉爐傍通管注入
長條土槽内俗名扁担鉛亦曰出山鉛所以別于凡銀
爐内頻經煎煉者凡鉛物値雖賤變化殊奇白粉黄丹
皆其顯像操銀底于精純勾錫成其柔軟皆鉛力也

附胡粉

凡造胡粉毎鉛百斤鎔化削成薄片卷作筒安木甑内
甑下甑中各安醋一瓶外以鹽泥固濟紙糊甑縫安火
四兩養之七日期足啓開鉛片皆生霜粉掃入水缸内
未生霜者入甑依舊再養七日再掃以質盡爲度其不
盡者留作黄丹料毎掃下霜一斤入豆粉二兩蛤粉四
兩缸内攪勻澄去清水用細灰按成溝紙隔數層置粉
于上將乾截成瓦定形或如磊塊待乾收貨此物古因
辰韶諸郡專造故曰韶粉(俗誤朝粉)今則各省直饒爲之矣
其質入丹青則白不減查婦人頬能使本色轉青胡粉
投入炭炉中仍還鎔化爲鉛所謂色盡歸皂者

附黄丹

凡炒鉛丹用鉛一斤土硫黄十兩硝石一兩鎔鉛成汁
下醋點之滚沸時下硫一塊少頃入硝少許沸定再點

天工開物　下巻　二十三　四

鉛の製法の図　『天工開物』
文中には胡粉とあるが、製法をみると鉛白

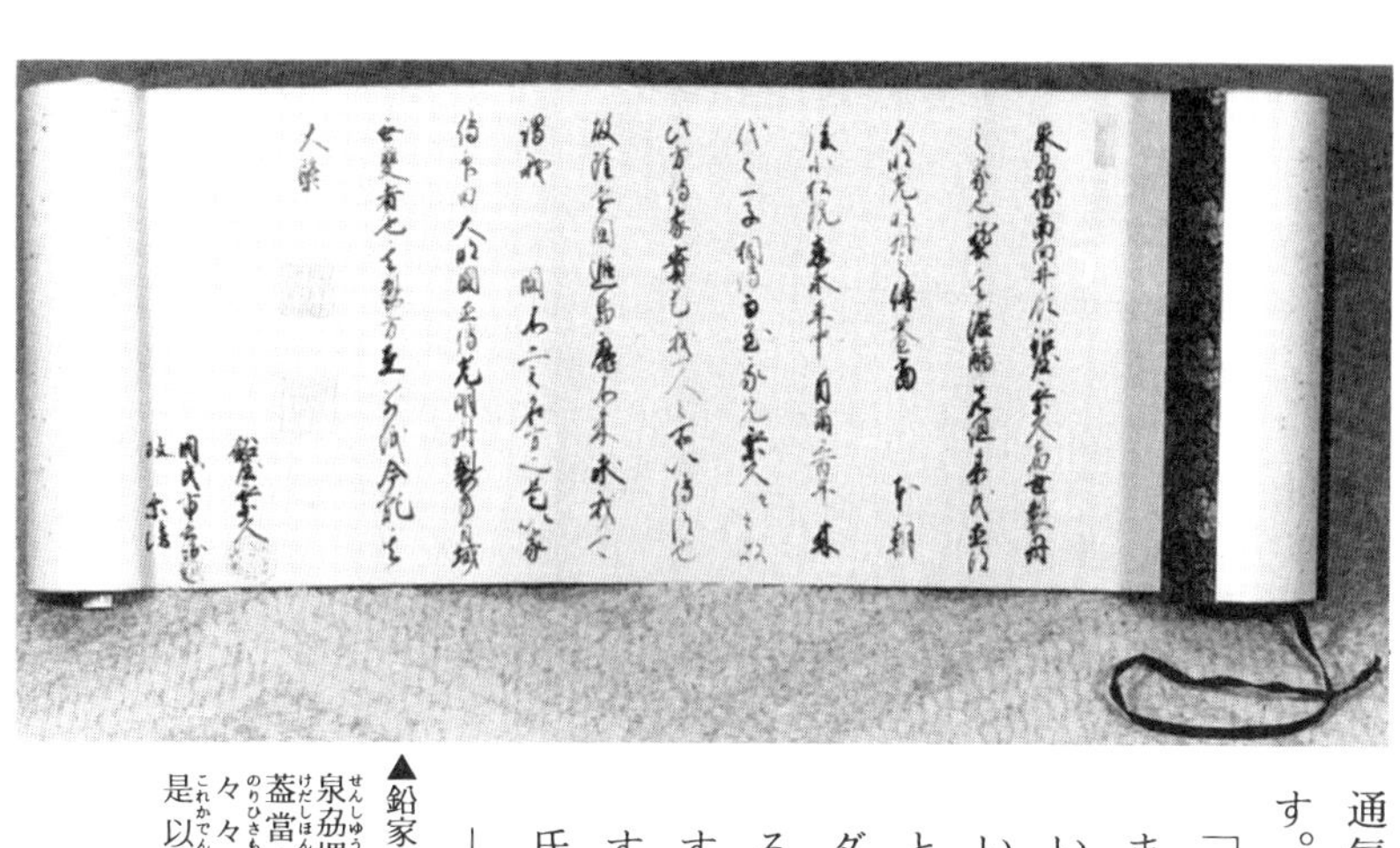

▲鉛家一子相伝
泉刕堺南向井領鉛屋乗久者世製丹之家也。襲其濫觴。先祖某氏直得大明光明丹之傳。蓋當本朝後小松院應永年中。自爾三百年來代々一子相傳而至家兄乗久。々々以此方傳家。實是我一人之所以傳得也。故雖遠國遐島靡不來求。我可謂我国不二之名方也。是以家傳印因。大明國直傳光明丹製方日域無雙者也。其製方在別紙今記其大槩。

鉛屋乗久
同氏市兵衛
改乗久

通気はいいと思います。

「筒にする家もありましたが、能率が悪いし、あまり差はないようです。リボンといってもシリンダーに巻くことになるので湾曲していますし、手間が大変ですからね」

氏は話の途中で一巻の巻物を持ってこられ、

「戦災ですべて灰になりましたが、これだけは防空壕に入っていたので残りました」

〈泉州堺南向井領 鉛屋乗久者世製丹之家也――〉という書き出しで、鉛屋は後小松天皇の御世、将軍足利義満の応永年間に、明国から鉛丹の製法を学び創業した、とあります。この製法は一子相伝、とだけあって〈其製法は別紙〉というのですが、残念ながらこの別紙は現存していないとのことでした。

上質の鉛丹は、主に膏薬など薬用として使われていましたが、大量に使われたのは、神社仏閣などを塗る赤い塗料です。鉛氏の話では、現在、高純度のものはレンズ

室（むろ）の略図

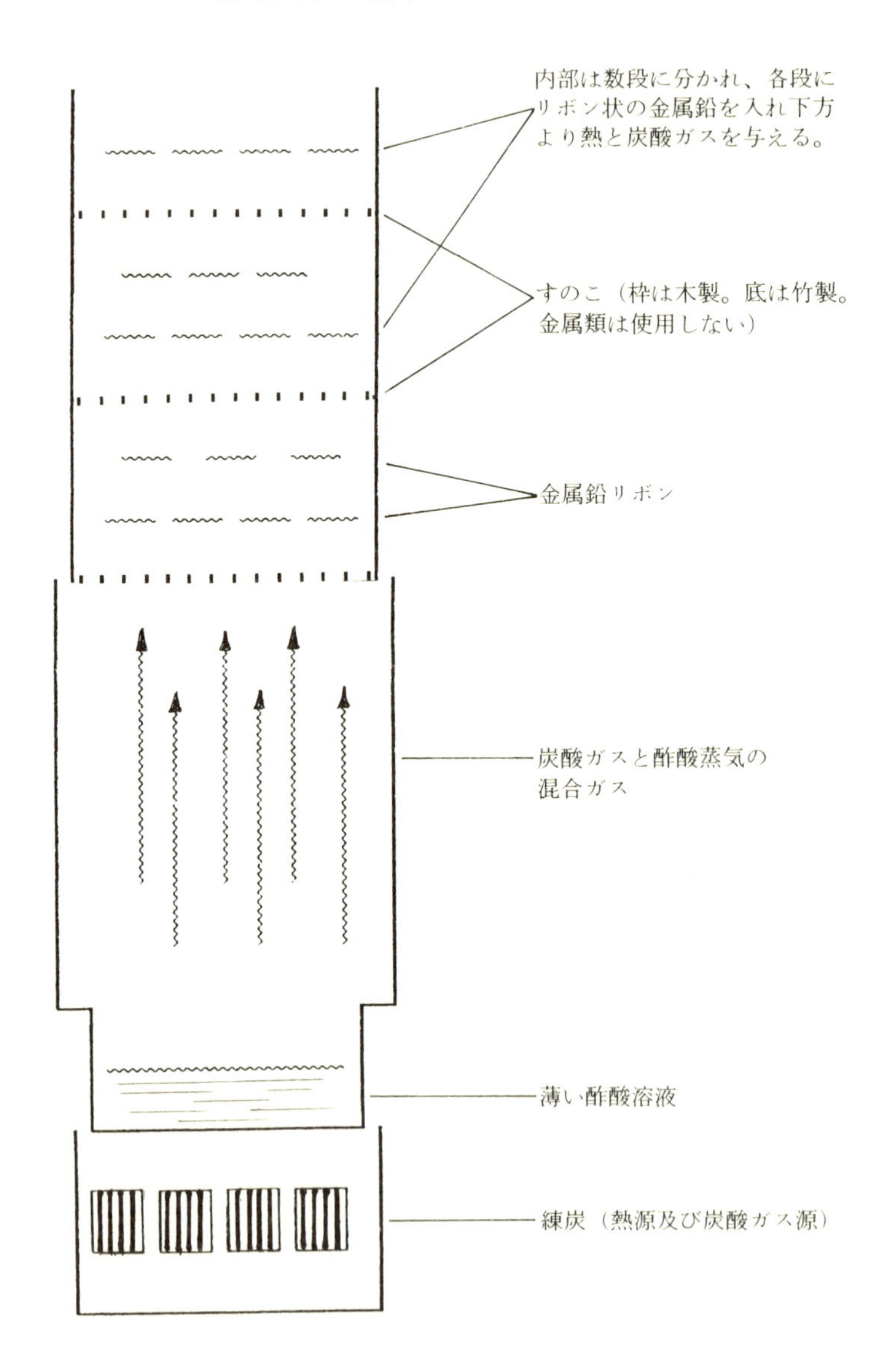

（鉛恂一・由紀子氏作画）

やブラウン管などの鉛ガラスに使われ、純度の低いものは鉄橋などの下塗りに使われているとのことでした。

鉛丹も鉛白も原料は同じ鉛ですが、配合原料と焼成温度の違いにより、鉛丹は真っ赤になり、一方の鉛白は真っ白になります。したがって、鉛屋は鉛丹が専門なのですが、鉛白もつくっていたのです。

正徳三年（一七一三）刊の百科事典『和漢三才図会』には、「――泉州堺、長吉之丹為上品以為丸薬之衣入膏薬――」とあります。つまり堺の長吉丹は上等品だから、丸薬の衣や膏薬に入れて使われていた、というのです。このあと、「――鉛屋市兵衛之丹次之、作白粉鉛滓用為丹者下等品不可薬入用――」とあり、堺の市兵衛丹は白粉製造のカスを使って丹にした下等品だから薬に入れてはならない、としています。

鉛屋では製品に区別をつけるため、・乗久丹　・長吉丹　・勝吉丹　・市兵衛丹、などの商品名をつけはじめたのが、元和年間だそうですから、例の銭屋白粉、小西白粉などと同じころから白粉をつくっていた、ということはいえましょう。それにしても鉛家の多くの文書が戦災で失われたことは残念でなりません。

小西白粉と行長

帰京した翌日、出かける前に予備知識を与えてくださった東北大学名誉教授の豊田武先生から「どうでした」と鉛家訪問の成果についてお電話をいただき、すぐにご報告しなかった非礼のお詫びと堺の調査報告に伺いました。

鉛白粉のふるさと堺をたずねたけれど、白粉関係の資料も入手することができず、また小西白粉や銭屋白粉の末裔を捜し出すこともできなかったのは、ひとえに調査研究にたいする力不足であることを実感しました。

「鉛さんのお話では、いまはもう小西白粉も銭屋白粉もないそうです。しかし電話案内では、堺に銭屋というお宅は一〇軒、小西姓は二〇〇軒もあるのだそうです」

「小西家は薬屋さんでは、たいへん有力な一族ですからね。全国に散らばっていて、東京にも来てますし、仙台にもいます」

先生に小西家調査の仕方を伺うと、書庫から『中世堺を代表する俊傑小西行長』を持ってきてくださったが、行長の生い立ち、活躍、その最期、後裔、などは詳述されているものの、彼と白粉との関係にはひとつもふれていませんでした。わずかに〈薬種堺を代表する小西一党〉という中項目で、「堺薬種を代表するものは、即ち小西一党であって、就中（なかんずく）著名なるものは、何といっても小西行長であるが、行長一家は業なかばにして、かえって祖業以外の方面に活躍しているため、比較的史料を残していない――」という記述があっただけでした。

堺の小西というと、すぐに行長に結びつけるきらいはあったのでしょう。さらに「小西一党全盛当時は、行長等は先ず中位の資格で、番頭位であったらしい。しかし朝鮮語が出来るというので貿易上重視されていた位だ」ともありました。

薬種業者を代表する小西一族のうちには、薬用鉛丹の製造をしていた者もいたにちがいありません。だとすると、同じ鉛から造る鉛白の製造を始めるのは、少しもおかしくないし、むしろ当然のことでしょう。このように考えると、鉛白粉をつくっていた小西は一軒ではなく、小西一族と考えた方がいいかもしれません。したがって『本朝世事談綺（ほんちょうせじだんぎ）』の「小西白粉は、薬種屋、小西清兵衛、大明に入て習ひ得たる所の法也――」というのも、こじつけ、とみる方が正しいのかもしれません。

鉛白粉の販売網は？

ともかく堺の鉛白粉の製造は、慶長・元和のころからさかんになり、大量生産されるようになったため、それまでの水銀系の白粉、射和の軽粉（伊勢白粉）は衰微しはじめました。そこで伊勢白粉は駆梅剤（くばいざい）とか虱（しらみ）とり薬としての効用をうたい、化粧用白粉から、しだいに後退していった、とみることもできるでしょう。

さらに鉛白粉が急速に伸びた背景としては、薬屋の持っていた強力な販売網のあったことも想像されます。

貞享元年（一六八四）刊の『堺鑑（さかいかがみ）』に、「諸国ニ白粉、此ヲ焼家多ト云共、当堺ノ小西白粉ハ、古来ヨリ其名ヲ得タリ、異国ノ六官（ろっかん）ト云者、弥（いよいよ） 其制法ヲ伝テヨリ、精好也トカヤ。延宝四年（一六七六）丙辰六月二十八日、中御門大納言宣旨承テ和泉目（さかん）ノ官ヲ玉ハリ、宣案ヲ頂戴ス」とあります。

つまり、この書が出版される七〇年も前から、有名な小西白粉があり、その後、さらに品質の改良を加えてさかんになり、八年前にはこの泉州の地方官になった、というのだからたいしたものです。しかし、この小西は、行長の正統直系の一族は絶滅したと考えられているので、行長の末裔ではないでしょう。

また『和漢三才図会』にも、和泉国土産として、金紗（キンシャ）、撰絲絹（センシ）、鉄炮（テッハウ）、朱座（シュサ）に続けて、白粉（オシロイ）小西とあります。ともかく小西白粉は江戸時代なかごろまでの記録には残っていますが、それ以降は見当りません。

八代将軍吉宗は国民の保健・衛生、国産医薬品製造振興策のひとつとして、元文二年（一七三七）八月、鉛丹の品質向上を目的に、大阪備後町一丁目に御定丹改所（ごじょうたんあらためしょ）を設け、堺の鉛屋市兵衛ら七名にその製法人の資格を与えて、品質の検定にあたらせました。

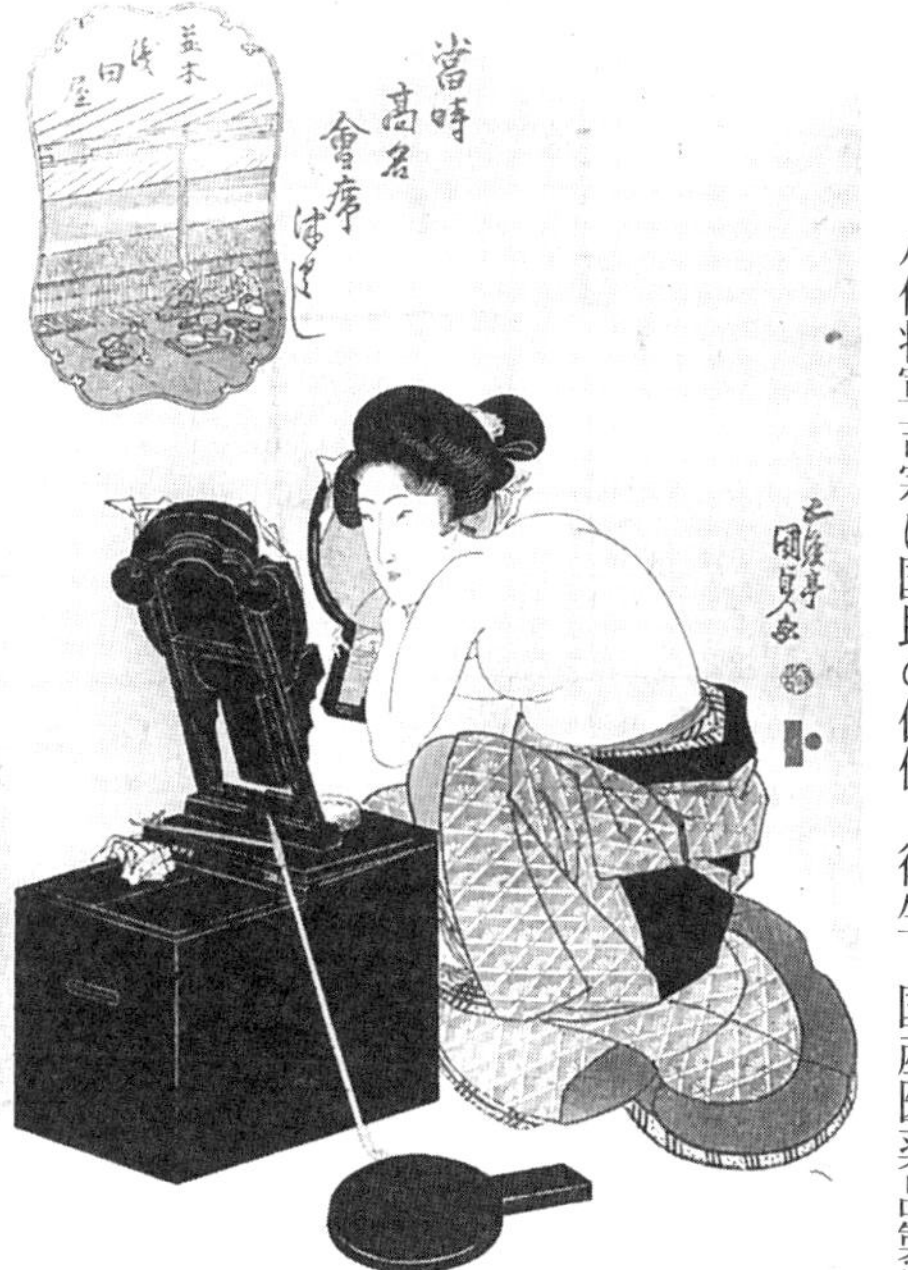
国貞　当時高名会席づくし　たばこと塩の博物館蔵

この鉛屋市兵衛が、鉛家のご先祖ですが、七家の中に小西家が入っていないのは、丹製法人と白粉製法人では、職種が異なっていたためか、あるいは、このころになると小西家は製造元よりも、本業の薬種問屋として、堺や大阪の道修町（どしょうまち）などに分散して発展していったためなのか、そのいずれかであろうと思いますが、これはあくまでも、私の推測の城を出ていません。

そこで『大阪薬業誌』、『近世日本薬業史研究』、『道修町文書目録』、『船場道修町』などに当ってみましたが古いことははっきりしませんでした。寛永年間（一六二四―四四）に堺から小西吉右衛門が道修町に移住して薬種問屋を開いてから、小西一族は道修町に大きな地歩を占めるようになったようです。ただ道修町文書などでは射和（いざわ）の軽粉は扱い品目に入っているのですが、鉛白粉は入っていないので、これからの研究課題です。

7　文献に見る白粉の化粧法

堺の鉛白粉の進出で、水銀系の伊勢白粉は白粉の世界から著しく後退しました。

薄化粧のすすめ

実際にこの二つの白粉を手にしてみると、水銀系の方はキラキラとして透明感があり、文字通り軽粉の名にふさわしく、一方の鉛白粉は、細かくやや不透明な感じです。どちらも質的な相違はあっても、おしろいとしての価値を左右するノビ、ノリ、ツキの三条件を満足させる素晴らしいものでした。

江戸時代の女性のみだしなみ読本ともいうべきもののなかで、もっとも古いものは慶安三年（一六五〇）刊の『女鏡秘伝書（おんなかがみひでんしょ）』です。この本がどのような女性に読まれていたかはっきりしませんが、おそらく良家の子女が、読者対象であったと思います。

この本の〈けわい（化粧）のけしよう（化粧）の事〉のなかに、「おしろいをぬりて、そのおしろいすこしものこり侍（はべ）れハ、見ぐるしきものなり。よくよくのごひとりてよし」とあります。せっかく白粉をぬったにもかかわらず、白粉が残っていないように拭きとってしまいなさい、というのですからおかしいと思われるかもしれませんが、実は、水銀白粉にしろ、鉛白粉にしろ、純粋なものは粒子が細かいのでよくノビ、よくよく拭きとっても、うっすらと、まるで薄いベールをかぶせたように美しい第二の素肌をつくるのです。続けて「もとより顔ばかりぬるべからず、ミミのした、のどよりむねまでものこらずぬりたまふべし。き（際）ハ見へざるをかんとす……」とあります。咽（のど）から胸のあたりまでぬるのです。〝きハ〟というのは〝生え際〟というように境目のことで、ぬったところと、ぬらないところの境目のないようにぬるのが肝要である、と教えています。さらに「くれぐれしろくのこれるハ、おとこたちの、ひとしほきらいもの、わらひぐさとこころえべし」といってます。

むかしもいまも、化粧にたいする男の美意識はあまり変わっていないことがわかります。もちろん、いつの時

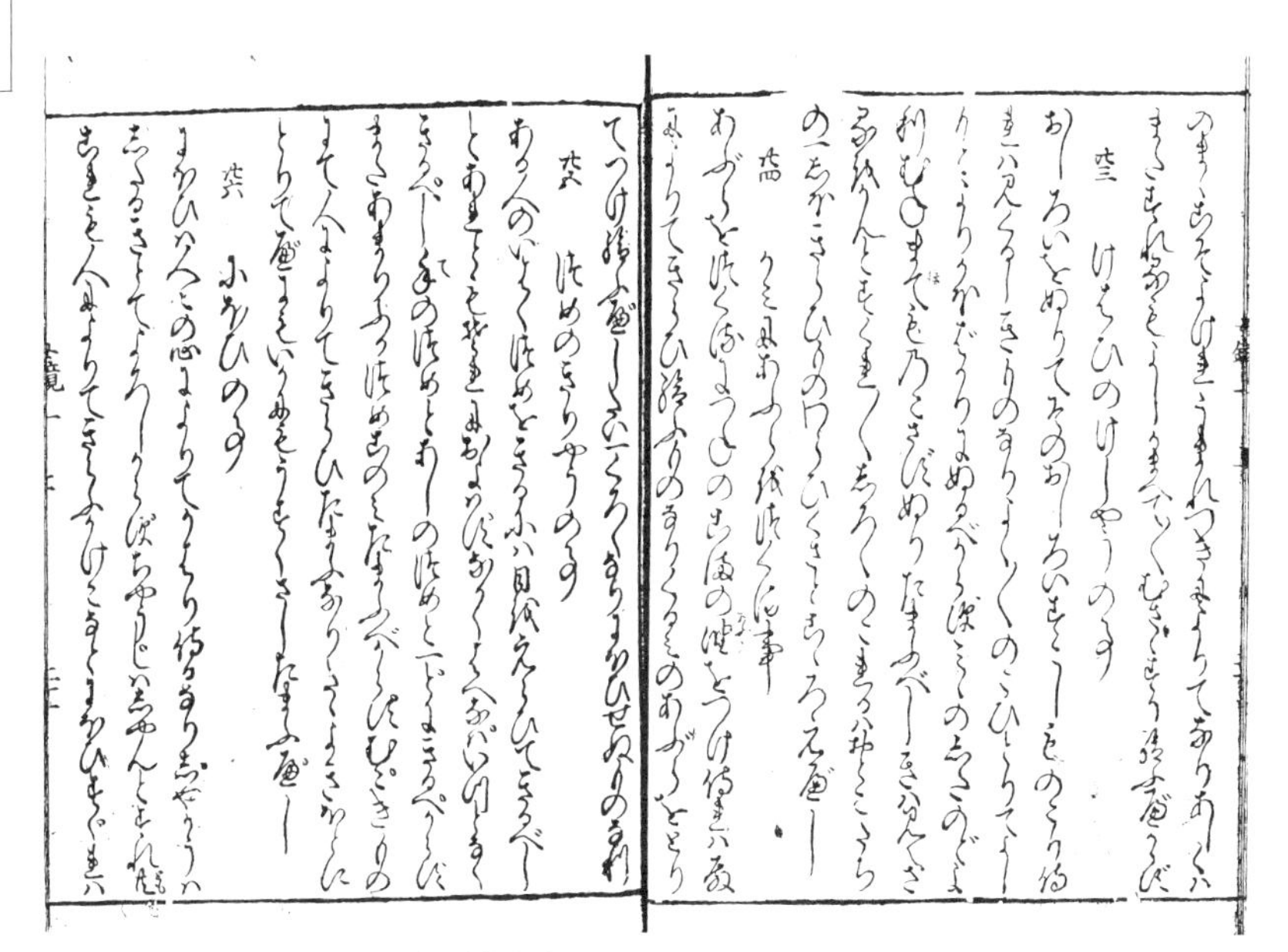

『女鏡秘伝書』けはひのけしやうの事

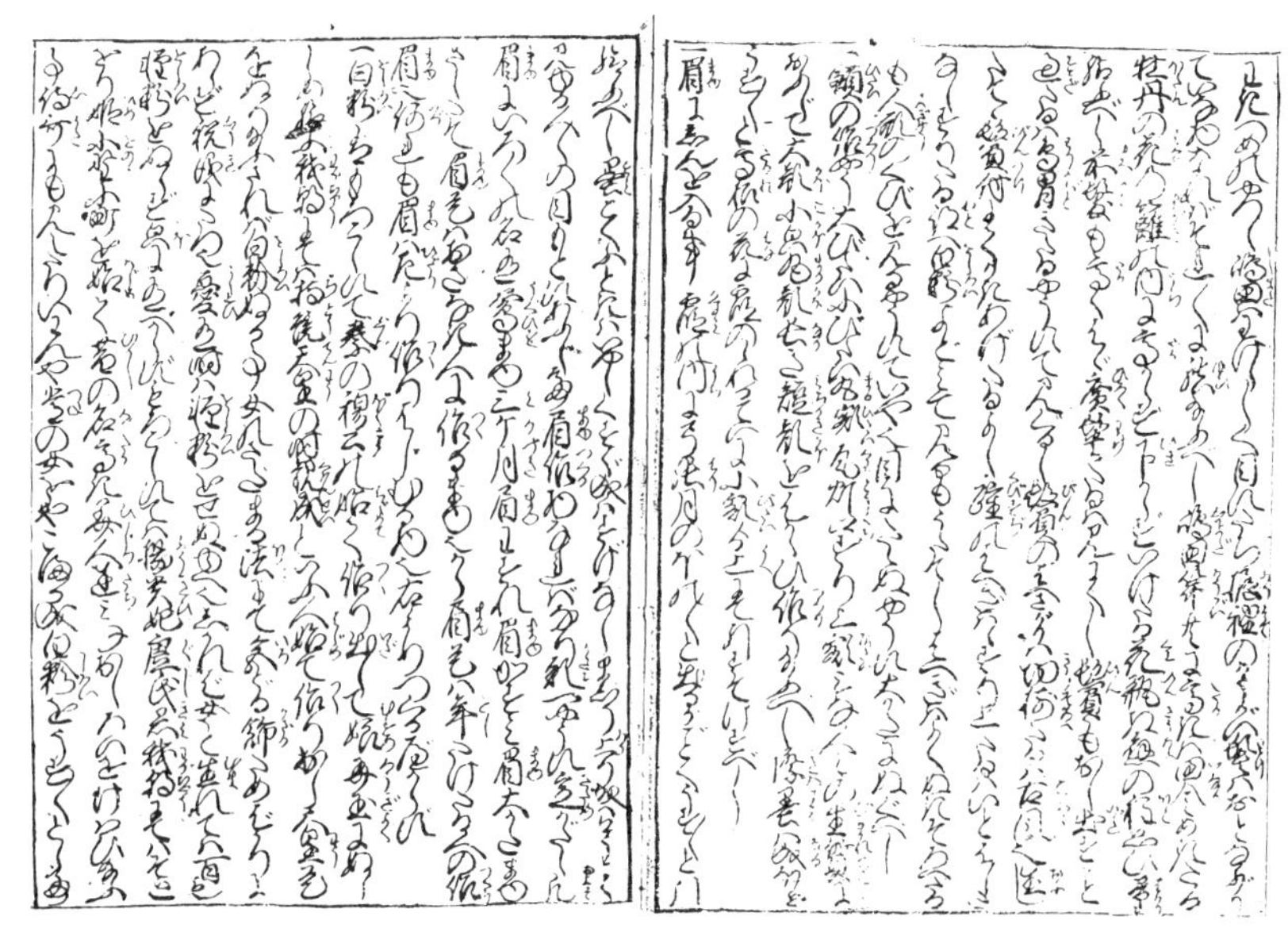

『女重宝記』女け志やうのまき　額の作やう──眉に志んを入る事──白粉はもろこしにて──

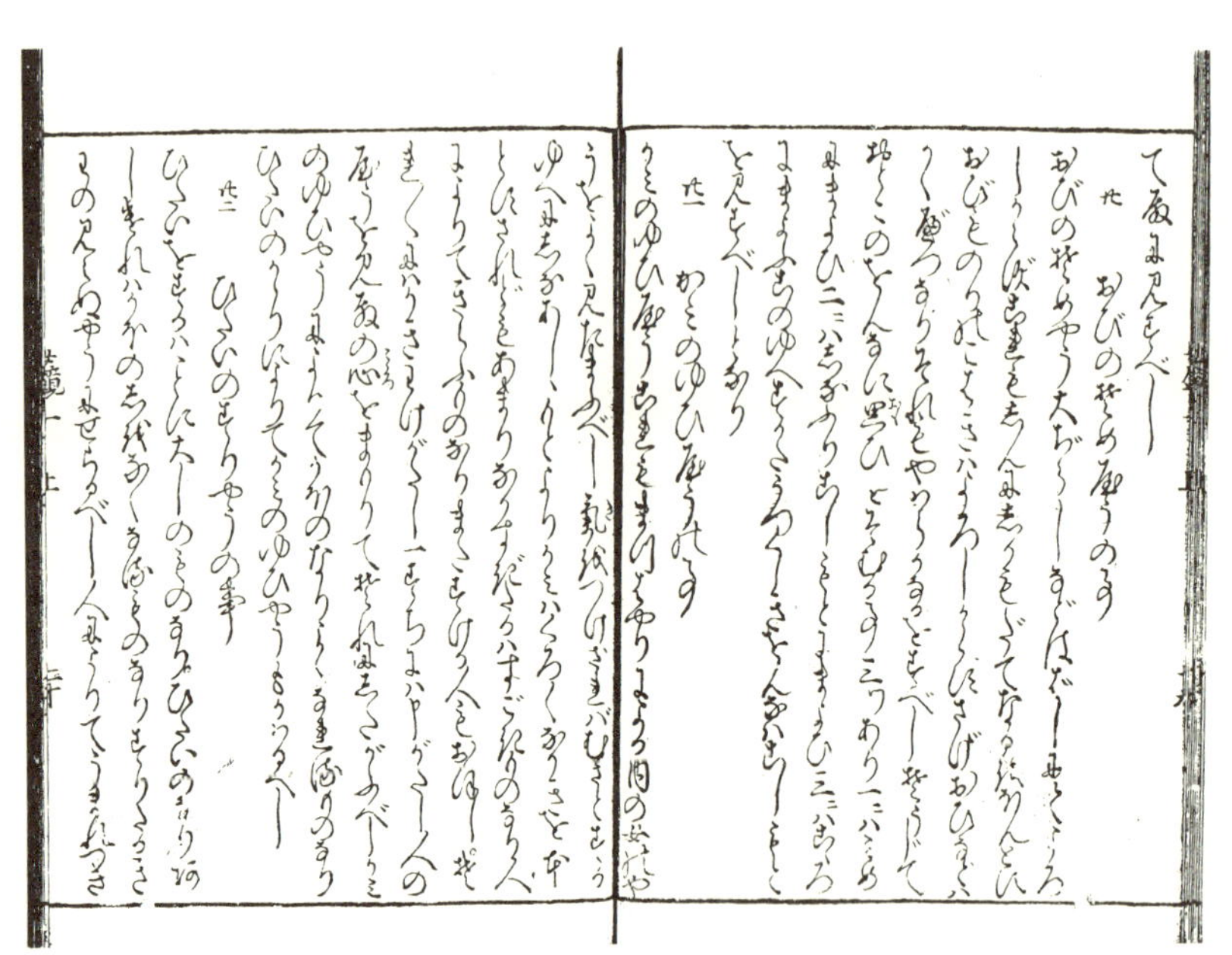

『女鏡秘伝書』ひたいのすりやうの事

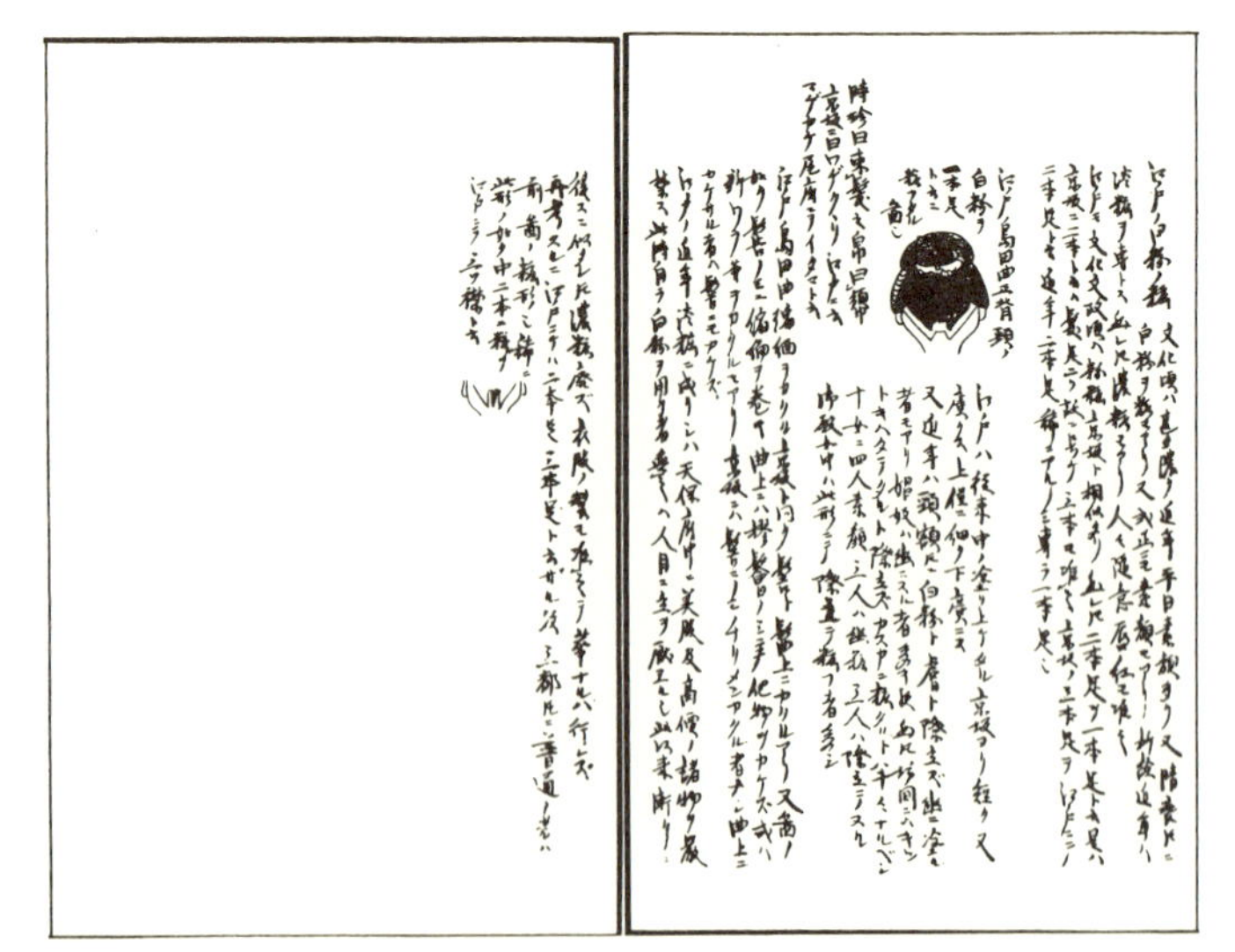

『守貞謾稿』江戸ノ白粉ノ粧

代でも濃い化粧の好きな人はいます。

元禄五年（一六九二）に出た『女重宝記』にも同様の化粧法が述べられています。「こまかなるおしろいを、うすうすとしてよくぬぐひ取りたまふべし。白々とぬりて、耳のあたり、鼻のわきにむらむらとのこるハ、うたてな物なり。おしろいにかぎらず、紅なども、頬さき、口びる、爪さきにぬること、うすうすとあるべし、こく赤きハいやしく、茶屋のかかにたとへたり」

このように、江戸初期には、白粉も紅も、すべて薄化粧がはやったように思えますが、濃く白くぬった者もいたのでしょう。だからこそ、身だしなみ読本では、薄くぬりなさいと教えているのだと思います。

白粉化粧の秘けつ

元禄七年（一六九四）出た『西鶴織留』には、商家の内儀が、「……素皃でさへ白きに、御所白粉（鉛白粉）を寒の水にときて、二百へんも摺付、手足に柚の水を付てたしなみ……」と表現されています。二百ぺんもすりつけた、というのは誇張にしても、相当、何回もぬり重ねて、白く濃くぬっていたのでしょう。

寒の水については文化一〇年（一八一三）刊行の『都風俗化粧伝』に、「白粉をとく水は、寒の中に雪をとりて壺に入れ、よく封じて置けば、雪消えて清潔水となる。夏にいたり、此水にて白粉を解けば、よく光沢を出し色を白ふして、汗瘡を治し諸の顔の腫物を生ずることなし」とあるのでもわかりますが、現在のファンデーションのような化粧品がなかったので、固形の生白粉をつけるときには、よく水でといてぬりやすくしなければなりませんでした。

そのあと、「生白粉をとくハ、猪口に生おしろいを入れ、水をたぶたぶと入るれバ、粉、上に浮くもの也。その浮きたるを指のさきにて下へ沈め、よく沈みたるをときて、別に鉢か桶かに熱き湯を入れ、其の中へときたる白粉を猪口ともに入れ、半時ばかり置くべし……」、半時は、いまの一時間ですから気のながい話で、お湯はさめてしまいます。そこで「もし湯、さめたらバ取かえるがよし、生白粉は、あくのあるものなれバかくのごとくする時ハ、あく、ことごとくぬけて、よくなる也。其後白粉をとくべし」と懇切に説明しています。

寒の水も、ただの雪解け水ではなく、なにかと工夫が施されていたようです。元禄一三年（一七〇〇）刊行の『男女土産重宝記』には、「寒のうちの雪をつぼに入れ置、その雪水一升ならば、竜脳壱匁、じやかう五分、入べし、もつとも壺に入れ、来る六月まで壺のふたをいたし置べし、香具屋にては、目かへに売候物也」と述べています。竜脳も麝香も香料であると同時に、古来漢方薬として珍重されてきましたから、これは消炎作用のある薬用化粧水だった、ともいえるでしょう。

このように、江戸時代のおしろい化粧には、解く水や生白粉の前処理などに苦労があったし、また、むらなく美しく仕上げるには、何回も、根気よくぬっては落し、ぬっては落し、したのです。

額の際化粧

〝額は三国一の富士額〟といっても、いまではあまりピンときません。現代のヘアスタイルは、生え際の美はそれほど重要ではないからでしょう。むしろ富士額のハッキリした線が強調されると、ゆるやかなウェーブと柔らかな質感で構成する、現代の動的なヘアスタイルの雰囲気をそこなうおそれがあります。

しかし、いわゆる日本髪の時代では富士額は人によっては大切な美的要素のひとつでした。正面から見た日本髪を、漆黒のボリュームと真っ白にぬりたてられたフラットな顔の上に、美的に安定させるためには、ちょうど前髪の生え際に変化を持たせることが必要だったのでしょうか。もっとも富士額そのものは生れつきのもので、自然に美しい生え際の人は少ないのです。日本髪にとって、額に限らず生え際の曲線は立体的で、しかも柔らかい、自然な美しさを表現しますから、この化粧法が生まれたのでしょう。

最近の『ヘアスタイル集』で日本髪の写真を見ると、地髪の場合でも生え際の化粧が全く忘れ去られていることに気がつきました。かつらの場合はもちろん、正面向きの写真は、まるで〝お釜をかぶったよう〟と表現されるように、不自然でおかしいのに、いっこうに改良されないのは不思議です。

同じ本の洋髪の方に、たまたま富士額に近いモデルさんがひとり写っていましたが、やはり、洋髪には少しきつい感じを受けました。これなどは明らかにモデル選びのミスです。

大方のモデルさんは、江戸時代だったらどうかな、と思うようなオデコの人や、片側だけ抜けあがった額ですが、現代のヘアスタイルだと、これがむしろ知的で個性的な魅力を発揮しているからおもしろいものです。

もっとも、江戸時代でも富士額は少なかったようですし、あまり上品な額とはうけとられていなかったようです。当時の額化粧は、オデコや片上がりや、生え際がかすんだ額などを、際墨でたんねんに修正をし、毛生え薬を塗るなどと、苦労していました。

元禄五年に出た『女重宝記』に、「ひたいのつくりやう大ひたい、小びたい、丸ひたい、くわとうぐち（火灯口）、すりあげひたい、みな人々の生まれ付におうじて、大顔、丸顔、長き顔、短かき顔をはからい、つくり給うべし」とありますが、個性を生かせというのでしょう。「火灯口」というのは、今戸焼きなどの素焼きの安い火灯器で、その形から寺院の窓を瓦（火）灯口といったり、額の形を火灯口というようになったもので、両側からせまってくるアーチ状のものです。

このような、いろいろな額の形は顔に応じて「はからいつくり給うべし」とあるように、美しく形づくらなければなりません。そのための、「きわ墨はなるほどうすうすと高根の花に霞のかかれるていに、小びたいより上にて引すて消すべし」といってます。

きわ墨は額の生え際を魅力的に整えるための化粧品で、眉墨と同様に油煙や麻殻の黒焼粉が原料です。しかし、この化粧はとてもむずかしく不自然になりがちですから、いかにも生え際を、描きました、といったようにならないように時間をかけて化粧したのです。

江戸中期、大和郡山藩の重臣で、文人画家でも名のあった柳沢淇園は、享保九年ごろ書いた『ひとりね』という随想のなかで、「きわ墨などぬりし女を見ては、日に幾度か吐逆せしこと、昔は有し也」と書いています。その神経質ぶりに驚かされますが、際化粧は下手なのが多く、野暮で下品な化粧になりやすいことは、『好色一代男』や江戸小咄『無事志有意』などにも見られます。

際化粧をするときの額に使う白粉には『浮世風呂』で

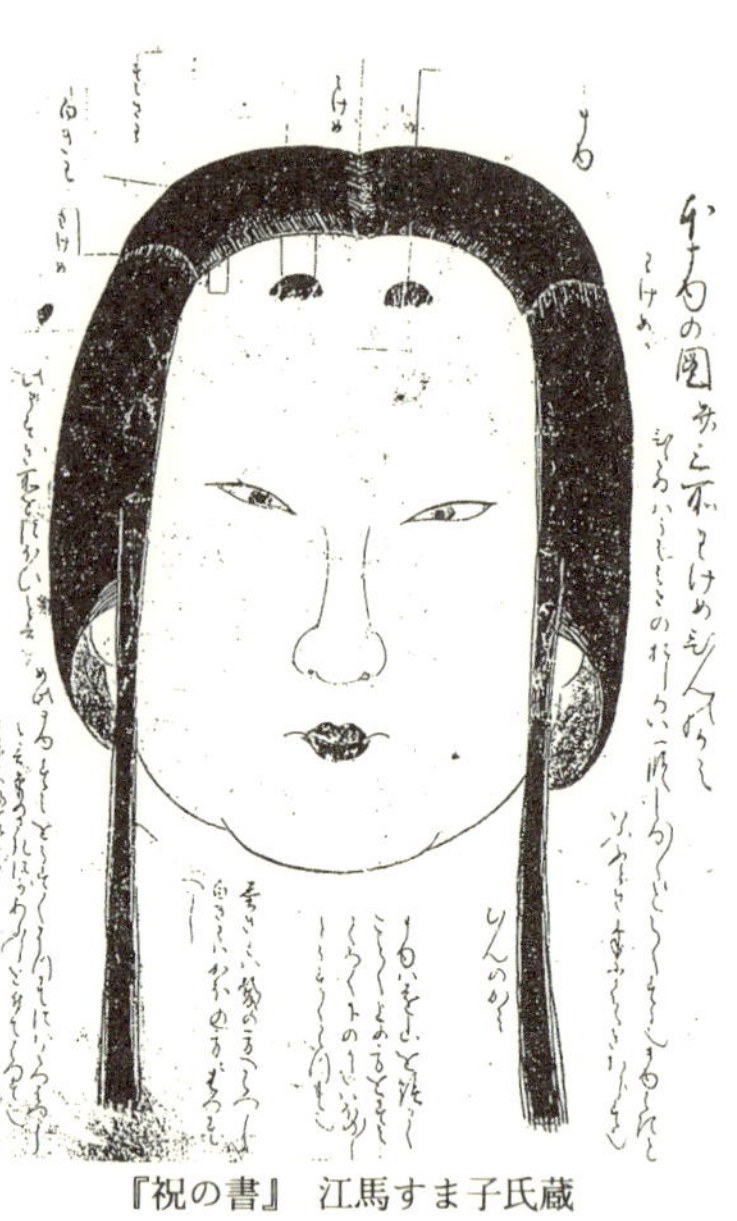
『祝の書』　江馬すま子氏蔵

みたように、顔、生え際、襟とが別々にありました。
　このことについては、すでに紹介しましたように生え際の白粉は伊勢流の礼法書『祝の書』に「白きわ、常のおしろいにあらず、はらやをすりて用う」とあります。額には軽粉（ハラヤ）を使っていたのです。これならば、鉛白粉よりも透明度が高いので、不自然さは少なかったにちがいありません。したがってこのように使いわけるのが、本式で式正・礼の化粧だったのでしょう、肖像画や肉筆浮世絵には額をほかの部分より白く描いているのを見かけます。しかし、一般の人がそういうように白粉をぬり分けていたとも思えません。
『都風俗化粧伝』にも「生え際の所、白粉を際立てぬれば、顔の形かたく見えてよろしからず。生え際へ少し刷きかけて、白粉の際立たざるやうにすべし」と述べていますから、生え際は薄くしないと不自然に見えるのだと思います。さらに、白粉化粧の方法についても、「さて化粧をするには、溶きたる白粉を顔に少しつけて、まはしまはして斑なくのばし、それより又白粉を手にとりて両眉の上の方より眉の間につけ、又しづかに斑なく延し、白粉よく伸びたる時、少し風をうけて後、紙を顔にあて――半紙・美濃紙の類よし、杉原或は延紙の類あし――眉刷毛に水を少し付け、紙の上より又幾度も刷くべし」と、たいへん面倒ですが、これが秘訣だったのです。ただし半紙や美濃紙が良くて、杉原紙や延紙が悪いというのはどうも半紙や美濃紙はほどよい厚さで、杉原や延紙は薄すぎるからかもしれません。ともかく、「此くの如くする事は、白粉を一様に落付かせ、斑なく奇麗に光沢を出さんがためなり。眉刷毛をよく使ひて後、紙をとるべし」。

このあと、粉白粉をはたくのですが、《額の上りたるを短く見する伝》に、「白粉を至って薄く溶き、額の生際より少し内へかけて――生際の内なり――白粉を塗り出し、額一ぱいに塗りたて、絹の布にて生際より五六分ばかり下へ白粉を残し、その余の白粉をよくよく拭ひ去りて後、常の如く化粧すべし」とありますが、こうすることによってフラットでなく、自然な仕上がりになるのです。実際にやってみると理解できると思います。

このようにすれば、「是、初め薄く塗りたる白粉は、肌の膚の如く見えて髪際奇麗に見ゆるなり」と教えています。

現在の人を見てもわかるように、日本髪が美しく見える額の人は、昔でもそれほど多くはなかったと思います。それに富士額などは十人に一人もいなかったにちがいありません。

襟足の化粧と股の化粧

この富士額に関心をもって研究している飯島偉孝氏（服飾研究家）によりますと、富士額の人の襟足は三本の人が多いそうです。

二本足、三本足は、『守貞謾稿』によりますと、「頸ヲ際立ヌルニハ二本足、三本足ト云形アリ、江戸ニテハ二本ヲ一本足ト云、三本ヲ二本足ト云、京坂ハ淡粧ノ人モ際立ヌル」とあります。京・大阪は一般に江戸よりもお化粧は濃かったが、淡化粧の人でも、襟足だけはすっきりとかいていた、というのでしょう。

「首筋ニヌル物ハ額オシロイトハ別製也、首筋ハ顔ヨリコクヌル故也、コクヌリテ衣襟ニ移ラザル也。顔白粉ハ濃ク塗ガタク、又襟ニウツリ易シ、水ニ浸セバ音ス、故ニパッチリノ名アリ、エリオシロイトモ云也」――〝ぱっちり〟といいますから純粋の鉛白粉ですが、同書に「此生白粉ハ前ニ云汞粉歟」といっていますが、汞粉とは水銀白粉のことですから、これは間違いでしょう。

際白粉、顔白粉、襟白粉と、ぬる所で、使う白粉を分けていたのには驚かされます。

お湯殿はももに白粉塗って出る　（明八仁4・末四・6）

『守貞謾稿』　国立国会図書館蔵

内ももでちらり〳〵とわなを懸

（柳樽二十・30・天五春2）

この川柳が示すように、股におしろいをぬる化粧が一部にあったようです。

宝暦二年（一七五二）刊『教訓続下手談義』に、「町の女房共ハ、わざと裾のひるがへるようにして脛の白いを見せかけ、仙人を落して、見せ物にせん方便と見えたり」とあり、また安永四年（一七七五）刊の『春遊機嫌袋』にも、

裏町のお内儀、初湯に出かけるとて――内もゝまでおしろいをぬりかけ、そと八文字にあるきかけらるれば、通りの人「あれを見やれ、とほうもねゑ白いことの、黒田様の上屋敷のよふだ」との悪口、ともの丁稚きもをつぶし、うろつくひようしに石にけつまづいて、内儀の裾へばつたり、内儀、ふりかへつて「長松や、今のなんだ」長松「アイあたくしが、けつまづいてころびました」内儀「ム、おれはまた、仙人かとおもつた」

「黒田様の上屋敷」というのは、霞が関の、ちょうど現在の大蔵省のあたりにありました。黒田様なのに、塀は白い海鼠塀であったことは、数点ある広重の描いた「霞が関」からもわかります。

生白粉から土白粉まで

白粉の需要が増すにつれ、いろいろ混ぜ物をして品種を増やし、価格差をつけるなどもするようになりました。『都風俗化粧伝』には、「生白粉を製て、これを三段にわ

姿見七人化粧　歌麿画

哥麿

今風化粧鏡
五渡亭国貞画

国貞　今風化粧鏡 牡丹刷毛　静嘉堂文庫蔵

かつ、極細末の宜(よろし)きを生白粉という。其次を舞台香(ぶたいこう)という。其次を、とうの土という、安き白粉也」と粒度によって分けていますが、いずれも生白粉といいますから純粋の鉛白粉でしょう。前述のように、純粋の鉛白粉は水に落すとパチッと音がするので、パッチリと呼ぶようになった、というので、試してみたのですが、そういえば、かすかに音がしたような、しないような、その程度でした。あるいは私のもっていたのが純粋な鉛白粉ではなかったのかもしれません。なお、明治以降、第二次大戦前まで、鉛白粉でなくても、伝統的な白い練おしろいのことを、パッチリとよんでいた人もいました。

いちばん安い生白粉の唐(とう)の土は、土白粉ともいわれていましたから、名前だけは現代風にいえば、オークル・ド・フランセとでも申しましょうか、当時としては輸入品のような商品名でしたが、安物でした。

貞享三年（一六八六）出版の『好色一代女』には、夜発(やはつ)、夜鷹(よたか)などと呼ばれていた売春婦が、「……夕食過より姿を作りなし、土白粉なんべんかぬりくり、硯の墨に額のきはをつけ、口紅をひからせ、首筋をたしなみ、胸より乳房のあたり、皺(しわ)のよれるを随分しろくなして……」とありますから、やはり安白粉であることがわかります。

生白粉のほかに調合白粉というものもありました。これも『都風俗化粧伝』によると、「調合おしろいを流し白粉と云、これを丁子香(ちょうじこう)、蘭(らん)の露(つゆ)、柚(ゆず)の香(か)なんど、銘をつくれど、みなおなじ流し白粉にて、名のかはりたる計(ばかり)のもの也」と、「いつの時代でも同じなんだ」という声が聞えてくるようで、苦笑を禁じえません。

風来山人(ふうらいさんじん)こと平賀源内の著書、宝暦一三年（一七六三）

国貞 今風化粧鏡 合わせ鏡 静嘉堂文庫蔵

広重　東海道五十三次之内　赤坂

刊の『風流志道軒』には、「……宿屋の出女がふすもり顔に、葛とうどん粉の七分まじつた下り白粉を、所まだらに打ちぬり、頬紅はまん丸にて、那須の与市に見せたらば、日の丸かと心得て、よつぴき兵とはなつべき、顔つき出してしやべりちらせば……」とありますが、出女とは江戸時代、宿場の旅籠にいて、客引を兼ねていた売春婦でした。〝おじゃれ〟とは「いらっしゃい」の意味で、「今晩おじゃれ」というと、すぐ出てきたからだといいます。〝ふすもり顔〟は、燻る（煙のすすで黒くなる、顔色などがさえない）に由来しているようです。黒ずんだ顔に葛とうどん粉を七分も混ぜた白粉を、慌ただしくぬったので、まだらになるのも当然です。

このように、江戸時代でも、白粉は、生白粉から混ぜ物をした安白粉に至るまで多種多様でした。

白粉化粧について守貞は「江戸白粉ノ粧。文化頃ハ甚タ濃ク、近年平日素顔多ク、又、晴褻トモニ淡粧ヲ専トス。然レトモ濃粧モアリ、人々随意、唇紅モ准之」というのですから、ひと口に江戸は淡粧といってもいろいろだということがわかります。

このようになった流行の背景について守貞は「江戸ノ近年淡粧ニ成リシハ、天保府中ニ美服及高價ノ諸物ヲ厳禁ス、此時自ラ白粉ヲ用フ者無之ハ、人目ニ立ヲ厭エル也。此以来漸ク復スニ似タレトモ濃粧廃ス、衣服ノ製モ准之テ華ナルハ行レズ」と、奢侈禁止令の出ているご時勢に派手なお化粧をして目だつのはいやだから淡化粧になったのだと、いっています。

守貞は江戸と上方の風俗のあまりにも違うことに興味をもち比較対照して詳細に記録しているので、『守貞謾稿』のなかから化粧と髪型についての記事を抽出し整理してみたのが次表です。

ここでは京坂といっしょにしていますが、嘉永年中に西沢一鳳によって書かれた『皇都午睡』に「京、江戸と

◆江戸時代末期の江戸と京坂の女の化粧と髪型

地域	区分	白粉	紅	歯黒	眉剃	全体	髪型
江戸	遊女 吉原	○	○	○	×	濃中粧	島田髷
江戸	遊女 番新	○	○		×		
江戸	遊女 非官許	○	○	×			
江戸	芸者 吉原	○	○	×		淡中粧	
江戸	芸者 非官許	町 深川 ×○	×○	××	××	中粧 素顔か極く淡粧	
江戸	處女・小婢	平日 他行 ○×	○×	×（二十歳未満デモ○）		江戸モ文化頃迄ハ笹紅	島田髷
江戸	大名ノ娘			○	×		
江戸	婦・妾	平日 他行 ○×	○×	○○	○○	素顔 化粧	丸髷
江戸	媵婢	×	×	○	○		丸髷
江戸	御殿女中	○	○			市中ノ女ヨリ濃粧	片外（かたはずし）・島田崩（下輩）
京坂	遊女 官許	○	○	○		甚タ濃粧	
京坂	遊女 引舟				○		
京坂	遊女 非官許	○	○	○			
京坂	遊女 引舟				○		
京坂	芸者 官許			○			
京坂	芸者 非官許			○			
京坂	處女・小婢	平日 他行 ○×	○×	×（二十歳○）	×	江戸ヨリ濃	島田髷
京坂	婦・妾	平日 他行 ○×	○×	○	○（妊娠前×）	江戸ヨリ濃シ頭顋下ヲ濃	両輪髷（婦）・前笄（新婦） 勝山（新婦）・前笄
京坂	媵婢	×	×	○	○		丸輪髷
京坂	厨婢	文化文政頃迄ハ 今ハ ×○	×○				丸輪髷

○は化粧をした。 ×は化粧をしなかった。 媵婢は実家から婚家につれてきた女中 「守貞謾稿」より

も一体化粧は薄き方なり。大坂ほど化粧する所は他国には珍しく——」とあるので、おそらく京都と大阪では化粧も髪型も違いがあると思います。

8 江戸の化粧と化粧品屋

『浮世風呂』に見る江戸の化粧

江戸後期に活躍した、滑稽本の人気作者、式亭三馬はまた、ファッションライター、クリエイター、アドマンを兼ねたような人でした。

文化六年（一八〇九）から九年にわたり刊行された代表作『浮世風呂』は、その多才な資質がうかがわれると同時に、江戸庶民の風俗を知る貴重な資料となっています。

「なぜあんなに上方風を嬉しがるんだろうか気が知れねへよ」

「さうさ。あのまア化粧の仕様を御らんか。目のふちへ紅を付て置て、その上へ白粉をするから、目のふちが薄赤くなつて、少しほろ酔といふ顔色に見えるが、否なこつたねへ」

「そしておめへ、そればかりぢやねへわな、顔の白粉と、生際の白粉と、襟の白粉とは別々にあっての。眉掃も三本入るとさ」

「ヲヤ、てへさうらしい。私らは眉掃さへつかわねへものをや」

この会話から、白粉も化粧道具も、当然のことながら階層により違いのあったことがわかります。

眉掃というのは、『雍州府志』によると、「眉作り」ともいいました。五寸ほどの竹筒の両端に白兎の毛を筆状にした刷毛で、白粉をつけるのに使いました。また写本で数多く伝わっている『眉作之書』によると、鹿の冬毛で作ったものもあり、「お化粧をして後、水をつけ、かおをはき候へば、つやを出し、顔うつくしくなるなり」というように、化粧仕上げのムラ直しにも使ったようです。種類も、『婚礼道具諸器形寸法書』によると、白粉刷毛には大眉掃、中眉掃、小眉掃、大上臈、小上臈などがあり、それぞれ寸法が決まっていました。

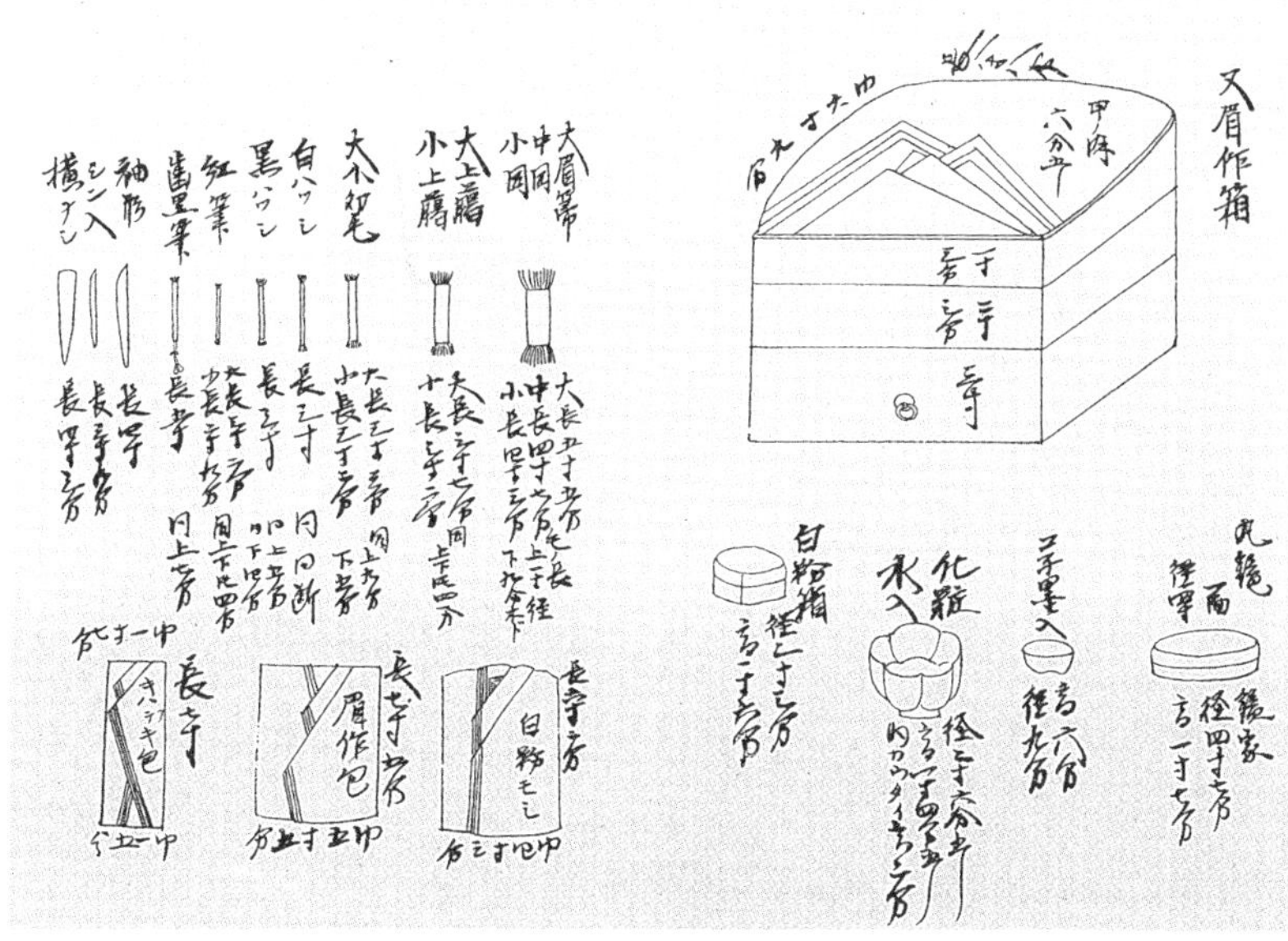

『婚礼道具諸器形寸法書』

白粉溶きと白粉刷毛　自蔵

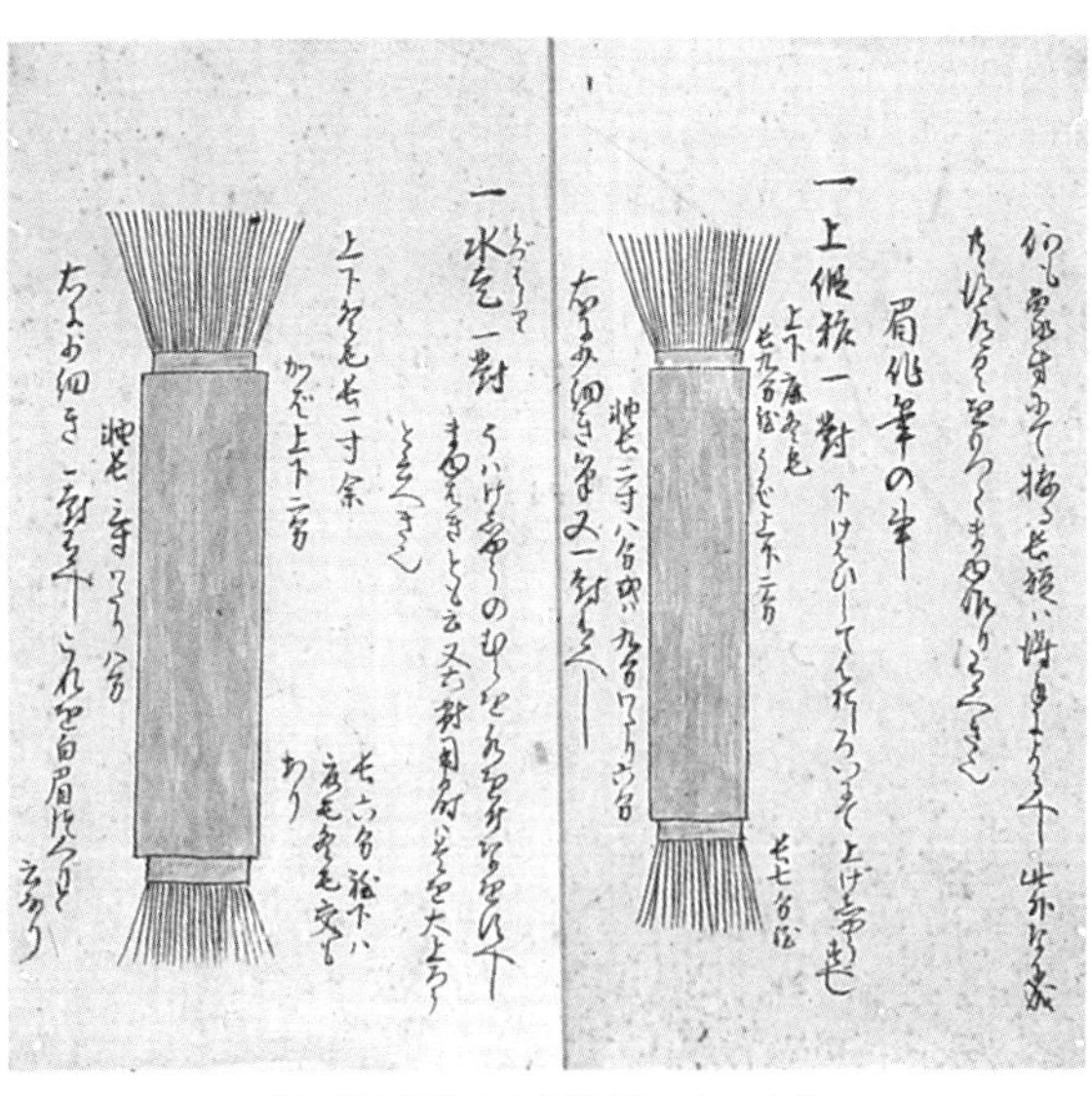

『水嶋流礼法書』眉作筆の事　自蔵

集女八景　洞庭秋月　国貞画

江戸名所百人美女　豊国画

そんな化粧道具のない下女だって、たまには白粉をぬ
ります。

　白粉を手のくぼにして下女なすり　（明八松3）

と川柳子がいうように、手のひらをくぼませて白粉をとり、白粉水でよくとき、顔や首にぬったのですが、白くしようとしてぬり重ねるごとに、ムラになってしまうのです。ですから、

　白粉を霜とみられる恥づかしさ　（明八礼2　柳樽九・22　拾八・22）

といったことも間々あったことでしょう。霜は、霜降りというように、肌の黒いところに斑（まだら）に白粉がついた表現で、現代のような化粧品科学の発達している時代には、考えられないような苦労のあったことがわかります。

式亭三馬の店

　『浮世風呂』があたって、好調だった三馬は、文化七年（一八一〇）、京都の薬種屋、田中宗悦の製品「仙方延寿丹」という薬の関東売弘所を引き受けました。この副業を始めたいきさつ

式亭三馬の店の広告　『江戸買物獨案内』：三馬の店は「江戸の水」で有名だが、
そのほかにも化粧品や薬、匂い袋などを売っていたことがわかる

は、彼の日記『式亭雑記』によると、文化七年の冬、いまの日本橋の辺り、油通町の炭屋喜十郎が「おはぐろのはげぬ薬、るりの露」を発売し好評を博していたのをみて三馬は翌年二月、類似品「おしろいのはげぬ薬、江戸の水」を発売したということです。

ところが、これが「江戸の水、硝子詰にて箱入四十八孔（もん）なり、思いの外流行す」というように、本人も驚くほどの売れ行きだったので、すっかり気をよくしたようです。日記に、江戸の水の桐箱を越谷の箱屋長八と浅草の箱屋利助に三千個作らせると、これも越谷在の箱屋がきて、ぜひ注文してくれというので、交渉の末、一箱七文が六文になった、と喜んでいます。

また、その容器のガラスビンも、大伝馬町の硝子師、平井善右衛門のところで一ビン一〇文のものを、両国米沢町の硝子屋に話すと、六文でやるとのことで注文したというのです。「三月二八日はじめて百五十出来、あと追々誂置（あつらえおく）、至極（しごく）よし」と、これも大満悦。

初め、箱とビンで一七文だったものが、一二文になったのですから、三千個売れれば、これだけで一万五千文、つまり三両半も浮く勘定になるので笑いが止まらなかったわけです。

戯作も商いも、ともに好調な三馬は、ますますアイディアマンの本領を発揮していきました。四月二日の日記には、「江戸の水の右の傍におしろいのはげぬくすりと書きたりしを、この度改めておしろいのよくのる薬とす。ならびに半紙四ッ切りの小形引札（ひきふだ）製作、あまねく世上にちらす」というように、キャッチフレーズもネガティブからポジティブに変え、さらに当時、引札と呼ばれていたチラシを配るなど、積極的な宣伝を展開しはじめました。

川柳にも、

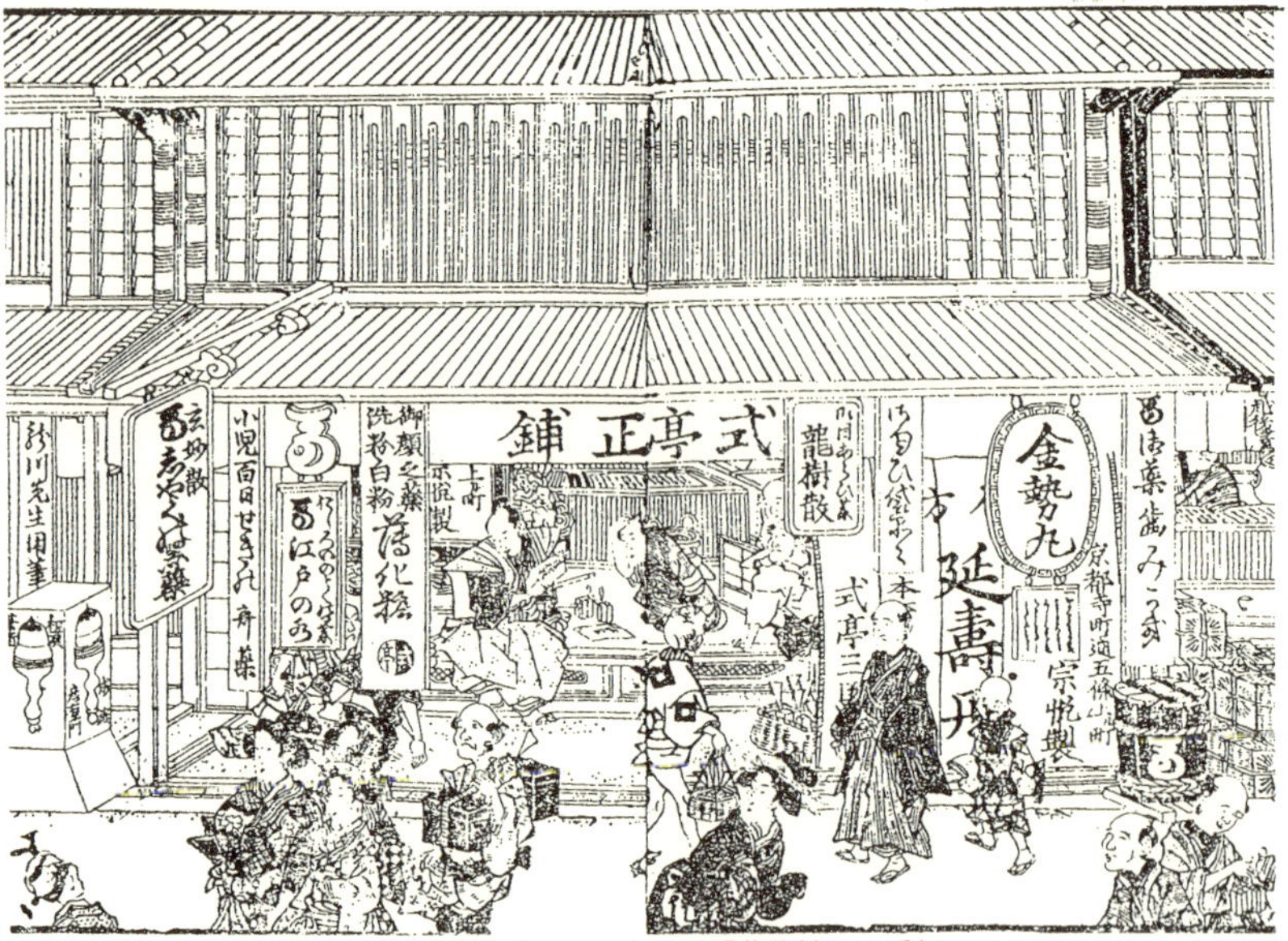

三馬の店、式亭正鋪　「江戸の水」と「薄化粧」の看板が見える

愛敬のこぼれる面へ江戸のみづ　（柳樽九二・20）

江戸の水三馬玉川猪の頭　（柳樽九七・3）

などと詠まれるようになりました。

さらに『浮世風呂』のなかにも、巧みにその効能を織り込む、いまでいうパブリシティ作戦を展開したのです。

●ハイ、ただ今は二丁目の式亭で賣ります。

▼ヱ、、何かネ。このごろはやる江戸の水とやら、白粉のよくのる薬を出す内でございませう。

●ハイ、さやうでございます。私どもの娘なども江戸の水がよいと申て化粧の度につけますのさ。なる程ネ。顔のでき物などもなほりまして白粉のうつりが奇麗でようございます。

▼私どものりんが田舎育ちだけに根から白粉がのりませんが、成ほどよくのります。嫁などもつけますがネ。翌の朝、顔を洗つた跡で、ちよいと紙で拭ますと、薄化粧でもいたしたやうに、きのふの

鈴木越後羊羹　本町一丁目
江戸誰知越後名本町入口土蔵宏當時
夥夥多新製依舊羊羹天下鳴

三馬江戸水　仝二丁目
近年三馬大流行徳利往来店不違賣出
繁昌江戸水粧成八百八町娘

玉屋紅　仝所
朱旗揺影本町風認得暖簾玉屋中世上
人人貴寒製買来猪口幾杯紅

『江戸名物狂詩選』初編　江戸方外道人作

おしろいのよくのる薬「江戸の水」

白粉が出るさうでございます。種(いろ)〳〵な調法(てうほう)な事が出来ますよネヱ

三馬はさらに、馬の字をアレンジしたトレードマークに、『江戸の水幸噺(さいわいばなし)』というPR誌を作るなど、まことに優れた宣伝マンでした。

続いて文化九年（一八一二）から文政六年（一八二五）にかけて出版した『浮世床』にもパブリシティをのせていますが、ここまでくるとその技術も一段と磨きがかかり、商売仇(がたき)もひっくるめて宣伝するゆとりもでてきました。

「此熊さんの御誕生。ぎやつと産れたは江戸桜の三つ朝(とも)。三馬が所の江戸の水を産湯に浴て。下村(しもむら)・松本のすき鬢付。玉屋の紅をこきまぜて、磨き上たる色男——」と、どうやら宣伝臭を嗅ぎとった読者を意識してのことでしょう。「江戸桜」とは三馬の店の筋向いの化粧品屋「江戸桜与七」の店のことで、伽羅油(きゃらのあぶら)のような髪油や化粧道具を売っていました。

下村の店

「下村」は日本橋両替町にあった日本一の化粧品店で、方外道人作、天保七年（一八

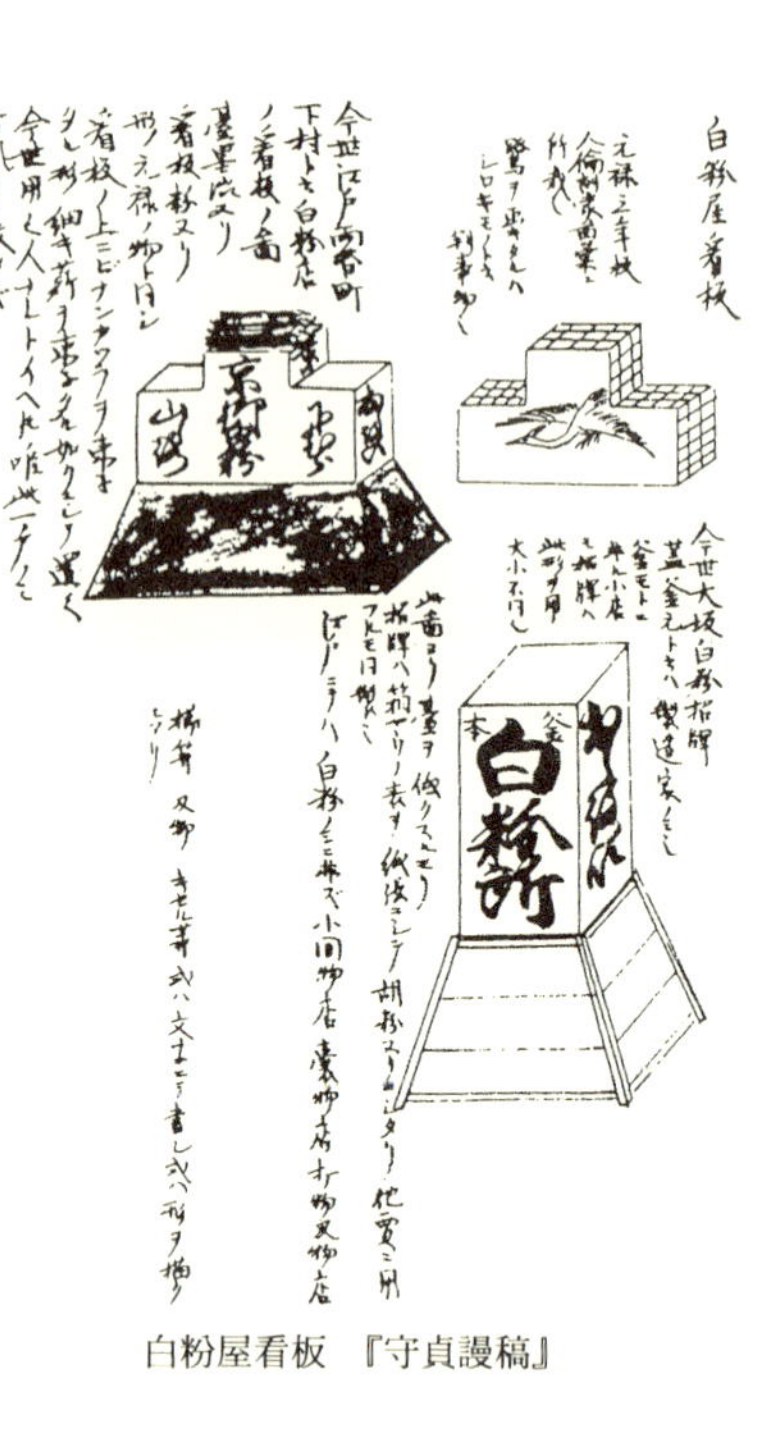

白粉屋看板　『守貞謾稿』

三八）刊の『江戸名物狂詩選』にも、

三都無類山城製　貴賤珍重六十州
貯得道中経幾日　不融不替一番油

とあるように、髪油類が看板商品でしたが、白粉も有名でした。

鈴なりに下ケて中間下もむら出　（明五亀1）

下村で、あれもこれもと買い込んだものを持たされた、お供の中間のおかしさを詠んだものでしょう。

下村の箱看板は黒木賣　（柳樽一一三・21）

『守貞謾稿』に、「今世江戸両替町下村ト云白粉店ノ看板ノ図、台墨渋ヌリ、看板胡粉ヌリ、形元禄ノ物ト同ジ、看板ノ上ニビナンカツラヲ束ネタル如クニシテ置之、今世用之ナシトイエドモ唯此一所ノミ古風ヲ改メズ……」とあるように、下村はおしろいより髪油が看板商品だったので、古来、頭髪用に使われていた美男葛（びなんかずら）を上にのせた看板を使っていたのでしょう。

この箱看板は元禄以来、凸形で、中高の美貌を象徴しているのですが、それが、あたかも黒木を売る京の大原（おはら）女（め）のようで、まことにうまい取り合わせだ、という意味だと思います。

下村で夜なく化けるけちなつら　（柳樽四六・27）

山東京伝（さんとうきょうでん）の洒落本『傾城買四十八手』に、女郎「此春からの突出し（新入りの遊女）にて、年は十六なれど、大がらにみへ、いたってうつくしく、下村のおきな香をうつすらと付、人がらよくあいきよう貌(かほ)にこぼれ……」

と、巧みに宣伝しています。この本は寛政二年（一七九〇）の刊行ですから、『浮世風呂』よりも二〇年も古いものです。もしかすると三馬がこれに見習ったのかもしれません。

私の所蔵している下村製の「際墨(きわずみ)」は粉末状の眉墨のようなものです。畳紙(たとう)とよばれていた包紙のおもてに「御きわずみ」と商品名が書かれ、その右側に「東京日本橋区本両替町　下むら」、左側には「西京四条柳馬場東入下むら」とあります。東京日本橋区とあるので明治になってからのものでしょう。

塩瀬饅頭　南傳馬町四丁目
傳馬町頭塩瀬店饅頭元祖製尤新毎朝
蒸立皮如解争買世間下戸人
坂本氏仙女香　同三丁目
新板讀来草紙傍此家口上両三章京橋
之北春風夕町内吹薫仙女香
玉木屋煮豆　芝口一丁目
玉木煮来坐禅豆干瓢銀杏小梅新主人
賣初知何歳定是九年面壁春

『江戸名物狂詩選』初編　江戸方外道人作

しかし、大正三年、東京銀行の前身、正金銀行に土地を売却して、廃業したようです。

坂本の仙女香(せんじょこう)

白粉では下村以上に有名だったのが、同業の坂本の「仙女香」です。文政七年（一八二四）刊『江戸買物獨案内(えどかいものひとりあんない)』によると、「江戸京橋南伝馬町三丁目いなり社(やしろ)東となり」と記されています。

「おかほの妙薬、美艶(びえん)仙女香。一包四十八銅。此仙女香ハ常に用いていろを白くし、きめこまかにす。はたけそばかすによし。できものの類を早く治す。其外、功能多し、くわしくハ包紙に記す」と、誇張もいいところです。川柳子が、

縮緬(ちりめん)をはぶたへにする仙女香　（柳樽百八・13）

と、ひにくっています。

広告文は続けて、「右の薬十包以上お求めなられし御方へは、江戸三芝居役者を偲(しの)び、自筆の扇一本呈上仕候。

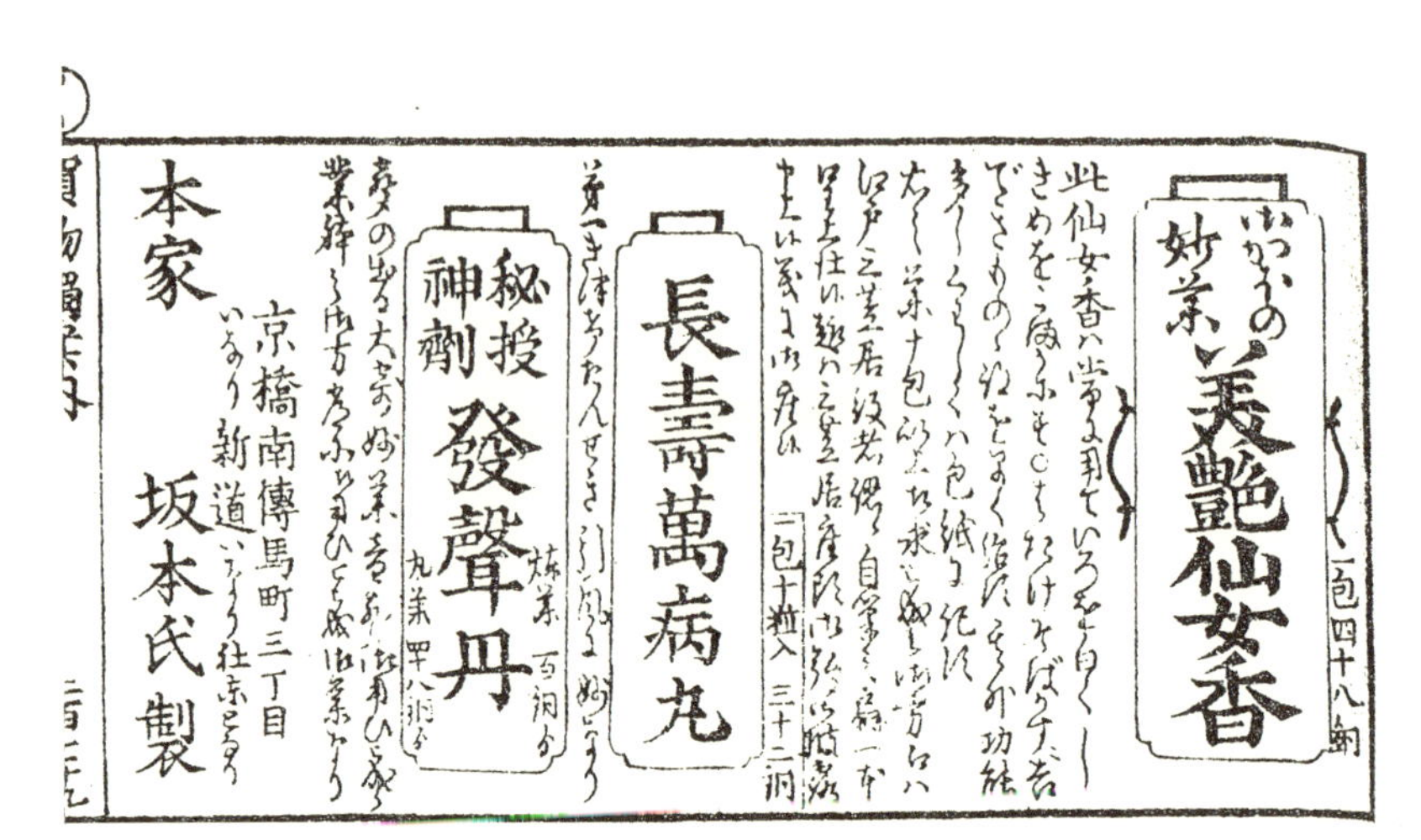

坂本は「仙女香」で有名だが、薬も発売していた
『江戸買物獨案内』

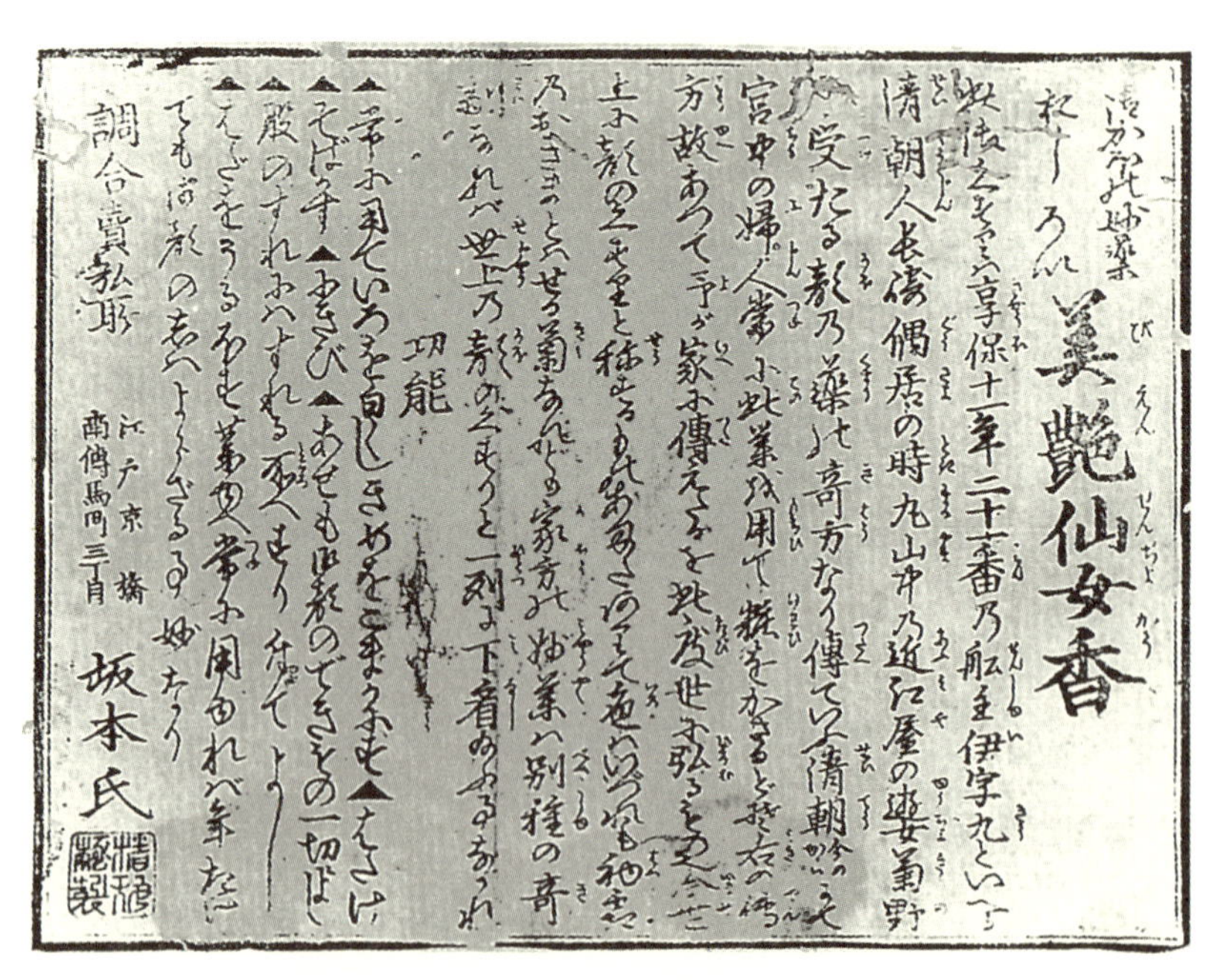

美艶仙女香の引札 「おかほの妙薬おしろい」とある

◀白粧化粧 英泉画 ポーラ文化研究所蔵

美艶仙女香とふ
英泉画

高名美人六家撰
哥麿筆

◀婦久徳金の成木　広重画

趣ハ三芝居座頭(ざかしら)御弘め御披露申上候儀に御座候」とあります。

江戸三座（中村座・市村座・森田座）の筆頭役者のサイン入り扇子を一本差し上げます、というのですから、昔も今も景品付商法の効果は変わらないのでしょう。

仙女香十包ねだるばかむすめ　（柳樽百十・7）

その〝ばかむすめ〟がいるからこそ、宣伝効果もあがり、役者のサイン入りが景品として喜ばれたのでしょう。もともと仙女香という商品名は、寛政期の名女形(おやま)、三代目瀬川菊之丞の俳名仙女をとって名付けたものですから歌舞伎との関係は深いわけです。

発売元の坂本氏については全く不明ですが、たいへん商才にたけた人らしく、仙女香をたちまち有名にしてしまいました。とくに広告・宣伝の才能は抜群で、当時の宣伝媒体を駆使していた感があり、その広告文も、おもわず読ませてしまうほどの文才がありました。

根のいゝ娵(よめ)仙女香までもよみ　（柳樽百九・36）

自作自演の三馬と違い、坂本氏は戯作者に書かせてしまうのです。しかも、おもしろくなってきたところで仙女香が出てくる、というようにまことに巧みです。

大詰に仙女もいづる草双紙　（柳樽百十六・26）

たとえば、天保三〜四年（一八三二―三三）に出た為永春水の『春色梅児誉美(しゅんしょくうめごよみ)』に、

▽仙女香というおしろいを手にもちしふり袖しんぞう青梅

青「女浪(めなみ)どふ、ちよつと来な

高名美人六家撰　歌磨画　東京国立博物館蔵

2

1

4

3

1美人會中鏡 時世六佳撰　英泉画　　2当世美人合 町藝　国貞画

3当世三十貮相 志まひができ相　国貞画　　4当世美人合 かこゐ　国貞画

▽十才(とお)ばかりの禿(かぶろ)
禿「なんざいますエ、トきたる
青「アノおめへこの白粉をやるから、毎日顔へすりこみな、そうすると此おしろいは能薬(いいくすり)がはいつているから、顔のこまかい腫物が治るよ。そして此絵をやるから坊さんにならねへか
禿「わちきやアいや、ト顔をしかめ
禿「仙女香ばかりおくんなまいし

というように、その効能を巧みに織り込んでいます。

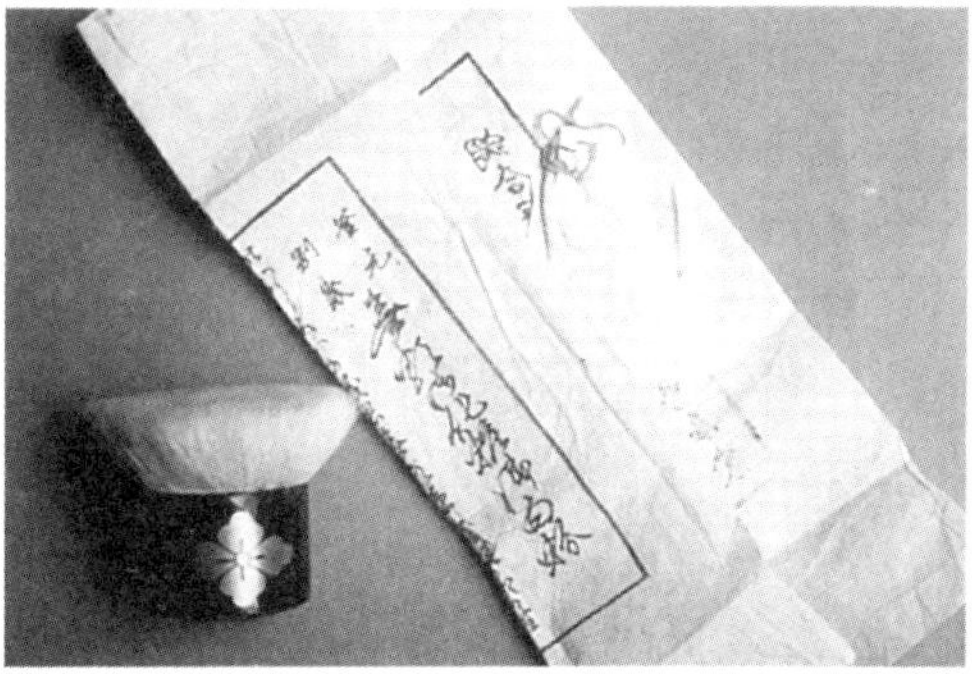

そのほか、英泉(えいせん)や国貞(くにさだ)の美人画のなかに仙女香の包み紙をさりげなく描いたり、広重の「東海道五十三次」のなかに仙女香の看板をかけさせたりと、それも、ごく自然にあしらっていたのですが、数が多くなると目だってきて、というより鼻についてきたのでしょう、とうとう、

なんにでもよくつらを出す仙女香（柳樽百五四・32）

というように、あきられてしまいました。しかし、その商魂は現代でも広告宣伝史を語るとき、欠かせない存在となっています。

この宣伝力も、売り上げが好調だったからできたのですが、なぜか、明治の御一新と同時に洋傘屋に転向してしまいました。当時の雑誌に出てくる仙女香の広告を見ると、洋傘屋を始めたのは明治元年とありますが、実際にはそれより以前から少しずつ扱っていたようです。

明治三四年八月号の『風俗画報』には、「仙女香坂本友七（今は洋傘屋）の祖は昔絵双紙の検査役なれば、版元共、阿諛(ごますり)に蔵書の巻末へ仙女香白粉の功能を述(のべ)たるは、今の挿絵新聞(さしえしんぶん)へ広告する如し。桃灯持(ちょうちんもち)の嚆矢(こうし)と云っても可なり」と、派手な宣伝を可能にさせた裏話を載せています。

つまり、地本問屋(じほんどんや)の絵名主で、改印(あらためいん)を押す役だったのです。しかし大正九年に出た石井研堂の『地本錦絵問

釜元別製　無類御化粧御白粉　畳紙の中に赤い口緒のついた木錦袋入りの白粉がある

屋譜』には見当りませんでした。その後の消息については、かなり手を尽してみましたが、はっきりしません。たまたま展覧会場で宮尾しげを氏にお逢いしたとき、仙女香について調べている、とお話ししたら、宮尾さんも戦前、まだ仙女香の店が京橋の角にあったころ調べたけれど、もう何も資料がなかった、とおっしゃったので、私ももう、それから仙女香のあとを追うことをあきらめました。

仙女香の広告
『新演芸』大正11年5月号

9 明治の白粉と白粉化粧

鉛白粉による慢性鉛中毒

明治二三年（一八九〇）二月二八日、順天堂医事研究会で、会長の佐藤進は「おしろいノ中毒症ニ就テ」と題して研究発表をしています。

当時、歌舞伎役者に慢性鉛中毒に似た症状の者が多かったので、毎日使う白粉が原因ではないかといわれていましたが、はたして中毒を起こすほど鉛を含んでいるものかどうかは、究明できませんでした。それは、白粉の製法などはすべて家伝として秘密にされていたからなのです。そこで佐藤は友人の東京帝国大学教授高松豊吉に白粉の分析を頼みました。

高松は帝大の理学部を出て、英国オエンス大学、ドイツのベルリン大学などで化学を専攻し、工学博士の学位を取得、イギリス、ドイツの化学会会員に推挙されて帰国したところでした。

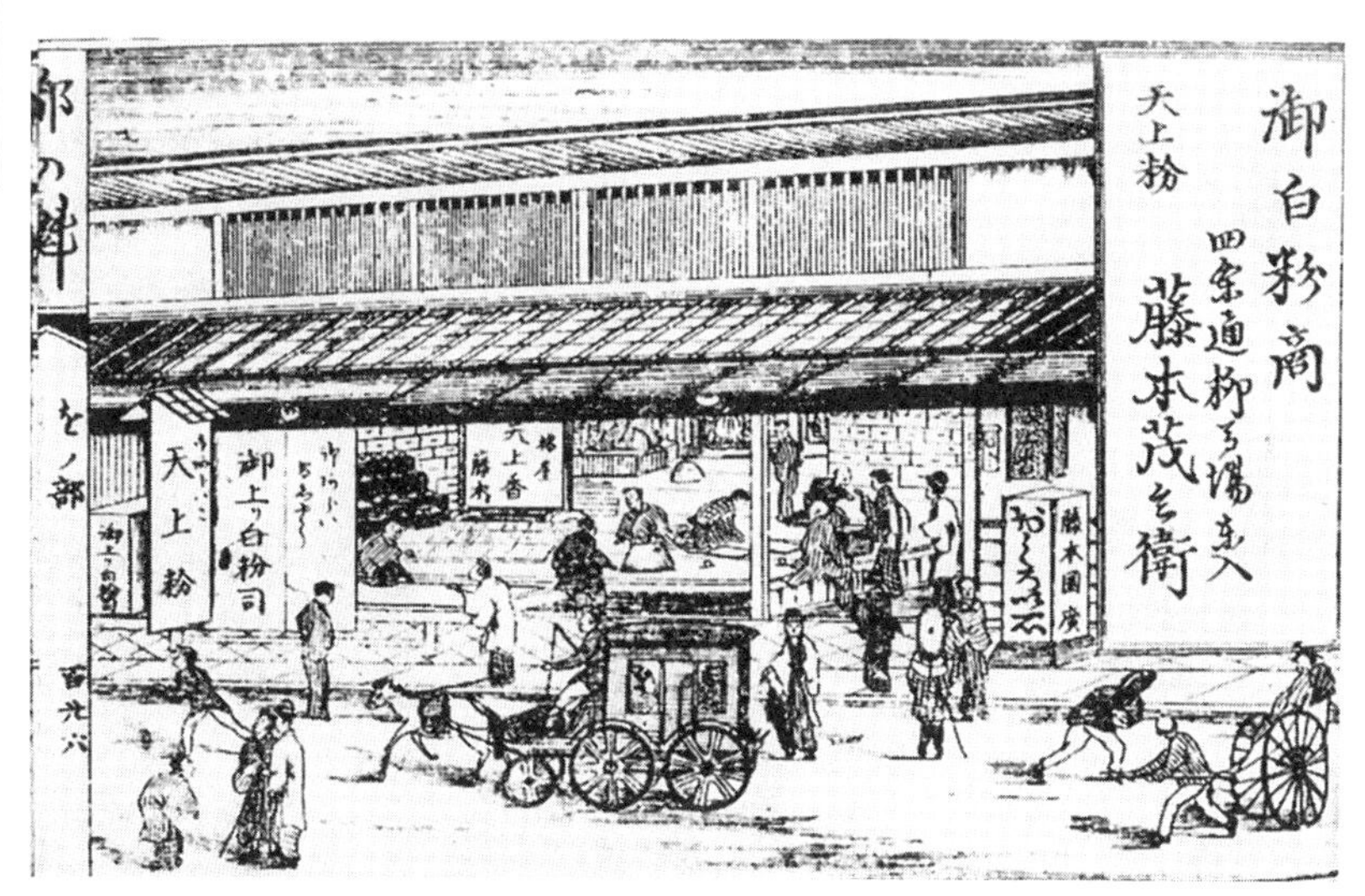

▲ 明治初期の京都の御白粉商の店先
『都の魁』

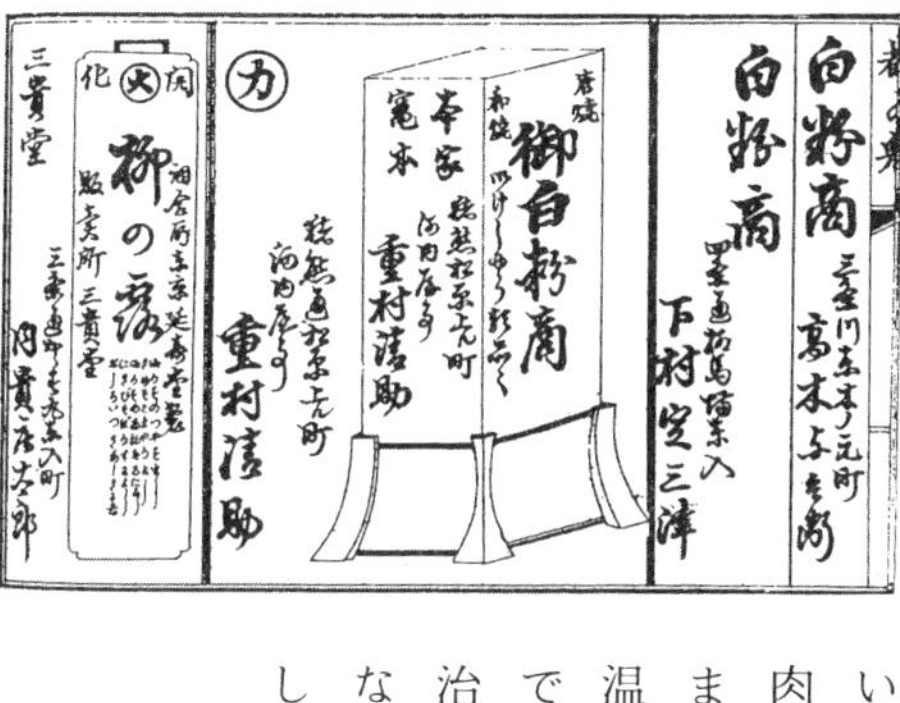

◀ 御白粉商 重村清助
『都の魁』

彼は、まず中村福助の常用していた下村製の「此花白粉（このはなおしろい）」を分析しました。初めに福助の白粉を選んだのは、次のような理由があったからなのです。

福助は当時二六歳。名女形として女性たちのあこがれの的でした。しかし、慢性の鉛中毒症状は、はた目にも痛々しいほどでした。九歳の初舞台以来、顔、頸、胸、手、足と、ほとんど全身にぬっていた白粉が蓄積されてきたからでしょうか、四年ほど前から胃に激しい痛みを覚え、さらに吐気（はきけ）をもよおすようになっていましたが、それも休場して五、六日すると治まり、出場するとまた再発するといった状態の繰り返しでした。やがて、しだいに手足のふるえが起こり、さらに関節や筋肉に刺すような痛みを感じるようになっていました。原因不明のまま、人にすすめられ、温泉療法や海水浴などいろいろ試みていたのですが、いずれも一時的なもので、根本的な治療にはなりませんでした。このような憂鬱（ゆううつ）な日々を過ごしていた折、明治大帝をお招きしての初の天覧歌舞伎をする、という話がありました。

それは時の外務大臣井上馨が、遠く奈良近郊から檜の良材をとりよせ、邸内に建てた茶寮「八窓亭」の新築落成披露の余興として、明治二〇年四月二六日から二九日までの四日間にわたり催すというものでした。

この発案をした井上は、この際、ぜひ叡覧に供したいということと、いまひとつ、鹿鳴館時代といわれ、猿芝居的と悪評の高い伊藤、井上のコンビによる欧化政策の批判をかわす意図もありました。また、各国の高官を招き、日本の伝統芸能の代表である歌舞伎を通して、日本文化の紹介をしたい、という意図もあったのでしょう。

天覧歌舞伎の顚末

幸い、天皇、皇后両陛下のご内意を得て、二六日の天覧歌舞伎開催にこぎつけました。初日は、天皇、二日目皇后、三日目は各国大公使はじめ内外の貴顕紳士、最終日は皇太后というスケジュールで行なわれました。

初日、二時から六時までが「勧進帳」ほか四本。六時四〇分から晩餐会。八時半から九時半まで再び「山姥」「夜討曽我」をご覧に入れ、ご休憩ののち一〇時一〇分ご還幸という予定がたてられました。

演目、演出は、すべて新富座の座主、守田勘弥がとりしきり、芝翫、団十郎、菊五郎、左団次、福助以下おもな俳優は総出演で、この光栄をわかちあうことになりました。俳優たちの意気込みも尋常ではなく、みんな燕尾服を新調し、斎戒沐浴してその日を待ちうけました。

いよいよ当日、早朝から黒紋付に仙台平の袴、編上げの靴にシルクハットという異様ないでたちで綱引きの車を連ねて、鳥居坂にある井上邸に乗りつけました。お長屋に入った俳優たちもさすがに落着かず、午後二時開演なのに、午前中に早々と扮装をすましてしまい、動悸を押えるように、端然とその時のくるのを待っていました。

午後一時半、「君が代」の吹奏は御馬車のご到着になられたことを知らせました。門の方から馬車の近づく音が聞えると、それまでのざわめいていた邸内は、水を打ったように静まりかえりました。

陛下は特設の玉座におつきになり、大臣夫妻をはじめ文武百官に拝謁を仰せつけられたあと、いったん新築

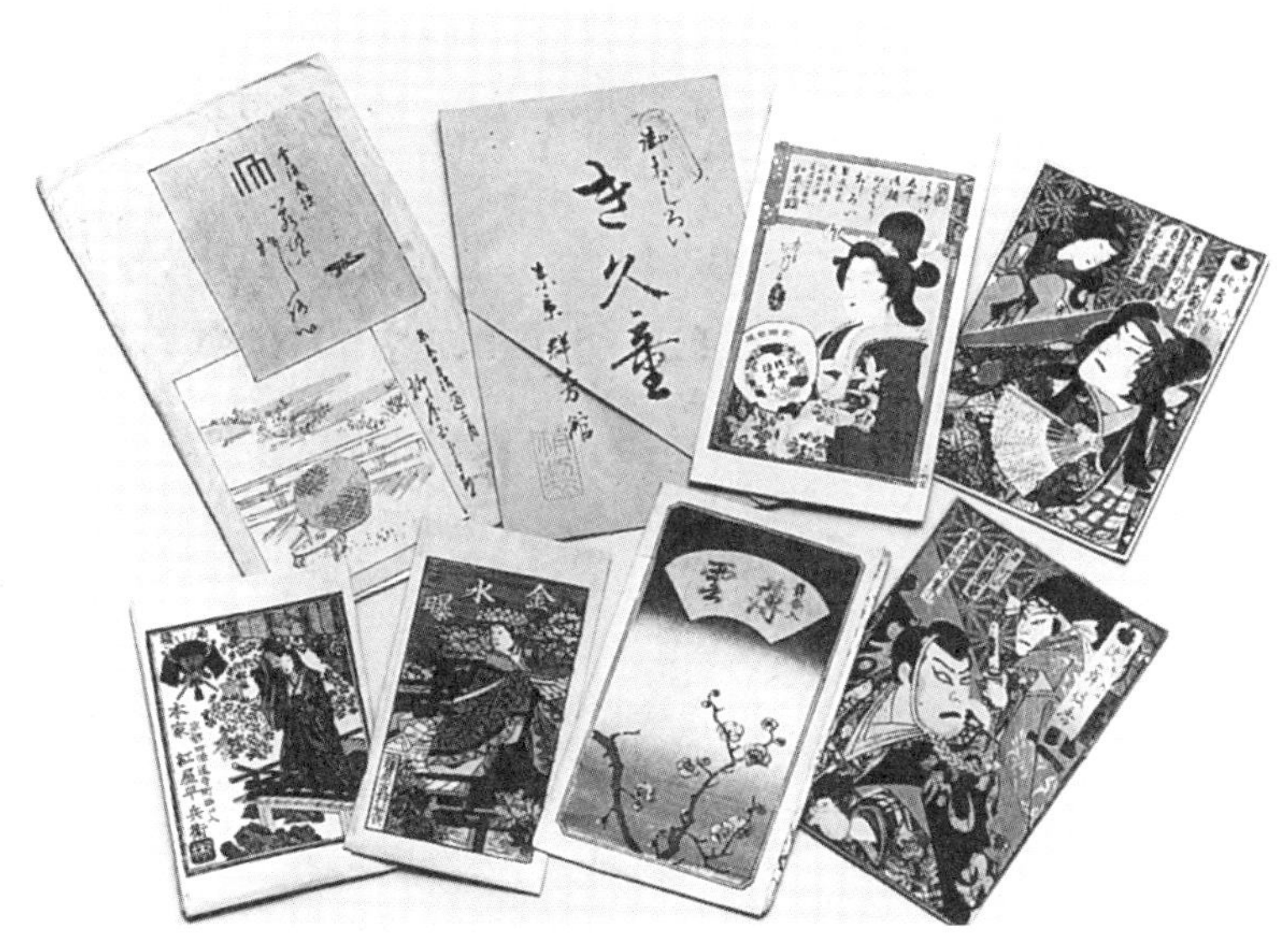

江戸時代末期から明治にかけての白粉の畳紙　ポーラ文化研究所蔵

の八窓亭でご少憩ののち、新設の舞台正面の玉座(ぎょくざ)にお出ましになられました。玉座を中心に、左右には有栖川宮(ありすがわのみや)をはじめとする各皇族方、内閣総理大臣伊藤博文以下各閣僚、侍従らが、キラ星の如く居並びました。玉座の前、一段低いところにゴザを敷いて儀杖兵(ぎじょうへい)が槍を横たえて警護についていました。歌舞伎座と違った厳粛な雰囲気に、さすがの名優たちも不安気に、緊張の面もちで開演の合図を待ちわびていました。

舞台監督に当った米松謙重(よねまつけんちょう)博士の合図で幕があがりました。団十郎の弁慶、左団次の富樫(とがし)、福助の義経と名優ぞろいですが、なにぶん陛下の御前での演技は初めてとあって、さすがの千両役者もあがり気味。しかも博士が大事をとって、大きな音で高貴なお方を驚かせては申しわけない、と大太鼓もツケも固く禁じましたので、すっかり勝手が違ってしまいました。

名乗りをあげる左団次の富樫の声はふるえ、番卒役の団右衛門、荒次郎、升蔵などの声は小さくて聞きとれないくらいでした。続く義経役の福助は、ふだんから足がふるえ気味でしたが、この時は一段とひどく、とくに、左足がガタガタふるえ出し、止まらなくなってしまいました。

初めは、恐れ多くて、感激のあまりふるえているのでは、と思われていましたが、しだいに遠目にもハッキリわかるほどになり、本人も必死にふるえを止めようとこらえているのがわかるほどでした。

観劇の女官たちの間からざわめきの声が聞えると、もう福助は台詞も思うように言えなくなり、満場騒然となりました。どうにか花道の幕を開け、福助を抱えるようにして、燕尾服姿の守田勘弥が花道へ進んだところに、楽屋うちの心配が、そのまま観衆に伝わってしまいました。

中村福助の鉛白粉中毒事件

この事件は、福助が当代随一の名女形であっただけに、マスコミの未発達だった時代にもかかわらず、「福助の鉛中毒事件」として、後々まで語り継がれるほど有名になってしまいました。

福助はもちろん、梨園の不安はつのるばかりでした。当代の名医、松本順、佐藤進、榊順次郎らに診察を仰ぎましたが、治るどころか病名さえもわかりませんでした。ある日、たまたま楽屋を訪ねてきた、日本赤十字社中央病院の橋本綱常院長はこの話を聞き、これは鉛白粉を常用したための慢性鉛中毒にちがいないと推察したのです。

当時の白粉は鉛白粉でしたから「役者で鉛白粉の中毒に罹る者が多かった」という話は、いまでも、わりと多くの人が知っていますが、その話をどこで知ったのか、何で読んだのか、と聞くときまって「さあ……」といった返事しか返ってきません。この情報伝達は興味深いケースです。

前の節で、鉛白粉中毒事件の舞台になった天覧歌舞伎の模様を〝見てきたようにウソをつく〟講釈師みたいに書きましたが、これは当の福助、後の中村歌右衛門が書いた「続魁玉夜話」(『演芸画報』昭和一三年六月号)によったもので、創作ではありません。しかし、この記事を見つけるまでは、まったく暗中模索の状態でした。

私が最初にこの事件を知ったのは、伊東胡蝶園から昭和九年に出版した伊東栄著『父とその事業』でした。

與衆同楽〈天覧歌舞伎　勧進帳〉　豊原国周画　自蔵

この中に「博士（橋本綱常）は当代の名優市川団十郎をひいきにし、しばしば劇場にも出入りし、団十郎と交遊が浅くなかった。長谷部氏（長谷部仲彦、有名な人類学者長谷部言人博士の父）も常にその間に介在し、談は俳優に鉛中毒患者の多いことに及び、その一例として中村福助があげられた」とありました。

つづいて、「中村福助は当時若手の女形として一世の人気を集めていたが、はなはだしく鉛毒におかされ、手足の不自由をすら感じるほどであったので、この病毒を未然に防ぐ無鉛白粉の要望は、団十郎、福助はもちろん、その他の俳優たちの間にも盛んであった」と、わずか数行の記事のみで、天覧歌舞伎の事件については一行も触れていませんでした。

あるとき、古本屋で山積みになった『風俗画報』をみかけ、何か化粧関係の記事がないかと捜していると、「鉛毒、怖るべき鉛白の中毒・白粉分析の結果」（明治三九年六月）という見出しが目につきました。その中に「……中村芝翫は明治二十年福助と名乗りし頃、井上伯邸にて天覧芝居を演じたる時、突然左足がふるえだし、身体に異状を呈したれど、当時は何病なるや少しもわからず……」という記事を見つけ、初めて天覧芝居のあったことを知りました。そこで、ことの真偽を松竹本社に問合わせますと、確かに明治二〇年四月二六日から四日間催したこと、それに全演目から出演者まで調べてくださいました。

その後、上野黒門町の版画屋さんで、何気なしに見た三枚続きの錦絵に福助の二字があり、これが天覧歌舞伎の「勧進帳」の場面であることがわかり、私は不思議な因縁のようなものに驚き、ためらうことなしに買い求めました。明治期の錦絵はあまり好きではなかったのですが、この国周のものは、さすが最後の浮世絵画家といわれるだけに出来も良く、三枚続きの効果を最大限に発揮していました。「與衆同楽」と題し「明治二十年四月麻布鳥居坂井上大臣之御邸ニテ御覧演劇ノ内、勧進帳」と絵解きがあったので、これで初めてその場所がわかりました。この勧進帳が錦絵になったことを考えただけでも、この事件のニュース性が、いかに高かったかがうかがえます。

佐藤進が白粉の中毒症について研究を始めたのも、また高松豊吉に依頼して、福助の使っていた「此花白粉」を分析してもらったのも、この事件が契機となったのです。

無鉛おしろいの研究

無鉛おしろいの研究には、多くの人がとりかかっていました。これだけ社会問題になったのですから、無鉛おしろいを完成すれば、社会のためにもなり、また、その利益はだれの目にも明らかでした。それだけにニワカ研究者が多かっただろうことも想像されます。

このことは、明治時代の特許を調べてみて、一層はっきりしました。

特許条令の初めて公布された明治二一年以降、明治の末までに、白粉の特許だけでも、一四件もありました。早くも明治二三年には、次のような特許が出ています。

白　粉　特許出願者　中川辰太郎

本発明は、在来一般に使用せらるる白粉の害毒は鉛分を含むにあれども、本品は全くこの方法によらずして、使用上、携帯上便宜なる一種の凝固物となれる白粉を製せんとするものにて、次の資料より成る。

蠟石粉（筆者注　タルク）百六十匁
澱　粉　二匁
海　蘿（筆者注　フノリ）三匁
獣　脂　若しくは蠟　五匁

製法は、蠟石細末となし、水簸したるものに海蘿の溶液を煎沸し、獣脂若しくは蠟を投じ、溶解せしめ、絹篩にて不潔分を漉去したるものに、前記の粉末を加えて能く練合し、宛も餅状となりたるものを、任意の型となして凝固陰乾するものなり。而して麝香、竜脳其他適宜の香料を調合すれば夫々の香気を含む。

◆おしろい分類表（順天堂医事研究会における佐藤進の発表）　単位パーセント

種類	水分あるもの			良く乾かしたるもの	
	水分	澱粉	鉛霜	澱粉（天瓜粉）	鉛霜（塩基性炭酸鉛）
雪の艶	一、四〇	二、二〇	九六、四〇	二、二三	九七、七七
夕顔おしろい	八、二〇	五七、九〇	三三、九〇	六三、〇七	三六、九三
同ゑりおしろい	〇、五〇	……	九九、五〇	……	一〇〇、〇〇
薄さくら	一四、〇〇	七八、〇〇	八、〇〇	九〇、七〇	九、三〇
雪の曙	八、〇〇	三四、五〇	五七、四〇	三七、九四	六二、〇六
月の花	九、八〇	四五、九〇	四四、三〇	五〇、八四	四九、一一
ぱっちり	一、〇〇	……	九九、〇〇	……	一〇〇、〇〇
きく童	一二、三〇	六三、七〇	二四、〇〇	七二、六三	二七、三七
しら菊	二、四三	三六、〇七	六一、五〇	三六、九七	六三、〇三

明治二十年四月八日特許六四八号

簡単にいえばロウ石の粉とデンプン。それにちょっとフノリと油を入れて固めたもので、これなら鉛は入らないでしょうが、化粧効果は鉛白粉と比べれば格段の差のあることは明らかです。

ほかの特許も大同小異で、また、出願していない研究者を含めると、相当な数にのぼっていたにちがいありませんが、いずれも化粧効果、つまりノリ、ツキ、ノビともに悪かったことでしょう。事実、鉛白粉は有害だとわかっていても、依然として使われていました。

このことは先に述べた順天堂医事研究会の「おしろいノ中毒症ニ就テ」をみても明らかです。この発表のなかで佐藤は、「余ガ諸書ニ因テ調査スル所ニヨレバ現今、坊間販売スル白粉ノ分析表左ノ如シ……」といって別表を示しています。さらに、「西洋おしろいハ鉛霜（鉛白）ヲ含マズ米粉ニ香水ヲ和シタルモノナリ乃チ澱粉八六・六〇　水分一三・四〇ヨリナリ……」と、舶来、舶来とありがたがるが、西洋のおしろいは米の粉に香水を入れただけだ、といわんばかりの報告をしているのもおもしろいでしょう。

御料御園白粉の誕生

福助の症状を鉛白粉による慢性鉛中毒にちがいない、と診断した橋本は、鉛白粉があいかわらず市場から一掃されず、鉛中毒の不安が消えないことを苦々しく思ったのでしょうか、兄（幕末の志士橋本左内）と親交のあった同郷福井県出身の長谷部恕蓮の次男、長谷部仲彦に無鉛白粉の研究をすすめました。それと同時に、彼は宮中顧問官だった関係から、宮内省侍医寮の薬学博士山田薫に、長谷部の試作品を分析するなどの協力を依頼しました。

伊東胡蝶園創業時の関係者
前列　右　初代伊東栄
　　　中央　長谷部仲彦（御園白粉発明者）
　　　左　三輪善兵衛（丸見屋商店主）
後列　右　二代目伊東栄
　　　左　波多海蔵（花王散歯磨本舗）

長谷部は橋本より五歳若く、嘉永三年の生まれ。明治五年、二三歳のときフランスに留学、同八年帰国後、陸軍省工兵局に勤めていましたが、一九年に退官し、京橋で十一堂という出版屋を始めました。初めは単行本などを出していましたが、のちに下田歌子の知遇を得て、歌子編の『国文・小学読本』などを手がけていました。事業は順調でしたが、その間に教科書事件などで頓挫し、ついに明治二五年の三月、廃業に追い込まれ、住所も京橋から築地一丁目に移していました。どうやら彼は、このころから無鉛白粉の研究を始めたようです。

前述の『父とその事業』には、「明治三十三年、長谷部仲彦氏の無鉛御園（みその）白粉発明成る。大正天皇御成婚に際して御料（ごりょう）として之を調進す」とだけしか述べていませんでした。したがって、研究は明治二五年ごろから八年の歳月を要したことになります。この間の苦労はまことに想像に難くありません。

明治三三年以前にもある程度のものは完成し、市販されたこともありました。ところが、店頭に置いてしばらくすると、真っ白だったおしろいが黒くなってしまった、という失敗もありました。これは配合成分のビスマット（ビスマス）に原因がありました。しかし、この八年間の苦労は無駄ではありませんでした。創製した白粉は、御料として献上する光栄に浴したのですから。

役者と化粧品屋のタイアップ

明治時代の新聞広告は、ほとんどが書籍と薬と化粧品でした。その化粧品の広告がまた、主として歌舞伎役者を使ったおしろいのタイアップ広告で、それも苦笑を禁じ得ないような誇大広告でした。

たとえば、明治二六年九月二一日付の『読売新聞』に掲載されている本所横網町幾久園（きくえん）発売の「あづまぎく、雪の花、翁水（おきなみづ）」の推奨広告には、「内務省衛生試験所試験無害成績書付　渡部三吾発明　無毒性おしろい」とあり、東京衛生試験所長の無毒性鑑定試験報告に続いて、団十郎、菊五郎、左団次、福助以下十名連名の「無害白粉証明」という推奨記事をビッシリ書き連らねています。

さらに福助は別枠の感謝状形式で「――私、持病とも申すべき腹痛は、貴下の白粉使用以来、根を絶ち候ごとく快癒（かいゆ）つかまつり、四肢の麻痺（まひ）も漸次（ぜんじ）軽快の心地いたし候――貴下の偉大なる御功労を感謝することかくのごとく御座候　敬白」と述べています。これはおそらく、役者と化粧品屋との新聞広告におけるタイアップのはじまりでしょう。

もともと、役者とのタイアップ宣伝は、江戸時代からさかんでした。たとえば二世瀬川菊之丞の「路考（ろこう）白粉」、三世瀬川菊之丞の俳名をとった前述の「仙女香」、松本幸四郎の「蘭奢水（らんじゃすい）」など、歴史的なかかわりあいがありました。だから、というわけでもありませんが、明治三〇年ごろに、福助は「うら梅」、菊五郎は「音羽菊」という名のおしろいを発売し、新聞に広告をするほどの力の入れようでした。しかし、しょせんは素人商法で、いつの間にか消えてしまいました。

相次ぐ無鉛おしろいの発売

すでに述べたように、明治三三年ごろから国産の無鉛おしろいは出廻りはじめていました。そこで、内務省では明治三三年四月十七日、省令第十七号「有害性著色料取締規則」を制定しました。その第一条第一種には、「左ニ掲クル物質又ハ之ヲ含有スルモノ」として、「砒素(ヒソ)、抜榴謨(バリウム)、嘉度密烏謨(カドミウム)、格羅謨(カリウム)、銅、水銀、鉛、……」とあげ、さらに第四条では「第一条、第一種ノ著色料(ちゃくしょくりょう)ハ販売ノ用ニ供スル化粧品、歯磨、小児玩弄(がんろう)品ノ製造又ハ著色ニ使用スルコトヲ得ス……」と、化粧品を第一番にとりあげています。しかし、これも付則第十一条で、「鉛白ハ当分ノ内、第四条ノ規定ニ拘ハラズ化粧品トシテ之ヲ使用スルコトヲ得」という寛大な条件をつけています。

つまり、業界全体が無鉛おしろいを発売するのには、まだまだ時間が必要だと考えたからでしょう。

この省令の発表は、長谷部に無鉛おしろいの販売を急がせました。彼はほどなく製造本舗を設立、商号を「胡蝶園」、商品名を「御園おしろい」と名づけました。「胡蝶園」というのは、無鉛おしろい発明の機縁となった福助の家紋と彼の家の裏紋が、偶然にも同じ揚羽の蝶だったところから名づけたようです。また、商品名の「御園おしろい」というのは、明治三三年五月の大正天皇ご成婚に、御料として献上した光栄を記念して考えられたものです。

長谷部は、翌三四年四月二〇日付と五月二四日付の『東京日々新聞』に広告を出しています。たしかに売れて、反響もよかったのでしょう。しかし、もうこのころになると、化粧品業界も平尾の「レート」、山崎帝国堂の「キーレ水」、小林の「ライオン」、長瀬の「花王」、森下の「仁丹」、桃谷の「明色」などが、景品付宣伝販売合戦を活発に展開していました。

いかに品質が秀れていても、資本がなければ宣伝もで

御園の各種おしろい（自蔵）

▲ 薬屋つかひ　御園白粉
〈固煉白粉〉

▲ 御料 無鉛　御園の花

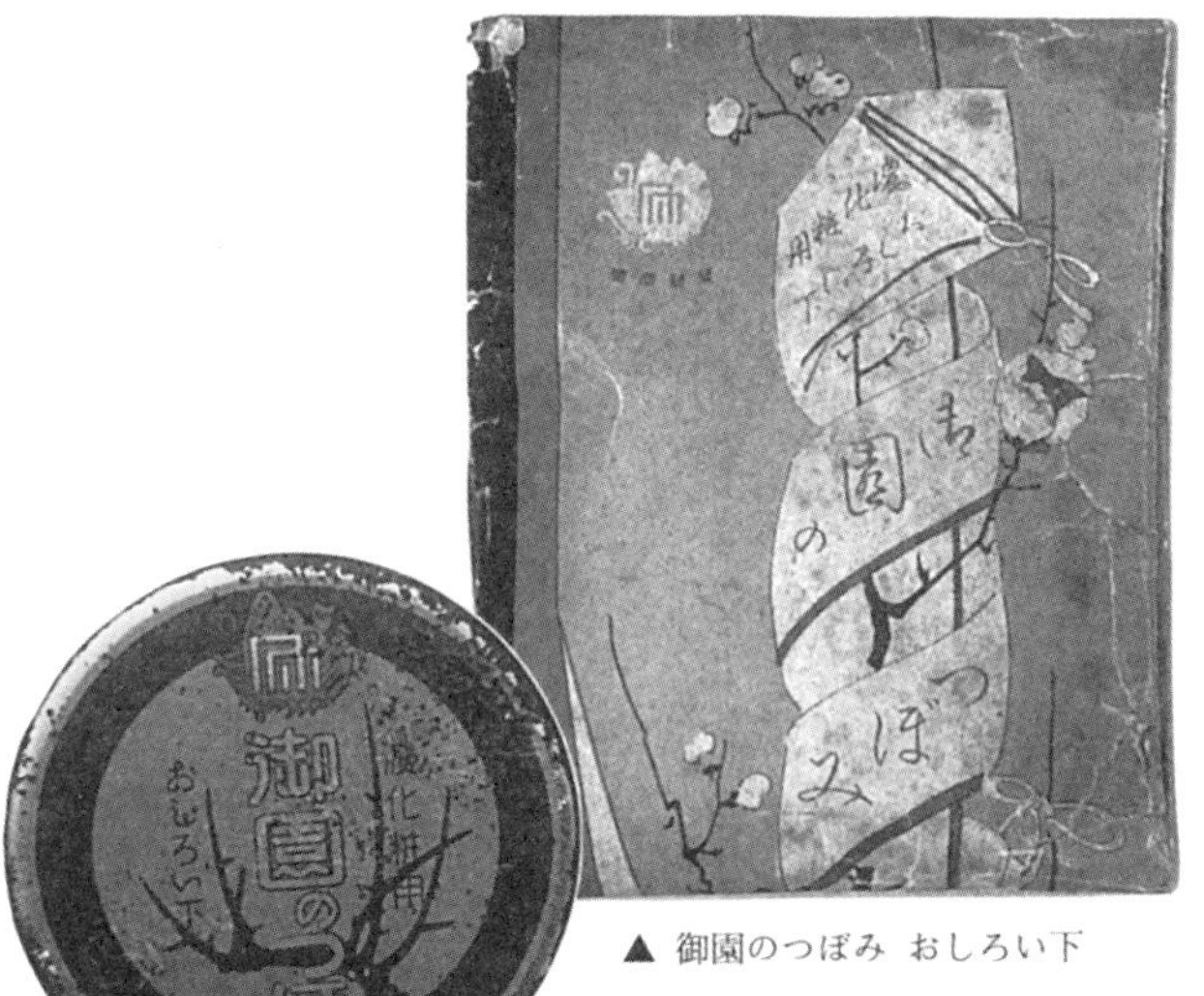

▲ 御園のつぼみ　おしろい下

御料　御園の月〈無鉛〉▶

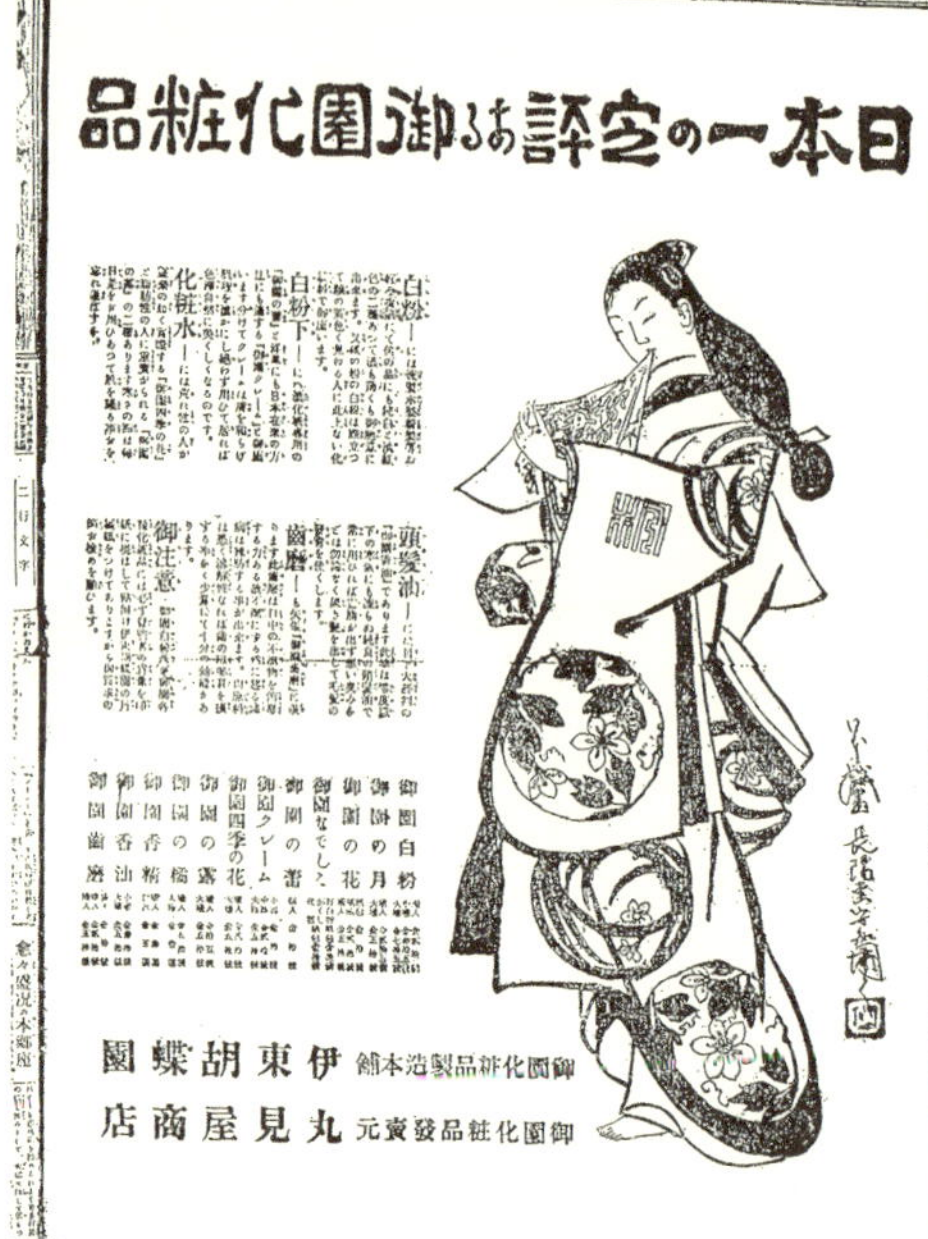

御園化粧品一頁広告
『都新聞』明治44年２月17日

きません。したがって事業として発展することは困難でした。もうすでに、そういう時代になっていたのでした。長谷部は仕方なく資本家を求めました。宣伝しさえすれば「御園おしろい」は必ず売れ、市場を席捲（せっけん）することができる、という自信があったのです。自分がもうけなくてもいい、長い間苦労して、ようやく完成した無鉛おしろいだけに、宣伝をして多くの人に安心して、喜んで使ってもらえれば、それでいいと思っていたのです。ほどなく彼の念願の実る時がきました。

そのころ、たまたま紹介する人があって胡蝶園の工場を訪れた伊東栄（幕末の蘭方医、伊東玄朴の三男）父子は、長谷部の事業が将来有望なことと、社会的にも意義のあることに共鳴して、さっそく資金を提供し、事業に参画することとなりました。

伊東栄は弘化三年下谷御徒町に生まれ、慶応元年二〇歳のとき仏語伝習所に入り、のち、横浜製鉄所、横須賀造船所、海軍省主船寮などの勤めを経て、明治二二年退官、スイスのファブルブラント商会代理人として陸海軍の御用貿易商を営んでいました。

翌くる二三年一一月に大日本帝国憲法が施行され、海軍は急速に軍備を整える必要にせまられました。それが彼に幸いし、わが国初の水雷艇（すいらいてい）一七艘（そう）の受注に成功、続いて二七年の日清戦争には小銃三五万挺（ちょう）の注文をうけるなど、時代の波にのり事業は大成功しました。

彼は、これら軍需兵器の仲介によって得た莫大な利益を、社会のため有意義に使いたいと考えていたところでした。それに無鉛おしろいの事業には、蘭方医伊東玄朴の息子としての自覚を生かし得た満足感もあったのです。しかし、どのようないきさつがあったのか詳らかではありませんが、二年間の空白期間を経て、実際の発足は三七年になってしまいました。

伊東と長谷部との共同経営で再発足した胡蝶園は、その年の一〇月から小さな新聞広告を出しはじめました。広告出稿の増加につれて売り上げも急速に伸びていきました。たまたま、日清・日露と二度にわたる戦争に勝利したという、時代的背景もよかった時でした。好景気で俄成金（にわかなりきん）が生まれ、花柳界は空前の活況を呈しました。そのうえ、当時、まだ、ふだんはあまりおしろいを使わなかった一般家庭の婦人たちまでもが使うようになり、おしろいの需要は急速に増えていったのです。

まだ売られていた鉛白粉

御園おしろいに続いて三八年には中山太陽堂から「クラブ白粉」、平尾から「レート白粉」、翌三九年には花王の長瀬から「赤門白粉」というように、各社から続々と無鉛おしろいが発売され、まさに化粧品史上〝明治はおしろいの時代〟となったのです。

新聞・雑誌も急速に発展し、化粧品広告全盛時代を迎えました。なかでも、クラブ、レート、御園の三本舗は、連日のように大きな広告を出し、時には一ページ、二ページという大広告を出稿、華やかな広告宣伝合戦を繰り広げました。

おしろいにつれて、他の化粧品の需要も増え、化粧品製造業の企業規模も拡大しました。今日の化粧品産業発展の基礎は、まさに、この明治期の無鉛おしろい発達の時代につくられたといえるでしょう。

無鉛おしろいの普及により、鉛おしろいはまったく市場から消えたかに思われましたが、実際にはいつまでたっても売られていたのです。明治三九年六月発行の『風俗画報』には、「今回、東京衛生試験所は、東京市内にて販売する白粉を検査したり。試験に供したる種類は外国製品も加へ四十四種にして、うち鉛毒皆無を称すべきは、僅か十種に過ぎず、その他はすべて鉛分を多量に含み、塩基性炭酸鉛として定量したる割合は、百分中五十分以上を含有するもの、実に十六種の多きに達し、襟おしろいという名のものの如きは九十一・七九四プロセントの多きを有せり……」と、まだまだ鉛おしろいの多いのを嘆いています。

　そして無鉛おしろいについては、「本所茅場町　井手発売の白ゆり。胡蝶園発売の御園の雪、御園の月。東京京橋区出雲町資生堂発売のはなケラシン及びかへでエォフィリン。大和屋小兵衛の水晶おしろい等、数種は無害無毒なり」と述べています。

　このように、無鉛おしろいの品種はまだたいへん少なかったのです。しかし、のちに東京帝国大学医科大学の唐沢光徳が、『臨床医学』第六年（大正七年）で、「明治三十八年以降、東京では鉛おしろいによる、所謂脳膜炎患者がほとんどみられなくなった」と報告しているように、京阪と東京を比較すると、東京での無鉛おしろいの販売量は圧倒的に多く、鉛おしろいは地方でしか売られなくなってしまいました。

　このため、明治の末ごろから、地方では原因不明の「所謂脳膜炎」と名づけられた小児患者が多発し、全国の小児科医の間で問題となっていきました。鉛白粉に起因するのではと推測されていましたが、確証が得られないために、治療方針がたちませんでした。

　ところが、京大の平井毓太郎教授の、「鉛白粉が原因であることを裏付ける科学的な実証研究」の発表により、事態が好転したのです。

所謂脳膜炎は鉛白粉が原因

　大正一四年三月二八日、名古屋市愛知医科大学で日本小児科学会総会が開かれました。会場がいつになく緊張していたのは、その日の総会の統一テーマが、〝鉛白粉による所謂脳膜炎〟で、小児科学会の長年の懸案だった乳幼児の原因不明の病気が、一挙に解決する予定だったからです。

　六題の関連発表の最後に、福岡の伊東祐彦は、「今日、平井教授が所謂脳膜炎の宿題を報告されます。この問題は、今日これによって解決がつくわけでありますが、この機会に、この病気と深き関係をもっておる私は、一言、ここに序文を述べようと思うのであります」といって、研究発表というより所謂脳膜炎という奇妙な病名の由来を話しだしました。

　「私が、明治二四年から明治二七年の末までの、小児科医局時代に、一種の脳膜炎患者がきたのであります。化膿性脳膜炎でもなく、また結核性脳膜炎でもない、脳室脳膜炎に似た一種の脳膜炎であります。不思議に思っておるうちに、続々と来る。そこで死んだ場合は病理に送って解剖してもらう。ところが、病理では脳に何も変化がない。病理では、小児科の教室では脳膜炎でもないものを脳膜炎といっては、はなはだ困る、といって所謂脳膜炎といっていたのが、とうとう病名になってしまったのであります（笑声）――」。

あけっぴろげな伊東教授の裏話に、会場の緊張も柔らいできました。

平井毓太郎は、今日のこの報告が、おそらく大きな反響を呼ぶものとの自信をもっていました。長い間、原因不明のまま死亡する乳幼児を、ただ「所謂脳膜炎」というあいまいな病名で片づけていたことに、全国の小児科医は焦りを

平井毓太郎教授

感じていたにちがいありません。それを今日はっきりと、母親の使っている鉛白粉に起因する慢性鉛中毒だった、という結論を発表するのですから。

明治天皇のお子さんが次々と夭折（ようせつ）され、それが暗殺である、というようなまことしやかな流言が伝えられていましたが、それも、お局（つぼね）がぬっていた鉛白粉に原因があったのです。

このような、明治以来の医学界の大問題を、京都帝国大学医学部小児科教室が、東京帝国大学医学部に先んじて解決したい、という対抗意識もあって平井は興奮を押えきれずに登壇しました。

「先ほど伊東君から沿革を述べていただきましたから、それは省きまして、ただ本症の本体にたいして、今まで試みられた解説の沿革を、一、二申してみようかと思います――」と言って、これまでの研究者が、この患者には、顆粒（かりゅう）赤血球が出ること、歯の黒いのがあること、爪が黒くなること、血精に黄色調があること、などを述べ、

「なお私は一年四か月の小児の歯齦（しぎん）に鉛縁（ブライジウム）、即ち、大人の鉛中毒にみます鉛縁と少しも違わぬものを認めまし

たことなど、すべてを綜合して、本症の本体は鉛毒であろうと考えて研究を始めました……」。

聴衆は一言も聞き洩らすまいとする真剣な雰囲気に溢れていました。

「ただし、この鉛毒の源泉は、主として化粧品にあるのであります……。本症は明治三〇年頃までは東京にも随分ありましたが、唐沢君は三八年以後ほとんど見ない、と書いておられます。これは明治三四年ごろから東京ではおしろいの吟味が厳重になり、無鉛白粉が多く製造されるようになりました結果です……」。

しかし、実際は三七年ごろまでの無鉛おしろいは、やはり化粧効果の点で、鉛白粉とは格段の差がありました。したがって、あまり多くは出廻っていませんでした。唐沢光徳のいうように、東京では三八年ごろから慢性鉛中毒患者は著しく減少したのですが、地方、ことに大阪、神戸、京都、奈良、和歌山では、まだまだ鉛白粉が使われていたので、患者はたくさんいました。

「これから症候に入ります。不機嫌、過敏……成人の鉛毒の時にも過敏になりますが、本症では機嫌が悪く、物音に驚きやすくなります。……食欲不振。……糞便の色が黒い……貧血。……歯や爪などの黒色化。……運動マヒ……」。

平井は、これまでの数多くの研究者の所見も添えて紹介しました。そして、最後に臓器中の鉛の証明を発表しました。

「この分析につきましては、理学部の中瀬古講師や中野助手が非常に尽力して下されまして、この頃ではよほど精密にできるようになりました」。

事実、以前、平井は所謂脳膜炎で死亡した者の臓器を貰ってきて、いくら分析しても鉛が出ず、多くの臓器を無茶苦茶にしてしまい、また、臓器の中に鉛を入れて分析してみたが、それでも出なかった、と述懐していました。

「分析の結果は、肝臓、脾臓、骨、横隔膜に多量に出ました。肝臓や脾臓には、鉛毒患者でない者にも鉛を検出することがありますが、その量は百万分の一ないし二以下であるというております。私の所謂脳膜炎患児の臓器から検出した鉛の量は、肝臓で百万分の三五、横隔膜で

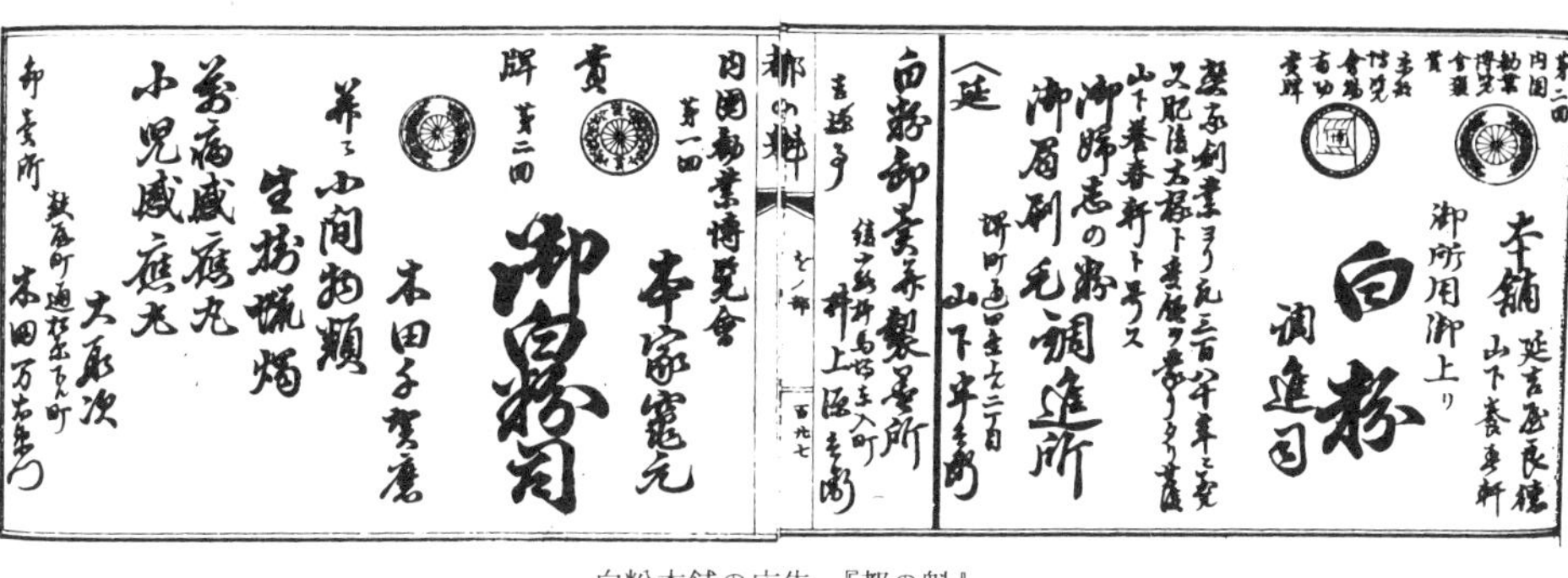

白粉本舗の広告　『都の魁』

二八でありますから、よほど多いのであります……」。

およそ三〇倍の鉛が検出されたと聞かされ、これまで緊張で静まり返っていた会場は、にわかにざわめいてきました。

「今まで述べましたことを綜合して見ますれば、すべての点において鉛毒説によく合致するようであります。……長時間御清聴をわずらはしまして、ありがとう存じました」。

満場、われるような拍手が起こり、しばらく鳴り止みませんでした。この研究発表の後、十分ほど休憩して、平井のこの「仮称所謂脳膜炎は鉛中毒なり」という研究に対して、柳瀬奨学金の贈呈式が行なわれました。また、平井はこの功績によって、昭和七年五月一〇日、帝国学士院賞を授与されたのです。

鉛白の製造・販売禁止

このように、原因が解明されてきますと、条令に寛大な条件をつけていた内務省も、省令をそのままにしておくわけにいかず、おそまきながら昭和五年一〇月に省令第三十号で改正することにしました。

「第十一条　現在鉛白ヲ使用シテ化粧品ノ製造ヲ為ス者ハ、現在製造ノ化粧品ト同一ノモノヲ製造スル場合ニ限リ、第四条ノ規定ニ拘ラズ、昭和八年十二月三十一日迄　鉛白ヲ使用スルコトヲ得

鉛白ヲ使用シタル化粧品ハ昭和九年十二月三十一日以後ニ於テ之ヲ販売シ、又ハ販売ノ目的ヲ以テ陳列若ハ貯蔵スルコトヲ得ス。之ニ違反スル化粧品ハ　第四条ノ規程ニ違反シテ製造シタルモノト見做ス」。

これで福助の鉛白粉中毒事件から、およそ五〇年も経った昭和一〇年になって、ようやく鉛白粉はその姿を消したのです。

なぜ鉛毒の害がわかっていて五〇年も市販されていたのでしょうか。もちろん価格の点もあったでしょうが、やはり鉛白粉の、おしろいとしてのすぐれた化粧効果が第一の理由でしょう。永いあいだ使われていた歴史が、何よりもそれを証明しています。それと、水銀白粉も鉛白粉も実際は経皮吸収（けいひきゅうしゅう）をしないのです。経口吸収（けいこうきゅうしゅう）、つまり口から入らなければ害はなかったからなのです。

10 昭和のおしろい

白一色から多色おしろいへ

婦人画報社の男性ファッション誌『MENS CLUB』が盛んに売れていた、昭和四五、六年ごろのこと、その内容のあまりにもカラフルなのに驚いたことを記憶しています。

男物のシャツなのに色物ばかりで、丹念に探しましたが、白いシャツは一点も載っていませんでした。いずれも太い縞とか、格子、模様のもので、昭和四二年ごろテイジンが〝ピーコック革命〟と名づけ色物シャツのキャンペーンを繰り広げたころには、とても予想もしなかったような、急速な変りようで、街はカラフルなワイシャツで溢れていました。しかし、平成のいま、改めて電車の中を見まわすと、ほとんどが白のワイシャツで、かつてのような色物のシャツを着ている人は見当りませんでした。男物の世界にも流行のあるのに、改めて驚きました。

いま、不用意に白いワイシャツとか色物のワイシャツとかいいましたが、これは明らかに間違いで、本来は「色物のシャツ」というべきでした。ワイシャツはYシャツとも書いたりしますので、衿の形からきたように誤解されがちですが、もともとホワイトシャツ（White Shirt）を語源とするものです。

フランス語ではこれをシュミーズ（Chemise）と呼び、英語では単にシャツと称していますが、日本ではシュミーズは婦人用肌着に限った呼び名で、シャツはメリヤスの肌着のことをいってきたので、それらと区別するた

柳屋「ぱっちり白粉」　ポーラ文化研究所蔵

資生堂「七色粉白粉」

めにワイシャツと名づけたのでしょう。ですから、もし白い物がなくなっても、カラーシャツではなく、ワイシャツという言葉がそのまま残るにちがいないと思います。

そこで、ふと、おしろいの語源を思い出しました。というのは、おしろいは白粉と書いて「おしろい」と読ませてきたように、昔はほとんど真っ白な粉でした。ところが、今のようにカラフルになり、語源の白いおしろいがすっかり影をひそめてしまったにもかかわらず、おしろいの名は残り、昭和の末ごろまでは若い人でも白粉と書くことに抵抗を感じていなかったからです。

白粉に白以外の色が加わったのは、江戸時代末の紅入り白粉が始まりですが、それでも基調色は、依然として白でした。それが一般に肌色を基調色とするようになったのは、第二次大戦後です。もっとも明治時代に、舶来のおしろいや、洋行帰りの貴婦人による洋風化粧が少しずつ普及し、明治末から紅色、肉色、砥の粉色、黄色などがぼつぼつ出始めてはいました。

それが大正六年に、資生堂が白・黄・肉黄・ばら・牡丹・緑・紫の「七色粉白粉」を発売したのをきっかけに、レート、クラブ、御園といった、当時の大手メーカーも続々と多色白粉を発売するようになったのです。

しかし、これらの多色白粉は洋風化粧用で、ごく一部の人に限られていました。明治、大正、そして昭和も戦前までは、大多数の既婚婦人は和装でした。髪は日本髪と束髪。着る物は夏になればアッパッパーという簡単服を着ますが、秋から冬、春、初夏までは和服で、それも今からみると、とても地味な色調でした。ですから顔の上の方は真っ黒な〝烏の濡れ羽色〟。下の方は藍、鼠、茶といった渋い色調だったので、やはり顔は白い方が引きたって、いわゆる〝色の白いは七難かくす〟ということになったのだと思います。

それに何といっても、おしろいの最大の消費者は、ほの暗い照明でも美しく見せなければならない芸者、役者、それに水商売の女性たちでしたから、真っ白な固練白粉や練白粉、水白粉などが売れたのでしょう。洋風の粉白粉で、それも色おしろいを使う人は、上流階級の洋装の人か、ダンサー、マネキンガールといった職業婦人たちで、全体からみて、需要そのものはそれほど多くはありませんでした。

ところが昭和九年に、おしろいの中に含まれている色素が肌にシミをつくる、という、今の公害問題のようなことが話題にのぼりました。あわてた化粧品業界では、総力を挙げてこの問題に取り組みましたが、当時の業界は鉛白粉の販売禁止問題などを抱えて低迷していた時代でしたし、おいそれと解決の見通しはつきませんでした。

そのようなとき、いち早くこの色素問題を解決した御園白粉本舗伊東胡蝶園は、あくる昭和一〇年に別組織の伊東化学研究所をつくり、パピリオ粉白粉という新ブランドで発売したのが当り、たちまちトップメーカーになってしまいました。

この成功の要因は、もちろん無害色素の開発にありますが、それまでの色素がレーキ顔料や彩度の低い弁柄や黄土などの無機顔料だったのに対し、有機のナフトールカラーを使ったので彩度が高く、デリケートで美しい色合いを出せたことも見逃せないでしょう。

そこで、当時は五色ないし七色ぐらいだった色数を一挙に十色にし、色名もたいへん新鮮なネーミングでイメージの転換をはかりました。

①肌色　一号　Rachel No. 1
②肌色　二号　Rachel No. 2
③肌色　三号　Rachel No. 3
④濃肌色一号　Ocre
⑤濃肌色二号　Ocre d'orient
⑥黄肌色　Ocre Jaune

⑦カカオ色　Ocre　Rouge
⑧桃　色　Rose
⑨黄　色　Yellow
⑩緑　色　Green
⑪紫　色　Violet
⑫白　　　White

プードル・ド・パピリオ（Poudre de PAPILIO）という商品名といい、すべてフランス調です。洋画家の佐野繁次郎と花森安治のコンビで派手な宣伝を展開したのですが、顕微鏡をつかって他社との比較広告をしたので、いち時化粧品業界からひんしゅくを買ったようです。

ファンデーションの流行

第二次大戦後はすべてアメリカナイズされてしまいました。むろん化粧品もその例に洩れず、昭和二七、八年ごろから新しい化粧品としてファンデーションが売り出されました。

そのころは、すべてにインスタントということがはやった時代で、化粧水や乳液、クリームなどをつけたうえにおしろいをはたくという手間がはぶけ、一度にお化粧が出来る方法はないだろうか、という発想でした。これは、おしろいと化粧水とを一緒にすればいいのですが、昔の水白粉のように粉が沈澱したのでは、また振らなければならないのでインスタントとはいえません。クリームはともかく、乳液の中に粉おしろいを分散させる技術はたいへんむずかしいものでした。大体、乳化したものに異物が入ると乳化がこわれて分離してしまうものなのですから。

私は、昭和二七年にパピリオに入社、研究所に配属され、まず、この研究をやらされました。しかし当時、まだ参考になる見本も、処方も、何もないというまったく手さぐりの時代でした。それでも、ぼつぼつ一、二の会社からファンデーションが売り出されてはいましたが、いずれもしばらく置くと分離して、上の方に液体が浮いてしまっていました。ひどいのになりますと、キャップに吊り下げられた能書（のうしょ）に、「必ず振ってお使い下さい。」と、この上澄みに栄養分が入っているのですから……」と、苦肉の策といいましょうか、分離するのは仕方がないと言わんばかりのものもありました。

ピカソパステル（左）とテルミーパレートン（右）　自蔵

何年おいても分離しない液体のファンデーションをつくったのは、たぶん私がいちばん早かったのではないか、とひそかに自負しているのですが、界面活性剤の発達がそれを可能にしたもので、各社ともそれほど時間の差はありませんでした。その頃のファンデーションは乳液状、クリーム状、スチック状の三種類で、いわゆる〝光る化粧〟がはやったのはこのためです。しかしそのために、粉おしろいの需要は激減しました。

ファンデーションは、インスタントなばかりでなく、従来のおしろい化粧よりも自然な感じでシミが隠せ、肌がきれいに見えるというので、若い女性のあいだで急速に普及していきました。

当時の有名ブランドだったテルミーパレトーンや、ピアスカラーの発売された昭和二六年ごろというのは、その前年の朝鮮動乱勃発による特需ブームから、金へん景気、糸へん景気を引き起こし、戦後の惨めな生活から、ようやく抜け出せたような、ほっとした気分になったところでした。

ダンスがはやり、水色のワルツ、テネシーワルツと、ワルツにのって若い男女の交際が堰を切ったように広がっていきました。今から思うと信じられないような、ウソのような話ですが、ぴったり寄り添って踊っている、暗いダンスホールの写真が「両親は知らないけれど……」という見出しで新聞に特ダネとして掲載され、それがまた編集局長賞をとったのです。そのころの若い男女の交際ぶりは、世間の耳目を集め、ひんしゅくをかってアプレゲール（戦後派）と呼びすてられていました。

パンケーキの誕生

ところが、ここで困ったことには、男女の接近によって、女性の化粧しているファンデーションが、ワイシャツや背広についてしまうことでした。ファンデーションの上から粉おしろいをはたいても、汗をかけば落ちてしまいます。

◀ ピアスカラーの広告5種（昭和28～32年）

そこでマックスファクターから発売されていたパンケーキやレブロンクリームパフが注目されるようになったのです。

パンケーキを一般名のように思っている人も多く、また、それほど有名になってしまいましたが、これはいうまでもなく、マックスファクターの登録商品名です。

パンケーキが初めてつくられたのは一九三七年（昭和一二年）といいますから、思いのほか古いものです。それは天然色映画が生まれたことによって、長時間強いライトのもとで汗をかいても、化粧くずれしないという要求に応えてつくられたといわれています。

パンケーキが最初に使われたのは、ウォルター・ワーグナーのテクニカラー映画「一九三八年の流行」だといいます。しかし、それよりもパンケーキの実力を発揮したのは、ヴィヴィアン・リーとクラーク・ゲーブル主演の「風と共に去りぬ」でした。この四時間近い大作で、戦争場面や雨の中を泥まみれで歩くシーンでも、化粧くずれしないで撮影を順調に進行させたそうです。その驚くべき化粧効果は、パンケーキをたちまち有名にさせました。

パンケーキの語源は、ホットケーキの小型で薄めのものを、もともとパンケーキと呼んでいたので、それに形が似ているところから名づけられたと言われています。

しかし、昭和四七、八年ごろ、当時マックスファクター日本支社の企画部次長堀池道雄氏は、パンクロマチックフィルム（全色フィルム）用のケーキというのが語源だ、

◀ パピリオの車内吊りポスター

と言ってました。いずれにしても、おもしろい商品名なので憶えやすく、ネーミングとしては成功した代表例でしょう。

私には、戦後まだ間もないころ、パンケーキを浦和市内で街頭宣伝していたのを見たような記憶がありました。しかし、マックスファクターが日本支社を開設したのは昭和二八年ですから、あるいは記憶違いかもしれないと思いながらも堀池氏にうかがったところ、支社開設以前にも、終戦後、直輸入し、販売していた、ということで、記憶違いではありませんでしたが、それほどこのネーミングは、だれにでも意表をついたような強烈な印象を与えました。

しかし、当時は肌が荒れるということと、水とスポンジが必要だということで、すべてにインスタント性を要求していた時代にはマッチしなかったのでしょう。二〇年代ではそれほどの普及はみられませんでした。

クリームパフの流行

アメリカでも同じような事情があったのでしょうか、その後、同じマックスファクターから、ケーキに少し油分を補った、つまり少量のクリームとおしろいでケーキ状にしたものが開発されました。また同様のものがレブロンからも昭和二六、七年ごろクリームパフと名づけられて売り出されました。

それは、スポンジも水も不要で、パフで表面をすーっとなでれば、マックスファクターのうたい文句にある〝絹のようになめらか〟に、しかも粉っぽくなく、しっとりと、とれます。パフから離れた粉は、まるで電気を帯びているように肌に吸いつき、滑らかにのびて、薄いベールを被せたように美しく仕上がります。その上、撥水性（水を弾く性質）がありますから、汗ぐらいでは化粧くずれしません、というのですから、この商品はたちまちスターダムにのしあがってしまいました。

日本でもファンデーション類の化粧くずれや、衣類についてしまうという欠点を、このクリームパフが押えてくれるというので、にわかに研究が始まりました。しかし、これはなかなか難しいことでした。戦前にもコンパクトと呼ばれていた固型白粉はありましたが、それとクリームパフとでは、見た目は同じでも使用感がまるで違っていました。

そのころ、私もレブロンのクリームパフの魅力にとりつかれ、研究を始めました。海外の業界誌には、よく化粧品の製造法や処方が読者の質問に答えて掲載されています。クリームパフについても、何度も質問が寄せられていましたが、これに関する限りは一切ノーコメントでした。おそらく、最初につくり出したときは、多分に偶然性があったにちがいありません。ですから難しい込み入った処方ではないと判断しました。クリームという言葉が使われているからには、本当にクリームが入っているのか、あるいはクリームが入っているように、しっとりとしているからなのか、そのどちらかにちがいないと推測しました。

もし前者とするならば、界面活性剤の力を借りてごく薄い乳液をつくり、粉の表面に薄いクリームの被膜をつくればいいのですが、ただひとつ、クリームパフの特徴である撥水性が出しにくくなります。薄い乳液の水をとばしたとき、残ったクリームを親油性にすることは、当時としてはとても困難なことだったからです。

また後者とすれば、撥水性を出すためには、オイル類を粉おしろいの表面にコーティングすればいいのです。ただし、これには溶剤を使わなくてはなりません。

いずれにしても、粉おしろいと乳液をよく混和した後、水なり溶剤なりをとばせば、粉の表面に薄いフィルムができ、粉はしっとりするにちがいありません。

私は後者の考えを押し進め、シリコーンオイルをエーテルに溶かすことによって、レブロンのクリームパフとほとんど変わらないものをつくることに成功しました。

しかし、なにしろ一五〇〇ポンド（六八〇キログラム）という圧力でプレスするのですから、ほんの僅か油分が多くてもおしろいが固まって、パフでこすってもおしろいがパフについてきません。逆に、ちょっと油分が少ないと、粉っぽくて、使っているうちにプレスしたケーキが崩れてしまいます。“絹のようになめらか”にとれ、粉っぽくなく、崩れないばかりか、落しても割れないという、この矛盾したような性質を持たせるためには、数種類も配合されている原料の量と質の研究に、科学以外のセンスが必要になってきます。

私が、化粧品は綜合科学的な芸術作品であると考えるようになったのは、このような研究体験からです。

　外国の雑誌にようやくクリームパフの処方が公開されたのは、昭和二八年（一九五三）六月の『SPC』（Soap Perfumery & Cosmetics Vol. XXVIII　No. 6）で、この種の製品が世界的に流行した年でした。しかし、発表された処方を見て、思わず息をのんでしまいました。それは、私の考えていたものとほとんど同じで、ただ少しパーセントが違っていただけでした。パーセントは、発表のときは操作するのが常識ですし、その手の入れ方までわかりました。人間の考えることは、みんな同じなんだな、とつくづく思いました。マックスファクターが「クリームパフ」を発売したのもこの年でした。

　ともかく、戦後の化粧品の発達は、世界中ほぼ軌を一にしているといってもいいでしょう。おしろい類だけを見ても、戦前の固練白粉、練白粉、水白粉は、戦後はスチック状、クリーム状、液状などのファンデーションになり、コンパクト白粉はクリームパフにと発展しました。もちろん、名前や形態が変わっただけでなく、化学の発達によって化粧効果にも格段の違いのあることは言うまでもありません。

緑色のケーキの効果

　日本流行色協会で発行する『日本伝統色』の編集委員になりましたので収載する三〇〇色を検討していましたら、江戸時代の伝統的な色が、意外に明るく、明度も彩度も高いことがわかりました。

　ところが明治以降になりますと、暗い部分の多かった国民生活からか、急速に明るい色が追放されてしまった感がありました。それは、姉妹編として発行された『明治百年日本伝統色』を見ると一目瞭然で、明治以降の一〇〇色を測定した結果では、明らかに明度、彩度が落ちて暗くなっていることに気がつきます。

　しかし、それでも戦前はまだよかったのです。戦後は第二次大戦による疲弊で、上下の別なく生活から色彩を奪われてしまっていました。ですから、アメリカの原色が氾濫したのも無理ありませんでしたが、この現象を憂えた日本色彩研究所（昭和二年設立）や戦時中設立された日本色彩科学協会（後の日本色彩学会）、昭和二八年に設立された日本流行色協会などの色彩研究家たちによって、植民地カラーを追放して、明るい生活環境づくりが始まったのは幸いでした。

ほどなく、天然色映画の開発、カラー印刷の発達、カラー写真やカラーテレビの普及などによって、ついに〝カラーブーム〟が現出したのです。

そんななかにあって、美しくカラフルになった雑誌やポスターの化粧品宣伝は、どうしても華やかさの点で、メーキャップ化粧品に集中せざるを得ませんでした。そして、これが化粧品だけではなく、ファッションなどいろいろな面で良い影響を及ぼしてきたと思います。

カネボウのステージカラーの広告（昭和44年）

昭和四四年の七月ごろ、当時のカネボウ宣伝部長だった、故宮本重則氏から電話をいただきました。

「高橋さん、どういうわけだかグリーンのケーキが、ものすごく売れるんですよ。調べたらグリーンのあるのはパピリオさんとうちだけなんですが、おたくも売れるでしょう。どうしてでしょうかなあ。わからんですなあ。アハハハ……」

この電話をいただいた翌日、朝日新聞のタウン情報欄に、「うぐいす色のケーキが爆発的な売れ行きを示し、発売しているカネボウとパピリオの二社はびっくりしている」という記事が載っていたので、さすがは宮本さんと感心しました。

この緑色のおしろいについては、前にも書いたように、すでに大正六年発表の「資生堂七色粉白粉」を始めとして、以来、各社の粉おしろいのなかにはたいてい加わっていました。ところが、戦後の粉おしろいのなかには緑色が少なかったので、この緑色のメーキャップ効果を知っている人はごく僅かだったのです。しかし、実際に緑色のケーキの上に肌色のケーキを重ねてみると、確かにきれいに見えることは、だれの目にも明らかでした。なぜ、きれいに見えるのでしょうか。宮本さんの期待にこたえるためには、色の反射率を測ればわかるのですが、当時はまだ、肌の上にぬった色を測定することには熟練を要しました。

そこで私は、日本色彩研究所の川上元郎博士に測定をお願いいたしました。それは、

①素肌
②肌色のケーキ
③素肌の上に肌色のケーキをぬったもの
④グリーンのケーキ
⑤素肌の上にグリーンのケーキをぬったもの
⑥素肌の上にグリーンのケーキをぬり、さらにその上に肌色のケーキをぬったもの

の六通りを自記分光光度計で測定していただいたのです。

その結果は、実測例③では紫–青に見える短波長域の反射率は素肌に比べれば高いが、緑–黄に見える中波長域は素肌よりも低く、橙–赤に見える長波長域になると、再び素肌と並行して高くなっています。

つまり、緑に見える部分が素肌より低く、暗くなっていることがわかりました。当然、例⑥では明らかに中波長域が高くなり、結果として、全体が明るく、素肌の分光特性に非常に近くなっています。

これで、グリーンを下地にぬると、どの色をぬっても自然の肌色に見えるのだ、ということがわかり、昔の人の知恵につくづく感服いたしました。

戦前・戦後おしろい類の変遷

戦前のおしろい類と、戦後のおしろい類の変遷を見るには、出荷数量を調べるよりほかにありません。幸い化粧品工業会に生産実績がありましたが、残念ながら昭和六年から四四年までで、それ以降は打ち切られていました。

その生産統計によると、戦前、最高に生産していたのは、驚いたことに戦争中の昭和一七年で、粉白粉、練白粉、クリーム白粉、水白粉の総合計は二四八二トンで、そのうち粉白粉が約三分の一の七九〇トンありました。

戦後は四四年の最高時で、粉白粉、固型白粉、ファンデーション、その他のおしろい（水白粉・練白粉）の合計が、戦前よりちょっと少ない二三七二トンで、おしろい類全体の生産量は、昭和一七年も四四年も、大体、同じ

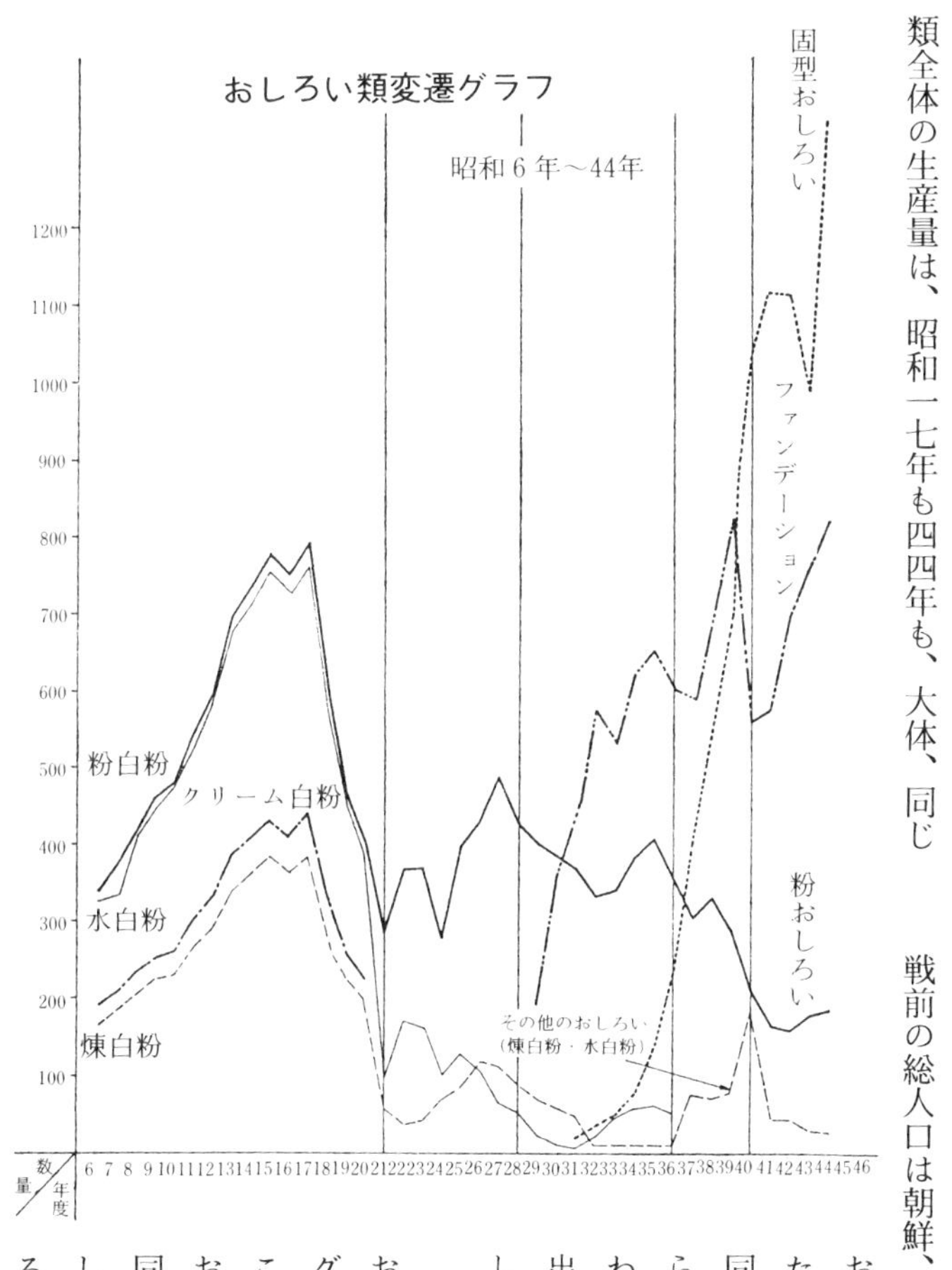

くらいでした。しかし、この中に占める粉白粉の量となると、たいへん少なく、一〇パーセントにも満たない一八六トンにしかなっていないことがわかりました。

戦前の総人口は朝鮮、台湾を入れるので現在の人口とおなじくらいですが、化粧人口はたいへん少なかったのに、現在と同じくらい生産していたのですから、いかに厚化粧をしていたかがわかるでしょう（ただし、戦前の輸出入量は大体、同じくらいとみて相殺しました）。

さらに仔細に検討するために、おしろい類をそれぞれ単品ごとにグラフ化してみたら、おもしろいことを発見しました。戦前では粉おしろいと水おしろいがほとんど同じ数量で、しかも同じ消長を示しているのに対し、クリームおしろいと練おしろいが、これまたた

いへん近い生産量で、同じような消長を示していることです。

ところが、戦後の粉おしろいは、一段と起伏に富んだグラフを示しながら、しだいに減少していきましたが、一方の水白粉と練白粉は落ち込みが激しく、凋落の一途をたどるのみで、ついに工業会でも昭和三七年以降は「その他のおしろい」として一括集計せざるを得なくなってしまったのです。

それにひきかえ、昭和二八年ごろから流行しだしたファンデーションは、粉おしろいの足を引っ張るほどの人気でした。それは、この年からショートスカートがはやりだし、春はチューリップライン、夏はプリンセスライン、秋には真知子巻きがはやるなど、ファッションに対する関心がにわかに高まってきたことと、英国のエリザベス女王戴冠式にちなんだコロネーションカラーの発表などの影響もありました。

ともかくメーキャップは急速に普及しました。このため工業会は、翌くる二九年からファンデーションの生産統計もとるようなったのです。また、二九年ごろから売れだしたクリームパフ類の固型おしろいが、新商品として登場しました。これも三一年から統計を取りはじめましたが、グラフをご覧いただくとわかるように、同じように急カーブで生産は増大しています。これはマックスファクターの「ローマンピンク」や「コーヒーカラー」に始まる口紅プロモーションキャンペーンが、三五年ごろの消費ブーム、レジャーブームを背景に、間接的にメーキャップ製品の需要を高めたからでしょう。

これらのメーキャップ化粧品では、やはり外国製品に〝一日の長〟の感がありました。しかし、パンケーキが汗をかいても落ちないという長所をもちながら、肌を荒らすという欠点があったため、クリームパフが先に普及してしまいましたが、この欠点をカバーするためにベースクリームが開発されたのです。そして、再びパンケーキが登場し、サマー化粧品のエースとして脚光を浴びるようになったのは昭和三八年ごろからでしょうか。

グラフを見ますと、昭和三九年ごろをピークに、ファンデーションと粉おしろいが下がっているのは、その年の東京オリンピックを契機に、テレビが急速に普及したことや、化粧品各社のキャンペーンが始まったこと、さらに翌四〇年夏の異常な暑さ、などの条件が重なってケーキ類や水おしろいの需要が、にわかに高まったことを示しています。

ともかく固型おしろいの統計は、ケーキとパフが加わってカーブは急上昇したのでしょう。もちろん国産メーカー各社も競ってケーキ類を発売し、サマーキャンペーンを軌道にのせましたので、昔のニッパチといわれた夏枯れは吹き飛ばされ、化粧品業界全体の発展に大きく寄与しました。

2（ツー）ウエイケーキの誕生

濡らしたスポンジ・パフでつけるマックスファクターの〈パンケーキ〉と、乾いたパフでつけるレブロンの〈クリームパフ〉が固型おしろい類をリードしていたところへ、昭和五四年ごろ、コーセーが〈2ウエイケーキ〉を発売し、国産化粧品メーカーの新製品として耳目をあつめました。

今まで私は〈2ウエイケーキ〉というのは濡れたスポンジでも乾いたスポンジでもつかえる、というぐらいの認識しかありませんでした。しかし最近（平成八年）になって、本書を出す以上もう少しはっきりとしたことを記録しておかなければいけない、と考えたのです。たまたま元コーセーにいらして去年までエイボンの美容部長として活躍していらした盛田伯さんにお逢いしたとき〈2ウエイケーキ〉の開発者が、現在コーセーの研究所長である宿崎幸一氏であることを聞き、さっそく面会を申し込みました。

四月三日、板橋の研究所を訪問し、最新の測定機器などを見学してから、

「ところで〈2ウエイケーキ〉の発想は――」

「スポンジが濡れていようが乾いていようが、ケーキの表面が変化しなければいいんだ、とひらめいたのです」

「そこで――」

「濡らしたスポンジをつけても、ケーキの表面が濡れないよう、レインコートを着るか、シリコンのようなものを被（かぶ）るか、自分が粉になった気持ちになって試行錯誤したのです」

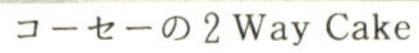
コーセーの２Way Cake

杉本エマのパピリオＢ全ポスター

「私も、といっても四〇年も前になりますが、レブロンの〈クリームパフ〉を目標にシリコンをエーテルに溶かして粉白粉にコーティングして〈ドオルパフ〉という商品をつくったことがありました。宿崎さんは溶媒には、なにをお使いになりましたか」

「エーテルは使いませんでした。回収が難しいですから」

どうやらアルコール可溶性のシリコンオイルを使われたのではないかと推測し、さらにコーティングが均一に行なわれているかどうかの確認方法もお聞きしましたが、難しい、ということでした。

私の研究したのはすでに書きましたように昭和二〇年代の終りでしたが、当時のシリコンオイルは化粧品原料としては滲巡（しゅんじゅん）するほど高価なものでした。

それに、アルコール可溶性のシリコンオイルは、まだ開発されたばかりで撥水（はっすい）性も弱かったので、前述のように溶媒としてエーテルを使うことにしたのです。

エーテルの製造工場にかよい、取扱いの注意などを教わり、製造装置も自分で設計して製作してもらいました。

幸い、エーテルを一〇〇パーセント回収することができたので、事故をおこすこともなく、期待したとおりの商品をつくることができました。

しかし、ほんとうに均一にコーティングしているかどうかを確かめたいと思っていたところ、当時（昭和二八年）慶応大学の医学部に、クラブ化粧品本舗、中山太陽堂の中山太一氏が寄贈した電子顕微鏡があると聞いて、さっそくお願いに行きました。まだ日本に二、三台しかない、という時代でした。慶応では心よく協力してくださったのですが、残念ながら良い結果は得られませんでした。

今回の〈2ウエイケーキ〉の取材から、また、自分の研究したときのことを思い出したのですが、〈2ウエイケーキ〉を新製品開発の成功したケーススタディとしてみるならば、ネーミングとプロモーション活動の勝利、という評価も取材し、加筆すべきだったと反省しました。もっとも、これはすべての商品にいえることですが——。

おしろいの新しい素材

改めて考えてみますと、古代は白土（カオリン）、滑石粉（タルク）、米の粉（ライス・スターチ）など、単品の白色顔料をぬっていたことになるのですが、ノリ・ノビ・ツキなどの点で一長一短があったのです。そこへ、平安時代ごろから鉛白（鉛白粉）と軽粉（水銀白粉）の製法が中国から伝わり、その化粧効果の素晴らしいところから、江戸時代を経て明治時代までのながいあいだ使われてきたのです。

ところが、明治二〇年になって、それまで気がつかなかったことなのですが、おしろいが口のなかに入ったことによる慢性鉛中毒が社会問題となり、再び古代の白色顔料が見なおされ、その長所短所を補うように配合した無鉛おしろいが完成したのです。以来、新しい素材の探索と配合割合などの研究が続けられてきましたが、そのベースはカオリン、タルク、亜鉛華、二酸化チタン、金属石けん、マイカ、スターチなどでした。このようにあげてみますと、古代顔料が現代まで生き続けていることがわかります。

おしろい用の粉体原料の電子顕微鏡写真

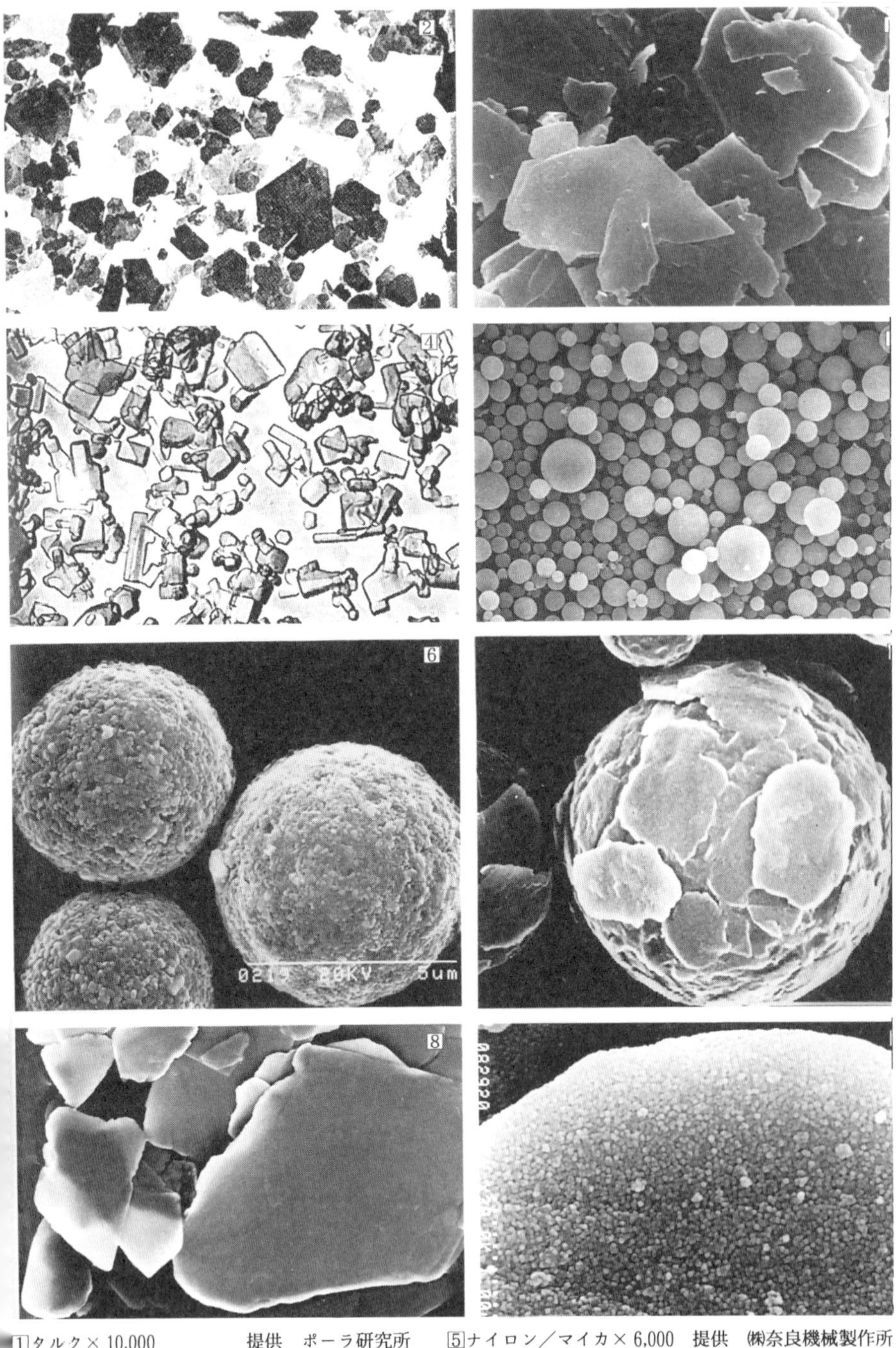

1 タルク× 10,000　提供　ポーラ研究所
2 カリオン× 15,000　『粉体物性図説』
3 ポリメタクリル酸メチル × 10,00　提供　ポーラ研究所
4 亜鉛華× 20,000　『粉体物性図説』
5 ナイロン／マイカ× 6,000　提供　㈱奈良機械製作所
6 ナイロン／チタン× 6,000　提供　㈱奈良機械製作所
7 マイカ／ 1,500　提供　メルクジャパン㈱
8 マイカ／チタン× 12,000　提供　メルクジャパン㈱

おしろい類の粉体原料表

類　別	鱗片状・板状	中　間　形	球　　形	不　定　形
ケイ酸塩類	マイカ、セリサイト	タルク カオリン		バライト、ベントナイト ケイ素土、無水ケイ酸 ケイ酸アルミニウム
金属酸化物		酸化チタン、酸化亜鉛 酸化ジルコニウム アルミナ		
無機塩類				硫酸亜鉛、硫酸バリウム 重質炭酸カルシウム 重質炭酸マグネシウム
セラミック類	窒化ホウ素	窒化ケイ素 炭化ケイ素		
金属石鹸類				ステアリン酸マグネシウム パルミチン酸亜鉛
パール剤	魚鱗箔、マイカ、オキシ塩化ビスマス、金属酸化物被覆マイカ類、樹脂被覆アルミニウム			
合成樹脂			合成樹脂（ナイロン、ポリエチレン、アクリル、ポリスチレン、シリコン etc.） 加工合成樹脂（コンポジット、中空、多穴 etc.）	
天然樹脂				リネンシルク セルロース 酢酸セルロース

昭和五一年にポーラ化成工業研究所の柴谷順一氏に京白粉（鉛白粉）の電子顕微鏡写真をとっていただいたら、水銀白粉とちがって球状でした。ただし、この資料が生(き)白粉(おしろい)でなかったため、20μぐらいの大きな球形の澱粉(デンプン)粒子のまわりに、1μぐらいの小さな球形の鉛白が付着している、という形態でした。しかし水銀白粉（軽粉）が鱗片状の、しかもくずれやすい結晶だったのでノビが良かったのにたいし、この真球の表面に微細な粒子の付着している京白粉は、ころころと、ころがるようにノビたのでしょう。しかし、いずれも化粧効果の点では理想的でした。

一五年ぐらい前に、合成樹脂末の白色顔料が研究開発され、おしろい類に応用されるようになった、と業界紙にその電顕写真が載っていたのを見て、私は、あっ、と驚いたのです。まさに京白粉の電顕写真にそっくりだったからです。もちろん粉体の研究者は鉛白粉のことを知っていたわけでもないと思います。鉛白粉は、前に述べましたように化粧品用としては昭和九年以降製造されていなかったのですから。しかし物理的に、理想の粉体効果をねらって研究開発していたら、おなじような形態になったのでしょう。

続いてチタンコーティングマイカの電顕写真も発表されましたが、これは板状でした。まさに水銀白粉のような形状でした。

最近（平成八年）、ポーラ中央研究所の大郷保治氏におしろい類の基材原料の形態別分類をお願いしましたら『ビューティサイエンス事典』（朝倉書店）に載っている佐野功氏（アサヌマコーポレーション研究所部長）の色材体系図をもとに、分類表をつくってくれました（前ページの表）。

江戸時代までの軽粉、鉛白、澱粉といった白色顔料単品の時代から、明治・大正・昭和へといったカオリン・タルク・亜鉛華などの白色顔料調配合の時代へと進み、さらにマイカチタンコーティングや高分子樹脂、セラミックなどの粉体表面処理顔料の調配合の時代、というように発達の過程をたどることができると思いました。

それと、さらに白一色のおしろいの時代から有色顔料と光彩顔料の組み合わせで、化粧仕上がりの肌色の明度・彩度の問題、とくに照明、写真、ハイビジョンなどに対応できるように発展した、といえるでしょう。

クリームパフの行方

この原稿の校正刷りの出たあとで、レブロンのクリームパフの発売年月を日本のレブロンに問い合わせましたところ、ちょうど、元マックスファクターの広報部長だった二宮（西岡）さんがレブロンに移籍されていまして、「あれはマックスファクターの登録商標で、レブロンではありません。先生のご記憶違いです」とのことでした。しかし私は、はっきり記憶しているのです。

そこで、当時のことを知っている美容家の牛山喜久子先生や、コーセーの研究所長だった田辺量三氏、キスミーの研究所長だった廣田博氏、メイクアップアーチストの清水悌氏などに問い合わせましたところ、みんな、クリームパフはレブロンに間違いない、との返事でした。しかし、残念ながら証拠になる記録がないのです。

清水氏が、たしか『スタイル』に記事広告が出ていた記憶がある、というので、大宅文庫に出かけました。幸い昭和二八年の七月号、一一月号、三〇年の一〇月号、三一年の一月号、九月号がありましたので見たのですが、期待した記事も広告もありません。その頃の『婦人画報』も五冊ばかりあったのですが、やはりありませんでした。

その後、ポーラ文化研究所の村田孝子さんが昭和二九年二月号の『婦人画報』と三一年七月号の『主婦の友』にマックスファクターの「クリームパフ」の広告を見つけてくれました。二九年の広告文のなかには「美しさを取り戻す新しい革命的化粧料クリーム・パフが最近アメリカで発明され日本にも輸入されました」とあり、さらに三一年の広告文には「クリーム・パフ（商標）とはマックス・ファクターハリウッドのクリーム状ベースメークアップのことです」とありました。

クリームパフの広告〈マックスファクター〉
『婦人画報』昭和29年２月号

さらに二宮さんのご示教で神戸のマックスファクター広報部に問いあわせましたところ、会社の記録では「アメリカのマックス・ファクターで一九五三年（昭和二八）にクリーム・パフを発明した」とあるそうです。

これではっきりしました。私の研究対象としていたレブロンのクリームパフは、前述のように昭和二六、七年ごろのものです。ですからその後の二八年にクリーム・パフを発明（?）したマックスファクターは、すぐ商標登録をし、商標権が確立したのでしょう。レブロンのクリームパフは撤退せざるを得なかったのではないでしょうか。

たかが化粧品のことと思われるでしょうが、華やかな化粧品宣伝のその裏に、熾烈な戦いのあったことを想像せざるを得ませんでした。

黒の章

眉化粧とお歯黒のものがたり

1　黒のイメージ

　黒い色に象徴される感情は、沈黙、厳粛、静寂、堅実、暗黒、悲哀、絶望、不正、罪悪などのほかに高級、上品、シックといったイメージもあります。

　このようにひと口に黒といっても、最初の章の赤と同じように、まったく反対に近い意味あいをもっていることに気づくでしょう。諸橋轍次の『大漢和辞典』によりますと、〝くろ〟を意味する漢字はたくさんありますが、よく使われるのは玄と黒と皁（皂）です。

　玄という色は少し赤味を帯びた黒い色です。玄衣・玄裳・玄端（くろい喪服）、玄旗（くろい旗）というように濃い黒色です。化粧関係でも玄鬢、玄眉、玄的（つけぼくろ）などがあります。玄玉漿というのはブドウ酒のことだといいますから、黒に近いワインレッドと思えば色味が想像されるでしょう。

　黒は、中国でも日本語の〝くろ〟の語源といわれている、暮れる、暗くなる、暗闇夜と同じです。赤や白の場合とおなじように、自然界の情景から生まれた感情表現なのでしょう。

　したがって、黒は、それこそ真っ黒ですが、黒衣、黒舄（くろいくつ）ぐらいで、玄ほど衣服関係に使われていないのは真っ黒に、美しく染めるのは難しいという染色技術の問題からでしょうか。しかし、化粧関係には黒肌、黒子（ほくろ）、黒歯（おはぐろ）、黒髪、黒眉、黒鬢、黒毛など、たくさんの用語がみられます。

　皁は、中国では橡の実のことをいいます。皁で染めた黒い服を着たのは身分の低い官吏で、皁衣吏といったくらいです。皁は、黒は黒でもくすんだ黒だったようです。

　玄、黒、皁以外にも、黄味を帯びた黒を黚、黔、青味を帯びた黒を黝、その他、たくさんの黒色の語彙のあるのには、さすが文字の国だと改めて感心しました。

　前述の皁の俗字で皂を使った皂色と涅色は、ともに日本では〝くりいろ〟と読ませています。涅とは墨のことで黒く染めるという意味です。涅髪は白毛を染めること、涅歯は歯を黒く染めること、つまりお歯黒のことです。髪や歯を染める目的のひとつは、黒く、艶やかに美しくすることにあります。

2 黒髪

中国でも髪は長く黒いのが美しいとされていました。そのため澤という化粧品が使われていました。これは光澤を出す髪油です。「澤」は現在、鹿児島県揖宿郡にある枚聞神社のご神宝、「松梅蒔絵手箱」という化粧道具のなかに納められているものが、いちばん古いものと思います。中国の南宋末の青白磁蓮弁牡丹の壺形です。大永三年（一五二三）の目録といっしょに納められていました。広口の壺に入れた綿に丁字油などを染み込ませたもので脂綿とも呼ばれていました。

澤　青白磁蓮弁牡丹の壺形
枚聞神社所蔵

日本でも奈良時代から上流階級では澤が使われ、髪を長く、黒く、艶やかに、と努力していたのです。〝漆黒の髪〟とか〝髪は烏の濡れ羽色〟と形容されてきたのは、艶やかな黒髪こそが美しい、という美意識があったからです。

奈良時代には結髪していましたが、平安時代に入り、一〇世紀ごろになると、それまでの唐風文化の時代から、いわゆる「国風文化」が創り出され、黒髪を長く垂らす垂髪の時代になります。

よく引用される話ですが『大鏡』にでてくる村上天皇の女御芳子は、皇居へ参内するため牛車にお乗りになったとき、お身体が車の中に入っても、まだお髪が母屋の柱のもとにあったというのです。

この描写から、女御芳子のお髪の長さを五メートルと

重文住吉物語絵巻　鎌倉時代

推定された方もいますが、私は牛車といっても小さな宮廷内の、いわば小形車のようなものと考えますから、三メートルぐらいではないかと推測しています。

しかし現代の皮膚医学界では、人間の髪はそんなに長くはならない、といいます。

髪の成長は、一日平均〇・四ミリメートル、一か月一センチ、一年で一〇センチくらい、髪の寿命は三年から七年で抜け変わりますから、日本人の髪の長さは平均七〇センチから八〇センチ、つまり腰のあたりまで、というのです。

いま、日本人は、と言ったのは、中国人は九〇センチから一メートル、欧米人は五五センチから六五センチ、黒人は二五センチから四〇センチと、人種によって違うということです。

平安朝の文学作品、たとえば『紫式部日記』などに、美女の髪の長さを「丈(たけ)に尺(しゃく)あまる」と表現しているのは、身の丈五尺プラス一尺で六尺ですから、およそ二メートルぐらいになります。これは医学的に見てあり得ず、髢(かもじ)をつけているのだ、というのが近代医学の考えです。

たしかに古くから髢（加文字）はありますが、それは年をとると髪が少なくなるので、付け毛（添え毛）をしたものです。ですから若い人でも髪の少ない人は髢をつけることもあったでしょうが、当時は現代とちがって髪の手入れがよかったので、一般的に長く、毛も太く、しかもたっぷりあったのです。

中国の古い医書を読むと、いかに髪を長く、艶やかに美しくするか、という漢方の処方がたくさん載っています。中国の人びとは長く艶やかな髪に執着していたのでしょう。その美意識は日本人にもうけつがれていたのです。

ですから日本でも古くから椿油や胡桃油、胡麻油を常用し、毎日のように梳櫛で梳いていたのです。

遊女勝山から勝山髷流行

公家や上級武家階級の女性たちの髪型は、江戸時代に入っても依然として垂髪だったのですが、遊女や歌舞伎役者などから、唐輪髷や兵庫髷などが生まれ、さらに島田髷や勝山髷などが流行し一般化していきました。

それぞれ髷の名に由来がありますが、勝山は江戸吉原の遊女勝山が結いはじめたのです。

『異本洞房語園』（一七二〇〈享保五〉年）に、「承応・明暦の頃（一六五二〜五七年）新町山本芳順が家に勝山といふ太夫ありし、元ハ神田丹後殿前、紀伊国風呂市郎兵衛といふもの方に居りし風呂屋女なりしが、其頃風呂屋女、御停止にて勝山も親里へかへり、又、吉原芳順方へ勤に出たり」とあるように、勝山は吉原の太夫でした。

身許については、『色道大鏡』に「未レ詳二其姓氏一武州八王子之人也」とあるだけではっきりしません。

神田雉子町（現在の神田司町二丁目）の堀丹後守の屋敷近辺には、湯女をおいた風呂屋が多く、とくに丹後守の屋敷前にあったので、丹前風呂とよばれていました。湯女は昼は客の頭を洗い、背を流す、いわゆる女三助ですから、現在のソープランド嬢のようなものです。夜になると酒肴がはじまり、二階へ上がって春を鬻いだのですが、勝山だけは毅然として客を受けつけなかったので人気は抜群でした。

勝山は生まれ育ちのよかったせいか、目鼻立ちのととのった稀にみる美貌のうえ、教養も高かったので、江戸

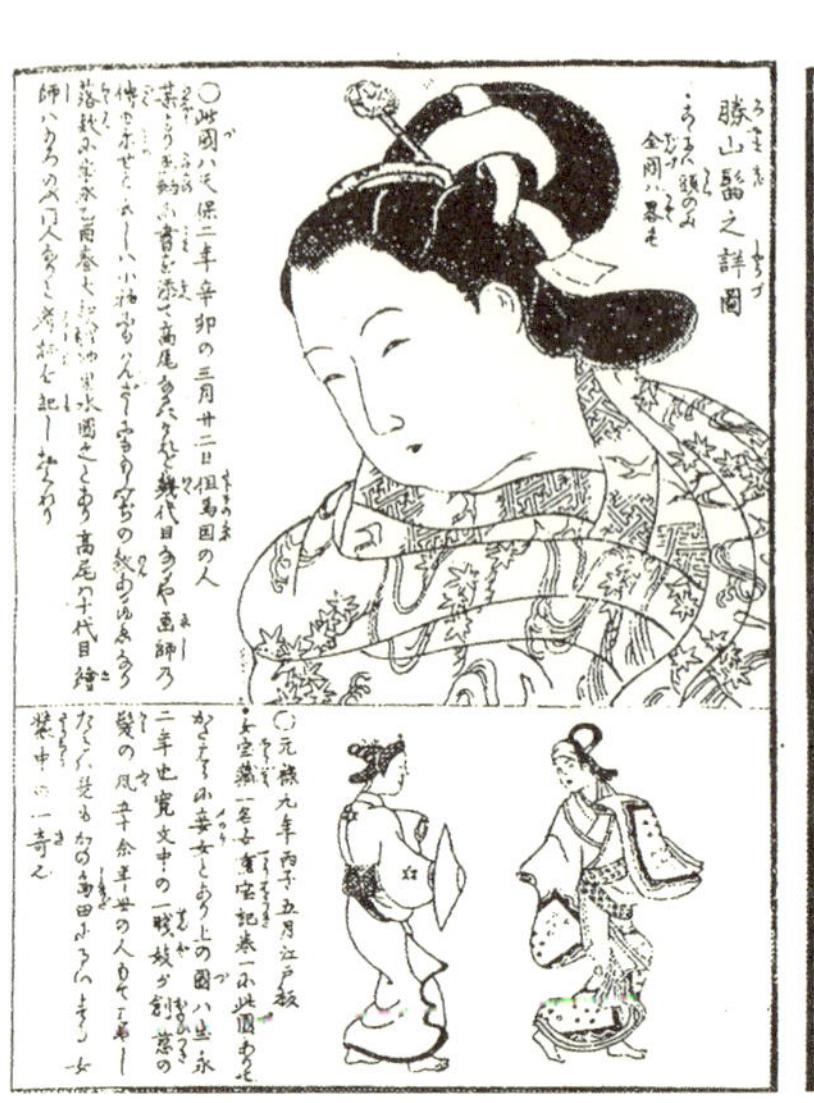
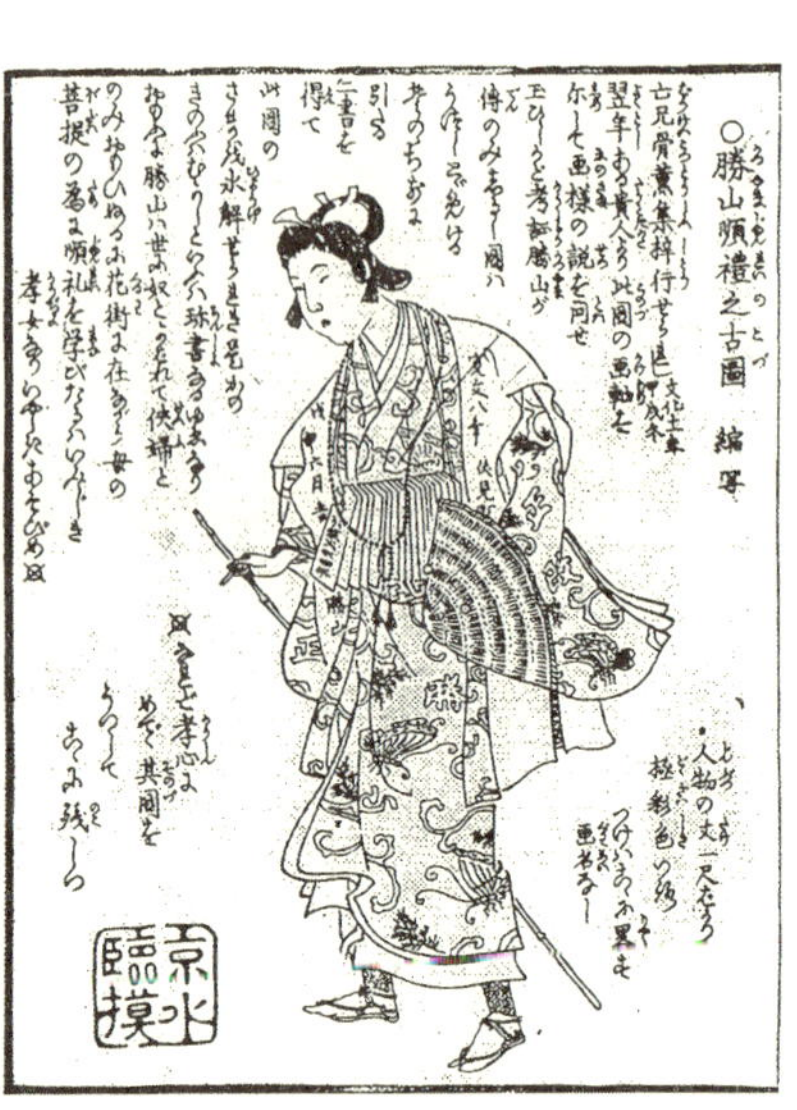

初期の勝山髷　『歴世女装考』〈勝山順礼之古図〉
左上は勝山髷を結った高尾太夫

中の評判湯女になりました。

湯女風呂には旗本の不平分子と、これに対抗する町奴が集まり、人気湯女を奪い合って血の雨を降らせました。幕府はこのようなこともあって湯女風呂の存在を苦々しく思っていたところ、明暦三年（一六五七）正月の大火で江戸の町一帯が焦土と化したので、この機会にと、吉原を浅草日本堤千束村に移すとともに、一切の私娼を禁じ、湯女風呂も廃止させたのです。

同年八月に新吉原が完成したので湯女は女郎に転身させました。勝山はいったん国元に帰ったのですが、新しくできた伏見町の山本芳順に呼ばれ、太夫として売り出しました。この異例の出世は、おそらく、もとからいた公娼の遊女と湯女あがりの遊女との確執を防ぐための重用でもあったのでしょう。もちろん、彼女の実力もあったからです。

なにしろ元吉原の遊女は意気張るといって客を振ることもありますが、湯女あがりは処遇に差があったので、客を振ることなく稼いだため、散女女郎といって蔑まれました。散茶とは碾茶、粉茶のことで、「振らなくて出る」というところから名づけられた蔑称です。

しかし、元吉原の遊女も勝山には一目おいていました。勝山が山本芳順方から揚屋へ行く太夫道中の初日は、嫉妬と羨望の入りまじった弥次馬気分でたいへんな人だかりだったということです。

勝山が創案した評判の髪型は、「白き元結にて片曲のだて結ひ、勝山風とて今にすたらず、揚屋ハ多右衛門にて初ていづる。家々の名とりども勝山ミんと両側に群り居たり。けふはじめての道中なれども八文字をふみて通りし粧ひ器量おしたて又並なくミえしとぞ」(『洞房語園』)。

勝山髷は根をとった髻をうしろから前へ大きく曲げて輪をつくり、髪の先を髷の内側へ入れ、根の部分に平元結でむすびつけたものです。これは下げ髪をしている御殿女中が結った「片外し」という髪型に似ていました。ただし御殿女中は大きな笄をさしていて、笄を抜けば正式の下げ髪になるようにくふうされていたのです。『歴世女装考』には、寛文八年(一六六八)と記された順礼姿の勝山が描かれているので髪型を理解することができます。

末期の勝山髷　『都風俗化粧伝』

さて、勝山は自分のおかれた立場を知っていたのでしょう、新造・禿を従えて現われ、京島原の「内八文字」にたいして江戸風の「外八文字」で悠然と歩き出しました。それは初めての道中とはとても思えない落ちついたものだったので、見物人はみな息をのんだということです。

約一五〇年後の一八一三(文化十)年刊『都風俗化粧伝』にも、勝山髷が当時流行の一九種類のなかに入っています。しかし、初期の勝山の結ったものとはまったく型が違っています。注に「ふくわげ(吹髷)を長く少し高くしたる也」とあるように、髷の型がちがい、鬢が出ています。つまり当世風になっているのですが、さらに一七年あとの一八三〇(天保元)年に出た『嬉遊笑覧』には、「勝山とて丸曲の高大なるをいひしが、今は(この形)

廃れたり」とあります。

江戸時代の前期と後期とでは名称は同じでも髪型はまるっきり違いますし、また後期になると、流行のサイクルが短くなっていることがわかって興味深いのですが、まだ研究はされていないようです。

髪型と襟足

垂髪ならばツバキ油かクルミ油を少しつけ、梳櫛でたんねんに梳くので汚れないのですが、結髪となると鬢付油をたっぷりつけなければならないので、髪が汚れやすくなります。それに、襟足の上の髱が下がると小袖の襟を汚す心配がありましたから、髱刺のような小道具をつかって、髱を上へ持ちあげる工夫をしました。

さらに衣紋を抜いて着るようになると、襟足が大きく開いてくるので、そこに新しい美意識が生まれたのです。襟足の化粧は、自然の生え際の毛を抜いたり剃ったりして、形をととのえたのち、襟白粉をぬって美しく形づくったのです。

『守貞謾稿』によると、上方で二本足、三本足とよばれていた襟足は、江戸では一本足、二本足とよんだそうです。上方は上の方から髪の生え際を数え、江戸は下の方から襟の地肌の山形を数えたのでしょう。

きちんと調査をしたわけではありませんが、一般的に襟足の際立っていない坊主襟の人が七～八割ぐらいで、次いで上方でいう二本足の人が二、三割、三本足の人は一割もいないようです。

襟足も三本足を細く描くと襟首が細く見えるので、現在の島原の太夫さんや祇園の舞妓さんのような特徴的な襟化粧が生まれたのでしょうが、私にはどうしても、こ

婦人たしなみ草　国貞画　ポーラ文化研究所蔵▶

の襟足の形が美しいとは思えないのです。

なぜなら日本の伝統的化粧を色彩の面からいいますと、赤・白・黒の三色配色が基本だからです。あの三本足は、髪の黒と、茶色っぽく見える地肌と、白粉の白という配色ですから、日本の伝統的な化粧美からはほど遠いと思うのです。

喜多川歌麿の浮世絵に襟足の美しさを描いたものがいくつかありますが、いまの太夫さんや舞妓さんのような襟化粧を描いたものはありません。本来の地髪を美しく形どったものばかりです。

それにしても、どうしてあのような太夫さんや舞妓さんの襟化粧が生まれたのでしょうか。また、いつ頃からそうなったのでしょうか。

私は島原の太夫さんが実際に化粧するところを撮影する機会を得てびっくりしました。太夫さんが自分で顔の化粧をし終わると、突然美容師さんが来て、襟に金型（かながた）をあてて白粉を板刷毛で塗りはじめたからです。もちろん、あの三本の襟足はすぐにできあがりました。

聞くと、襟足のない坊主襟の人も、二本足の人も、みんなおなじ三本足の金型だから、これなら早くできるわけです。私は啞然（あぜん）とし、悲しくなりました。金型を考案した人は、自分が日本人の伝統的な美意識をふみにじる結果になろうとは夢にも思っていなかったのでしょうが結果は一種の罪悪で、私は憤りさえ覚えました。

それにしても、このような襟足はいつ頃からできたのでしょうか。ご年輩の芸者さんに聞いてみたのですが、どうも戦前にはなかったらしいのです。

この話を風俗史研究家の三木三郎さんに話したところ、金色版高級印刷「都風俗（京の葛原）太夫盛装」という、戦前の絵ハガキを見せてくださいました。この中の太夫の一人はうしろ向きになって、まさしく江戸時代以来の伝統的な三本足の襟化粧をしていたのです。

やはり、すべてにわたってインスタントを喜んだ戦後の産物でしょう。太夫さんや舞妓さんには、髱と衣裳のあいだに見える、魅力的な色彩調和をはかっていた襟足の美しさをぜひ再現してほしいと思うのです。

江戸で髱が出るようになったのは、鈴木春信の活躍した明和期（一七六四〜七一年）ころですが、一七七〇（明和

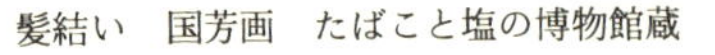
髪結い　国芳画　たばこと塩の博物館蔵

婦人手業拾二工　髪結い　歌麿画

七）年、四六歳の若さで急死した春信のあとをうけて磯(いそ)田湖龍斎(だこりゅうさい)は安永（一七七二〜八〇年）のはじめごろから春信風を脱却し新しく独自の作風を創作しました。その特徴のひとつは鬢を張り出したことですが、それにはおそらく上方で出版された一七七九（安永八）年刊の『当世かもじ雛形』という、いわば現在のヘアスタイルブックの生まれる素地が安永のはじめごろからあったことを裏づけているように思います。

鬢がしだいに張り出してきた、という髪型の変化のさまは、安永・天明・寛政と活躍した湖龍斎や鳥居清長(とりいきよなが)、歌麿などの遊里に取材した絵画作品に見ることができます。

髪型の流行を生んだのは歌舞伎役者や遊女だけではありません。芝居は観客にとっても晴(ハレ)の場で、前々からいそいそと準備おこたりなく、着る物はもちろん髪型から化粧、履物(はきもの)にいたるまでよそ行きに着飾りました。

一八一九（文政二）年刊の『容顔美艶考(ようがんびえんこう)』に、「能芝居(のうしばい)見物のけはひ」「かほみせおどり行のけはひ」などとあり、「勧進能(かんじんのう)又ハ、しばゐ見物の節、さんじきなどにてハ高き

葉うた虎の巻 国周画 ポーラ文化研究所蔵

女粧三十六貴銭 東京高名女髪結 ポーラ文化研究所蔵

所ゆへに、おほぜいの人々に下より見上らるゝ事なれハ、御こゝろへが第一なり」とさとしています。

江戸っ子はお能や芝居見物、お花見、船遊びなど、出かけるときには粧いをこらし、身づくろいをするのが身だしなみだったのです。

そのたびに女髪結にたのんで流行の髪型に結ってもらいました。もともと女髪結という職業があったわけではなく、手先の器用な人が頼まれて結っているうちに職業のようになったのですが、一七九四（寛政六）年開板の『虚実柳巷方言』にも、「当時流行――女医者、女髪結、汐せの袋物……」とあるほどの繁昌ぶりでした。

ところが、髪を結っている、いっ刻ばかりの間に、話題は贔屓役者のうわさから、髪型、化粧品、小袖の流行から食べ物へと発展します。これが幕府の奢侈禁止政策に水をさすような結果になったので、しばしば女髪結の転廃業から禁止令まで出したのですが、いっこうに衰える気配はなかったのです。

幕府も一八五三（嘉永六）年五月の調べでは、「探索および候処、惣人数千四百人余も有之哉ニ相聞……」と記録されています。この人数は、江戸一〇〇万都市とおなじ地域の東京都の人口一〇〇〇万のエリアにある美容院の数が、およそ一万四千余軒ですから、正比例しています。むしろ、女性人口の少なかった江戸時代の女性の方がおしゃれだったといえなくもないでしょう。

ともかく魚河岸、芝居町、遊里、芸者町などに集まる男も女も、鬢付油をなでつけ、余所行に身を飾って出かけたのです。

薫れるは伽羅の油か花の露　（明暦二年『玉海集』・一）

花の露は良い匂いの化粧油。伽羅之油とおなじように麝香と龍脳の香りです。江戸の流行発信地は馥郁たる芳香にみちみちていたのでしょう。

椿油とオリーブ油

先だって（平成八年九月）、月刊『びゅ〜らいふ』という、美と健康の雑誌の倉林編集長が、メイ・牛山先生にインタビューをしたいというので、ご紹介かたがたご一緒しました。

メイ先生は八五歳ですが、たいへんお元気で、お髪が真っ黒なので、なにが秘訣かおたずねしましたら、いまは染めていらっしゃるとのことでしたが、

「むかしは、うちの庭に大きな椿の樹がありましたので、椿の実を布袋に入れて叩きつぶして、それで髪を洗いましたの。汚れがよくとれて、髪はさらさらして、真っ黒になるんですね」

「そういえば、椿油やオリーブ油でオイルリンスをする人もいますけど」

「しかし、それだとぺちゃっとしてしまいますね。いまのヘアスタイルにはあいませんですね。どういうわけか、椿の実をつぶしたものは、お湯につけると乳化したように白く濁るのです。自然物というものは不思議なものですね」

「そういえば糠袋もそうですね。お湯につけると乳化して薄い乳液のようになるんです。本当に、自然物というものは不思議ですね」

ふと、むかし大島の娘の髪の長い写真を見たことを思い出し、日曜日でしたが大島椿の岡田昌啓社長さんのご自宅に電話し、大島の髪長美人の写真をお見せいただけるようお願いしました。

大島の髪長美人（昭和初期）　大島椿蔵

「さあ、一〇〇パーセント見つかるかどうか、お約束できませんが、ともかく、捜してみましょう」とおっしゃって、すぐ見つけてくださったのがここに掲載した貴重な写真です。

東京でも、第二次大戦前までは、身の丈(たけ)よりちょっと短いぐらいの人はわりといましたが、これほど長い人は珍しかったのではないでしょうか。

こういう髪でしたら椿油をつけてもいいでしょうが、たしかに現代のヘアスタイルではむずかしいかもしれない、と思いましたが、それならヨーロッパの人はオリーブ油をつけても、ぺちゃっとならないのか、と考えました。椿油もオリーブ油も、成分はほとんど変わらないのだからと、さっそく日本オリーブの研究所長仲崎三郎氏（現常務取締役）に電話しましたら、「ヨーロッパではオリーブ油を地肌にすり込んで、三〇分から一時間ぐらい経ってからシャンプーするので、ぺしゃっとならないんですね。私どもも、これにヒントを得た商品を開発しています」

「なるほど、プレシャンプーですか」

お話ししているうちに、以前、化粧史に造詣(ぞうけい)の深い服部亨社長（現相談役）と仲崎さんと三人でお逢いしたとき突然、社長さんが

(上)大島椿油、(中)オリーブ・オイル、(下)オリーブ・フォーム

「高橋さん、東京にもオリーブの樹があるのを知ってますか」

「え！　本当ですか、しかし実(み)は成らないんでしょう」

「いや成ってますよ、新橋ですから行ってみましょうか」

　オリーブといえば地中海沿岸、日本でも瀬戸内海に面した牛窓(うしまど)や小豆島(しょうどしま)という温暖地でないと見られないと思っていたので、びっくりしました。それは本当に立派なオリーブの大樹で、実も、たわわについていました。その後、東大農学部のそばにもありましたから、まだ東京にもあるでしょう。

　ともかく、大島のアンコのような垂髪では現代生活にはうけ入れられませんから、パーマやヘアカラリングの流行になるのでしょうが、やはり髪は傷みますから、自分の髪にあったヘアケアをする必要があると思います。

黒髪のチャンピオンを訪ねて

　いまでもたんねんに手入れをして身の丈にあまる黒髪を保っている人がいました。

　昭和五五年ごろだったと思いますが、見るともなしにテレビを見ていたら「髪長美人コンテスト」というスーパーが流れ、身長よりも長い髪の女性がたくさんステージにあがっていました。

　一位になった女性をさっそく取材しようと思ったのですが、テレビ局はプライベートをまもるということで、住所も電話も教えてくれませんでした。

　翌年、昭和五六年二月一四日付の『朝日新聞』に「日本人も躍進　ギネス八一年版髪の長さを競う女性ら」という見出しで、「世界一髪の長い人間の項で、初代チャンピオンの栄に輝いたのは東京都狛江市の会社員山崎弘子さん（三五）。小学校四、五年のころからもう四半世紀、一度もハサミを入れたことがないという。髪の長さは、つむじから測って二メートル三二センチ」とありました。まさに平安朝髪長美人の現代版です。

　さっそく狛江市の電話番号を調べ、山崎さんに、電話で、お目にかかりたいのですが、と申し入れましたら、小田急線の経堂駅前の喫茶店で逢いましょう、ということになりました。

　ところが、その日お見えになった山崎さんは髪が短

朝日新聞（夕刊）　1981年（昭和56年）2月14日　土曜日

日本人も躍進　25人が登場

ギネス81年版　髪の長さを競う女性ら

新聞に紹介された世界一髪の長い女性

かったので、びっくりして「髪を切ってしまったのですか」と、きっと残念そうに言ったのでしょう。にっこり笑って「かつらを被っているのです。髪はこの中にくるくる巻いて入っているのです」ということで、とうとう世界一の長髪を拝見することはできませんでした。

洗髪は週一回、日曜日の朝八時からお風呂に入って洗い終え、髪を六畳間いっぱいに扇状に広げて遠火の石油ストーブですっかり乾かすと、もうお昼すぎ、ということです。

平安時代はもっとたいへんだったと思います。夏の暑い日に、泔とよんでいたお米のとぎ汁を持って河原に行って洗い、戸板のようなものに広げて乾かし、帰ってから香を焚きしめると、もう陽はとっぷり暮れるということですから、まさに一日仕事です。

いまはシャンプー、リンスもあって、お湯もすぐ使えますからいつでも洗髪できますが、それでも二メートルもあると半日仕事。髪長美人も楽ではありません。

ともかく、山崎さん以外にもテレビに出場していた昭和の髪長美人はたくさんいましたし、戦前の絵や写真をみても身丈ほどの人はざらにいたのですから、平安美人は髢ではなく、自髪だったに間違いありません。

丈なす翠の黒髪も、歳を重ねるにしたがって痩せ細り、あるいは白髪になるのは仕方のないこと、とはいえ、やはりいつまでも美しい黒髪でいたいという願いは男も女も変わりありません。ヘアダイの市販されていなかった時代ですから、白髪を染めるのにも苦労があったようです。

斎藤別当実盛の首実験をする木曽義仲　平家物語絵巻

白髪染めの元祖はダンディ実盛

白髪染め、というと『平家物語』の斎藤別当実盛の話を想い出します。

平安末期の武将として名高かった実盛は、最初、源為義、義朝に仕えていましたが、後に、平宗盛に仕えました。

寿永二年（一一八三）に木曽義仲を討つとき、今度のいくさが最後の出陣になると覚悟して、赤地の錦の直垂、萌黄縅の鎧を着用し、髪と髭を黒々と染めて出陣しました。味方の軍勢がみんな逃げ落ちた後も、ただひとり踏みとどまって奮戦し、ついに力つき、平塚太郎という武者に討たれてしまいました。実盛は最後まで名を名乗らなかったので、太郎には名のある武将のように思えたのでしょうが、誰だかはわかりませんでした。しかし義仲は首実験をしたとき、実盛にちがいないと思いました。なにしろ幼い時の記憶でもすでに髪に白いものがあったので、今なら真っ白のはずだ、髪や髭の黒いのはどうもおかしいと思って、実盛と親しかった樋口次郎を呼んで首実験をさせました。すると次郎はひと目みるなり、

▲玉屋の景物本

「実盛に相違ありません。かねがね老武者として侮られないようにと髪を染めておりましたから」というなり、はらはらと涙をこぼしました。

さっそく髪を洗わせると、次郎の申し立てたように白髪になったという話です。

洗ってすぐ落ちたのですから、おそらく墨をぬっていたのだろうと思います。あるいは、古くから行われていた石榴の皮を煎じた汁とか、黒大豆と酢を煎じた汁をぬっていたのかもしれません。

この実盛の逸話は、謡曲や浄瑠璃、歌舞伎などに脚色されて、聴く人の涙をそそりました。ですから六百年ぐらい経った江戸時代の半ばになっても、落ちにくい白髪染め「黒油美玄香」が「仙女香」で有名な坂本氏から売り出されたとき、

今ならば実盛も買美玄香　（柳樽一六七　23）

と、川柳にも詠まれたほどでした。

また、玉屋という有名な紅問屋の、今でいうPR誌『玉屋の景物本』のなかにも、

京都出店　日本橋通本町三丁目角　たまや

一　丁子香清白粉
一　白牡丹清白粉
一　雪の玉清白粉
一　玉かつら清白粉
一　五大力清白粉
一　小町香清白粉
一　玉椿香油　薬
一　梅花清水油
一　椿清水油
一　花の清水

「俺には黒油をくりやれ、実盛ではないが……」

とあります。江戸時代の白髪染めは黒油とか、白髪染めの黒鬢付（くろびんつけ）と呼ばれていましたから、現在の黒チックのようなものだったのでしょう。油脂に油煙を練り合わせたもので、これなら水で洗っても落ちる心配はなかったと思います。

漆黒（しっこく）の黒髪から茶髪（ちゃぱつ）へ

近代に入り日本人の黒髪にたいするあこがれ、美意識は、しだいに変化しました。とくに日露戦争のあとの新聞・雑誌や交通の発達により服装や髪型、化粧が急速に洋風化し、識者（しきしゃ）の眉をひそめるような風俗が生まれました。明治四三年発刊の『新式化粧法』のなかで、著者藤波芙蓉（ふよう）は、

近来一つの悪い弊風（へいふう）が、或る一部のいやにハイカラがる婦人の間に大分勢力を占めつゝ行はるゝやうになつた。それは外（ほか）でもなく、折角日本人に釣合ふべく造化より賜はつた房々しい黒髪を鏝（こて）で焼き、又は薬剤を用ひてワザワザ縮れさすといふこと是れである。

と嘆いています。さらに第一次世界大戦のあとは、これまでの白い肌に小麦色の肌色という新しい美意識が加わり、おしろいも白から多色へと発展しました。その結果、伝統的な黒髪の調和が難しくなったのです。

　この風俗は昭和になると一般の娘たちにも普及したようです。昭和五年に出た『風俗雑誌』に、

　昔は縮れつ毛と云へば、嫁に行く資格を失つたものの如くされてゐたものが、お時勢は有難いもので、昭和の今日では却つて縮れつ毛や混血児が幅を利かす。みどりの黒髪と歌にまでうたわれたその日本婦人の大切な看板を、惜し気も無く焼いたり断つたり、一パーセントでも毛唐に近づかんとしてゐるのが今の娘達である。しかし持つて生れた眼の色だけは、コテや白粉ではどうにもならない。孔雀の羽根を挿した鳥の悲哀である。

と皮肉っています。

『風俗雑誌』に描かれた銀座のモガ・モボ
（昭和５年、林唯一画）　自蔵

　第二次大戦後、この傾向に一層拍車が加わり、髪の色からは漆黒が消え、メーキャップも真っ白なおしろいから日焼け色のファンデーションになり、口紅の赤も驚くほど多彩になりました。

　ついに平成の現代になると、若者のヘアファッションに、異様とも思えるヘアスタイリングやヘアカラリングが現われてきたのです。まさに現代版〝バサラ風俗〟といえるでしょう。

　バサラは、婆娑羅と書きます。小学館の『日本国語大辞典』には「みえをはって派手にふるまうこと。おごりたかぶって贅沢であること。ほしいままに乱脈なふるまいをすること」とあります。バサラ風俗については、こ

のあとでも触れますが、中世の若者たちのあいだで流行った異様な風俗のことです。

ところで、七〇年代にヤンキーとよばれた女子学生をテレビがドキュメンタリー風にとらえたことがありましたが、そのなかで赤く染めた髪が若者たちの感性を著しく刺激したのです。

また、八〇年代に流行したサーフィンを楽しむ若者たちは、波しぶきと強烈な紫外線で髪が脱色し、赤くなったのですが、それがまた、日焼けした肌色に意外な調和をみせたのです。さらにこれに追いうちをかけるように新しいヘアダイ化粧品が次々と開発されました。

そのようなことがあって、九〇年代に入り、サーフィンに憧（あこが）れる陸（おか）サーファーとよばれた若者たちのあいだで、髪を脱色し、赤く染めた「茶髪（チャパツ）」やサーフィンメイクが流行するようになったのです。

髪の色にたいする新しい感覚は、フェザーとかライトといったファッション感覚にフィットしたのでしょう。

一般の中年の女性たちのあいだでも、しだいに黒髪は重苦しく感じられ、脱色・染毛するヘアファッションが風俗として定着するようになったのです。

漆黒の黒髪なればこそ、伝統的な「赤・白・黒」の配色美でした。しかし、いま実際に髪を赤く染めている若い女性のひとりに聞いたところ、思いがけず「黒髪の美意識は、完全に消え去ることはないでしょう」という答えが返ってきました。

これが伝統というものなのだな、と安心していたのですが、平成七年になると、この茶髪は一部の流行から、しだいに広まってきました。そして茶髪の話題が、ついに平成八年二月八日の朝日新聞の「天声人語」にもとりあげられるようになったのです。

記録として転載させていただくと、《▼北海道木古内（きこない）町の居酒屋で、木古内署長が、顔身知りの会社員が髪を茶色に染めているのに腹を立て、飲みかけのビールを頭からかけた。その場は収まったが、いっしょにいた次長が、いったん店を出たあと舞い戻り、署長をいさめた居酒屋の店主を小突いたりけったりした。署長五十一歳、次長五十五歳、会社員二十歳▼とんでもない、かつ、おとなげない話である。酒を飲まなかったら、茶髪の青年

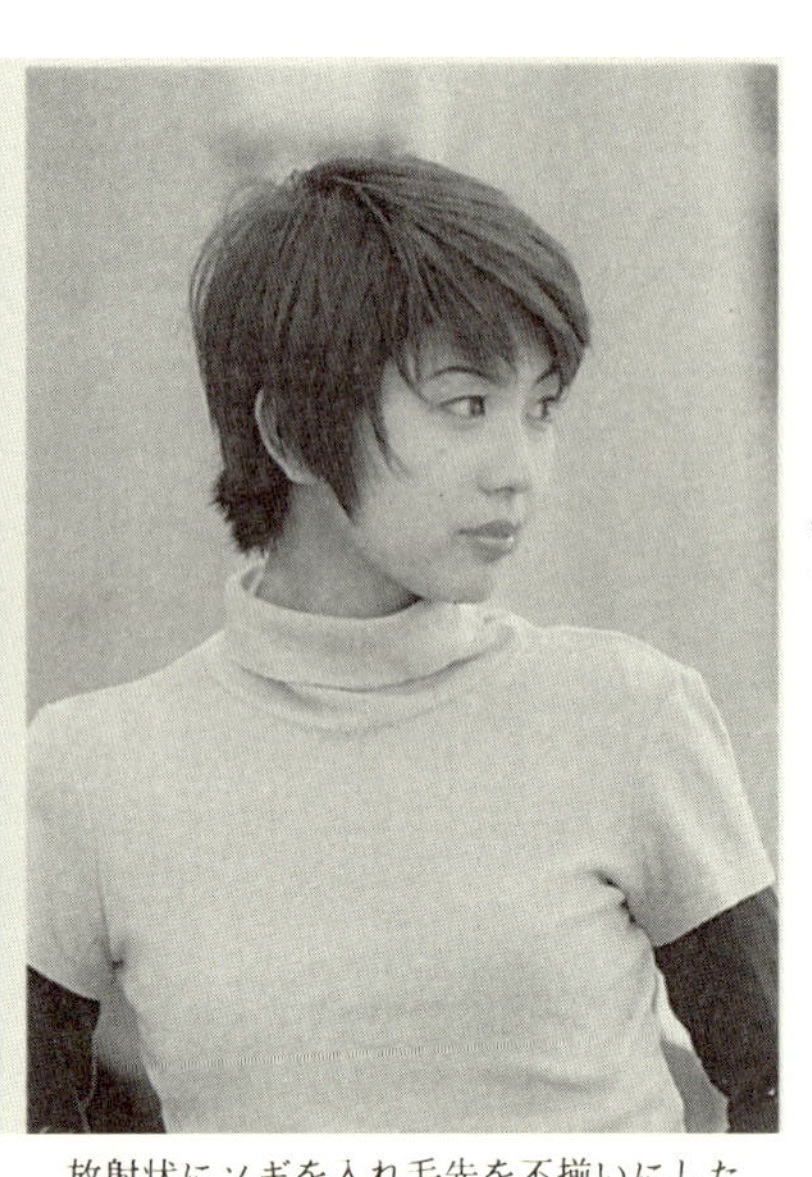

放射状にソギを入れ毛先を不揃いにしたボブベースのスタイル。ヘアカラーは黒髪より2（ツー）トーン明るめ。（TEN-HALF）

ボブスタイルをベースにしたソフトなツーブロック系のスタイル。酸性カラーで1（ワン）トーン明るめに。（HEAVENS）

が顔身知りでなかったら、起こらなかったかもしれない。酒を飲んだために、本心が出てしまった、ともいえる。ただし、この話、署長の気持ちが多少わからなくもない、という人もいるだろう▼たとえば、ヤクルトの野村監督である。先日、選手の茶髪だけでなく長髪、ひげを禁止した。「見ていると気が散り、負けるとそいつが悪いように感じる」からだそうだ。一方で、Jリーグの選手には、茶髪などゴロゴロいる。スキージャンプの原田雅彦選手は心機一転、茶髪にして先日、今季国内初勝利をあげた▼高校、大学生の世代では、珍しくもないスタイル。年配の女性でも、黒以外の色に染めている人は少なくない。その女性が、若者の茶髪にはマユをひそめたりする。▼北海道警の責任者が「再発防止に努めたい」と、紋切り型の談話を出した。何を、どんなふうに「防止」するのか、そもそも茶髪をどう思うのか、ひとこと聞いてみたくなる》とありました。

さらに二月一一日の東京新聞は七段見開きで「男の茶髪」で世代間戦争。〝突然変異〟気にしすぎ!?。二〇代会社員の一割「軽い感じがいい」。ホテル業界は「禁止」。

細く筋状にイエロー系のヘアカラーを入れ、ドライなタッチのウェーブを生かしたパーマスタイル（右 Lesage.左 TEN-HALF）

銀行、百貨店「いない」。「無国籍人、日本出ろ」。三年前の染髪調査時の六倍。ファッションで女性には定着。「年配者には受け入れられぬ」「欧米の会社員染めていない」。NTTや都チラホラ。スポーツ界でもブーム。——などという小見出しを散りばめて特集をくみ、日本人といえば黒い髪という常識は、若者の〝美意識〟に打ち砕かれようとしているのか、と記事にしていますが、このなかで「西武の東尾修監督らが、あれはファッションだ、などと反発した」と報じています。私も、そのとおりだと思います。

年配の女性が髪を染めているのは若者の茶髪とは、ちょっと違うような気がします。ファッションだから、茶髪にしている男たちにとっては魅力的で心ときめくものにちがいありません。しかし、ファッションだから、やがて衰退するにちがいないと思います。まあ、あまり目くじらをたてることもないでしょう。

ところが、です。平成八年四月九日、香川県高松市立中学の入学式に、茶髪の女生徒が来たので、教師が付添いの叔母と本人の了解を得たうえで、白髪染めスプレーで黒く染め直して式に出席させました。生徒が帰宅してすぐ、母親から学校へ苦情の電話があったので五人の先生方が釈明にうかがったところ、怒った父親が「髪の毛を元に戻せ」といって先生に殴りかかり、顔面打撲、頸部捻挫、全治一週間のケガをさせたそうです。さらに、学校側が高松南署へ被害届を出したのを怒り、五月八日には夫婦で学校へ行き、校長と教頭二人に頭部、胸部、肘などの打撲をおわせたので高松南署は一〇日に傷害事件の容疑で父親を逮捕しました。

ついに茶髪はファッションだから、なんて呑気なことをいっていられなくなったのです。『週刊新潮』は五月二三日号で識者の話を紹介し、「現在の教育制度の根幹にも関わってくるようだ」といっていますが、どうでしょうか。

3 眉化粧

階級表示と黒のバランス

黒化粧のひとつに眉化粧があります。これも中国の影響をうけていることは、『詩経』の「蛾眉」や、有名な唐の玄宗が画工に描かせた『十眉図』にある「鴛鴦眉」や「小山眉」などの名称を日本でもそのまま使っていることからわかります。

日本の絵画資料を通してみると、極端に大きく描いたり、また、その反対に剃ってしまったりと、たいへん変化に富んでいますが、まだ体系的な研究はされていないようです。

眉化粧の変化は、おそらく髪型を含めた顔全体の配色美から生まれたもので、さらに時代や身分、階層、既婚・未婚といった階級表示や流行現象などとともに変化したものでしょう。

垂髪の場合は、結髪の場合にくらべると、正面から見た髪の量が少ないので額が抜けるように広く見えます。そこに生まれた〝知的で聡明な〟という美意識は、さらに自然の眉を剃って、本来の位置より上の方、つまり額の中心部に眉を描くことによって顔全体の調和と身分の

唐代婦人画眉様式的演変

序號	年代		圖例	資料來源
	帝王紀年	公元紀年		
1	貞觀年間	627—649		閻立本〈步輦圖〉
2	麟徳元年	664		禮泉鄭仁泰墓出土陶俑
3	總章元年	668		西安羊頭鎮李爽墓出土壁畫
4	垂拱四年	688		吐魯番阿斯塔那張雄妻墓出土陶俑
5	如意元年	692		長安縣南里王村韋洞墓出土壁畫
6	萬歳登封元年	696		太原南郊金勝村墓出土壁畫
7	長安二年	702		吐魯番阿斯塔那張禮臣墓出土絹畫
8	神龍二年	706		乾縣懿徳太子墓出土壁畫
9	景雲元年	710		咸陽底張門唐墓出土壁畫
10	先天二年——開元二年	713—714		吐魯番阿斯塔那唐墓出土絹畫
11	天寶三年	744		吐魯番阿斯塔那張氏墓出土絹畫
12	天寶十一年後	752年後		張萱〈虢國夫人遊春圖〉
13	約天寶——元和初年	約742—806		周防〈執扇仕女圖〉
14	約貞元末年	約803		周防〈簪花仕女圖〉
15	晩唐	約828—907		敦煌莫高窟130窟壁畫
16	晩唐	約828—907		敦煌莫高窟192窟壁畫

（『中国歴代婦女妝飾』1988）

違いを表現したのでしょう。この場合も、眉の型は中国の眉化粧を模倣したものと思います。

結髪の場合は、前髪、髷、鬢、髱と顔を取り囲む髪の量、つまり黒の量が多くなります。とくに婚約、あるいは結婚してお歯黒をつけると、いっそう黒の量が増えるので、妊娠・出産すると眉を剃った、とも考えられますが、この眉剃りには別の理由があったようです。

ひとつは、当時の「七去三従の教え」という儒教道徳から生まれたものと思います。

むかしの中国では、離婚するには七つの条件がありました。つまり舅・姑に仕えない、子供が生まれない、淫乱、嫉妬深い、悪疾、多言、盗癖のある女、これが「七去」です。それに、家にあっては父に従い、嫁しては夫に従い、夫死してのちは子に従う、という「三従」の教えです。この二つが日本でも女性の心がまえとされていました。ですから、子供が生まれれば、もう離縁されることもない、立派な妻女である、というので眉を剃ったものと思います。

もうひとつ、お歯黒を染めて、眉を剃ると、口もとがいっそう魅力的になり、艶やかな美しさになります。

このことについて確信のあるようないい方をしたのは、絵画資料と文献資料だけの結論ではありません。かつて日本歯科医科大学榎恵教授のご指導で、中村歌右衛門さんにお願いして歌舞伎座で実験をしたことがありました。最初は島田髷でお歯黒に染めたご新造さんにし、次に眉を剃って丸髷に結いなおした妻女の顔にして比較してみたのです。この実験研究と、その前にアンケートによって、お歯黒を実際に見た人の意識調査をした、その結果によって結論づけたのです。

この実験以後、眉のもつ美意識がいっそう気になりだしました。

異様に大きな奇稲田姫の眉

たしか昭和五二年ごろだったと思いますが、渋谷駅で見た松江市の観光ポスターで、クローズアップした奇稲田姫の異様な額に釘づけになったことがありました。

額の両側に大きく墨で描かれた半月形は、眉のようでもあり、鬢のようでもある、不思議な額でした。それが

お歯黒の美しさを確認するための再現実験

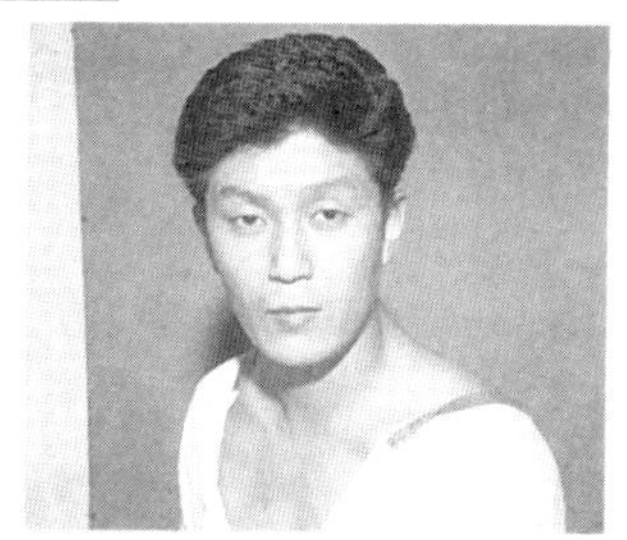

1 モデルは中村歌右衛さんのお弟子さん、中村歌江（当時は加賀屋歌江）さんの素顔。

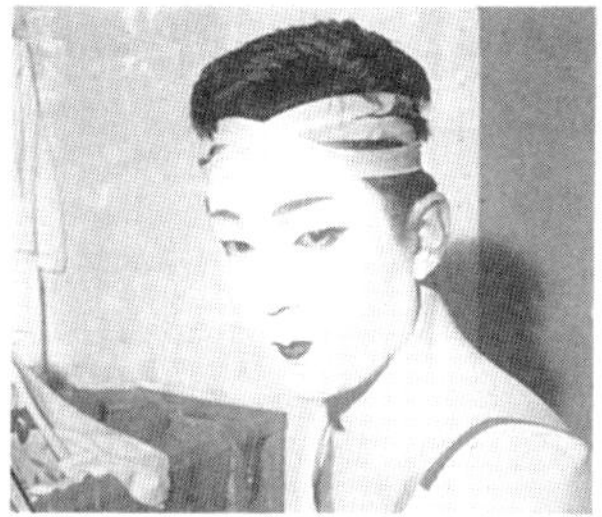

2 おしろいをぬり、眉を惹き、目もとと口に紅をさすと、驚くばかり美しく変身した。

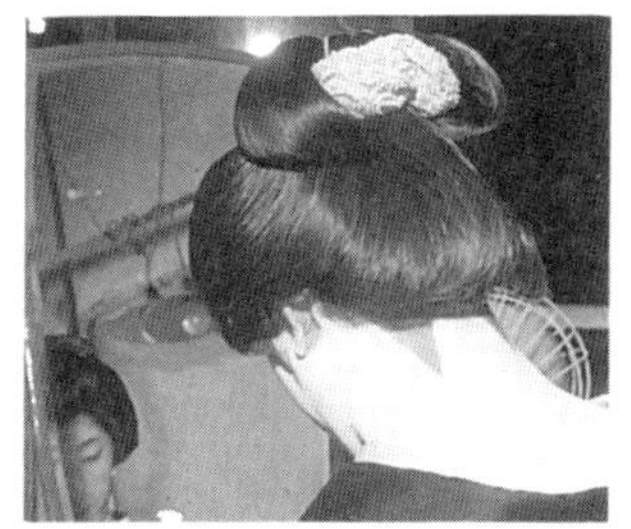

3 髪は娘役らしく桃割れ、襟足は一本足（上方でいう二本足）に描いてもらった。

4 振り向けば、可愛らしい町娘。衣装は若々しい太縞で、歯はもちろんまだ白い。

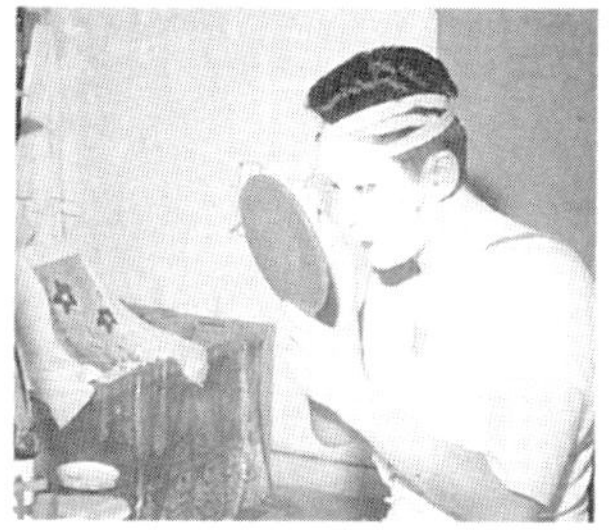

5 かつらを取り、きものを脱いで、たんねんに眉をつぶす。

6 芝居のお歯黒は、この小さなカンに入った早鉄漿（はやがね）をぬるのだが。

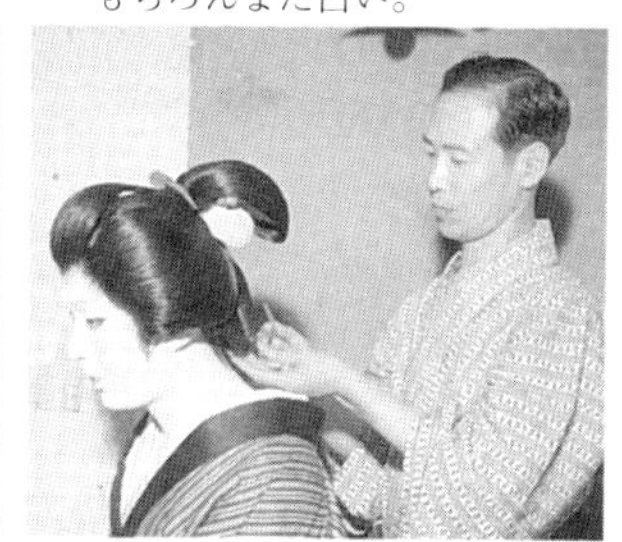

7 その前に、イキな細縞に着替え、床山さんが、かつらを丸髷に代えた。

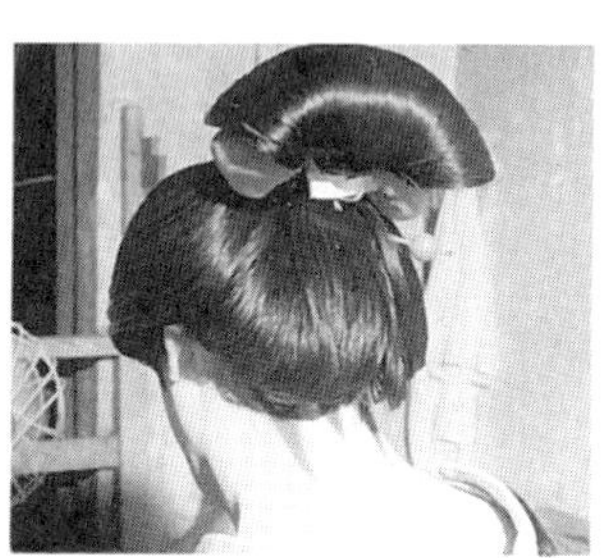

8 襟足を二本足（上方でいう三本足）にぬりなおすと、襟が細く見えるから不思議。

9 固めの軟膏のような早鉄漿をマッチの火であぶって柔らかくし………、

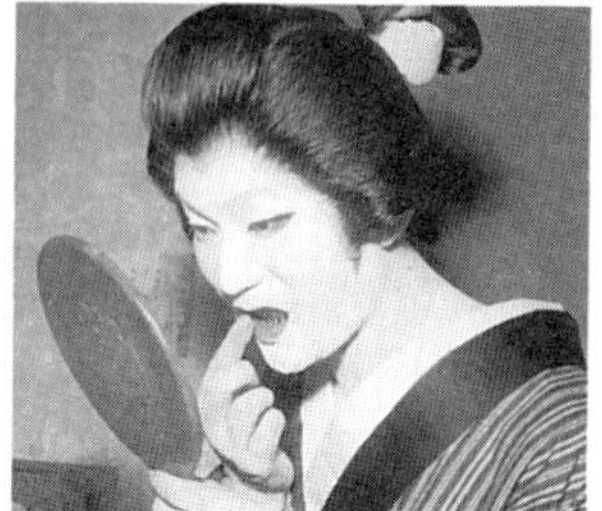

10 指で歯にぬりつける。役が終わったら、こすればすぐ取れる。

11 やはりお歯黒は眉をつぶしているから、いっそう美しくみえることが実証された。

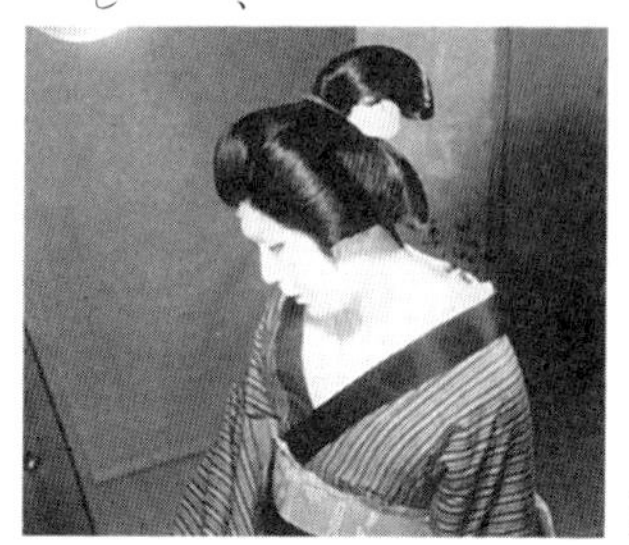

12 見事！　艶やかなお内儀さんのしぐさ。さすがである。

時代に見る眉の描き方

1平安時代　源氏物語絵巻　東屋（一）
2平安時代　源氏物語絵巻　夕霧
3鎌倉時代　紫式部日記　兵部のおもと
4鎌倉時代　松崎天神縁起
5室町時代　八重垣神社本殿板絵　奇稲田姫
6室町時代　八重垣神社本殿板絵　天照大神

松江市の八重垣神社の壁画であることを知り、どうしても現物を見たくなって松江に出かけました。

八重垣神社の宝物殿にあった壁画に描かれているのは奇稲田姫のほかに天照大神（あまてらすおおみかみ）と素戔嗚尊（すさのおのみこと）といわれています。みんなおなじような、大きな眉化粧ですが、少しずつ違っています。しかしいずれも黒い半月形で、上の方がぼかされ、下の方は輪郭がはっきりしています。そのポスターでははっきりしなかったのですが、実物は眉の上から髪の毛が垂れているようにはっきり描かれているので、これは明らかに描き眉であると確信しました。

いっしょに描かれている天照大神や素戔嗚尊の眉も大きいのです

⑦

⑧

⑨

⑩

⑪

⑫

⑦室町時代　八重垣神社本殿板絵　素戔嗚尊
⑧室町時代　住吉物語絵巻　春の野に遊ぶ姫君
⑨室町時代　住吉物語絵巻　家路を急ぐ少将
⑩桃山時代　三十六歌仙 中務　穴山梅雪画
⑪桃山時代　浅井長政夫人像
⑫桃山時代　蓮水妙清像

が、形ははっきり違います。

それにしても不思議な眉で、これまでの絵画作品ではまったく見たこともない大きなものでした。

社伝には寛平五年（八九三）巨勢金岡筆、重文とありました。

しかし、巨勢金岡は平安初期の宮廷絵師ですし、平安末期の作である『源氏物語絵巻』や鎌倉初期の『紫式部日記絵巻』などの、いわゆる引目鉤鼻描法のときの太い眉とも違います。この絵はおそらく室町時代まで降るにちがいない、と考えました。

室町期絵巻のバサラの眉

その後、『住吉物語絵巻』を見ていたら、姫君たちの眉が奇稲田姫の眉とそっくりで、やはり異様に大きいのを発見しました。いっしょに描かれている女性たちの眉は、普通の眉の大きさですから、明らかにこの眉は身分の違いを表現しているとみていいでしょう。『住吉物語絵巻』は中央公論社の「続日本の絵巻」第一六巻に収められていますが、この絵巻の監修者である小松茂美氏の研究によると、詞書の書風から考えて一三世紀後半の制作と推定されていますから、奇稲田姫の描かれた時代と推測した室町時代に近いと思います。

また、同書に併載されている、おなじ頃の制作といわれている『小野雪見御幸絵巻』の女房の眉も、やはり異様に大きいのですが、住吉の姫君ほどではありませんでした。

もうひとつ神奈川県立歴史博物館の『北野天神縁起絵巻』のなかに描かれている姫君の眉も、やはり異様な大きさでしたが、やや小さい感じです。この絵は室町時代末期の制作といわれています。

このように眉ひとつとってみても、絵巻物や屏風絵などから抽出して変化をたどってみると興味深い結果がでるかもしれませんが、絵画資料も実物を拝見するのはなかなか難しいので思うように進みません。

これらの異様な眉化粧は、おそらく上流階級のなかで、一種の遊び心から生まれたものから階級表示の眉化粧に発展したのではないでしょうか。

一般にいって、いつの時代でも、目立ちたいという若者心理から人の目を引く異様な髪型や化粧、服飾が生まれ、時に流行となり、風俗となって定着する場合があります。

ヨーロッパでは上流階級から流行が生まれ、それが大衆化するという宮廷ファッションが多いようですが、日本では上流階級から一般民衆レベルにまで伝播した、という流行はなかったようです。とくに近世の流行現象は歌舞伎役者や遊女、芸者、評判娘など、いわば低辺の階層から生まれたものがほとんどでした。

異様な眉を室町時代と推測したのは、その時代背景として建武三年（一三三六）に室町幕府の法令集として出された『建武式目』に「――近日号二婆娑羅一専好二過差一、凌羅錦繍、精好銀剣、風流服飾、無レ不レ驚レ目」とあるように、婆娑羅絵、婆娑羅扇、婆娑羅髪などという異様な風俗が一部にもてはやされていた時代だと認識していたからなのです。

『住吉物語絵巻』などに見られる異様に大きい、まさにバサラな眉化粧も、限られた上流階級に生まれた階級表示の化粧で、流行化粧にはなりませんでした。しかし、この額化粧は、近世に入って、結髪したとき、額を知的で上品に高く抜く際化粧（きわげしょう）や鬢をたれる、という美意識につながるものと思います。

〝絵空（えそら）ごと〟と〝約束ごと〟

江戸時代の眉化粧を調べるには、風俗画のなかでも、とくに浮世絵版画が顔のクローズアップが多いので貴重な資料になります。ところが、これまでの浮世絵研究は、その美術的価値に評価の焦点を集めて研究されてきたため、浮世絵本来のもつ風俗画としての価値が、ややもすれば看過（みすご）されてきたかの感がありました。したがって既成概念で理解し得ない表現に遭遇（そうぐう）すると〝絵空ごと〟として片づけてしまうきらいがあったのです。しかし、その表現されたものを謙虚に見つめて、文献なり再現実験なりをしてみると、なるほど、と思うことがままあるものです。

現在でも、画家に聞くと、絵師はそんなにウソは描かないものだといいますから、おそらく浮世絵師の間に〝約束ごと〟はあっても〝絵空ごと〟は少なかったのではないかと思います。といって〝絵空ごと〟がなかったわけではありません。したがって浮世絵を資料として使う場合には、この〝絵空ごと〟と〝約束ごと〟（絵師間の慣行）と、未知見の風俗とを判別することが必要となってくるのです。

たとえば眉のことですが、『守貞謾稿』に「浮世畫師ト云モノ、美人ヲ書ク、三十歳以下二十歳以上ノ婦、今世風必眉ヲ剃ト雖（いえ）ドモ、圖畫ニハ意匠ヲ以テ眉ヲ描ク」とあります。つまり、江戸中期以降になると、結婚をするとお歯黒を染め（結婚しなくとも染めた例も多かったのですが）、妊娠すると眉を剃る、というのが一般的な風習になっていました。当時は一四・五歳から一八歳ぐらいまでが結婚適齢期で、したがって二〇歳以上の年増女はほとんど眉を剃っていたわけですが、浮世絵に描かれた美人はことごとく「意匠ヲ以ッテ」つまり「美しく見せるために」たとえ二〇歳をだいぶ過ぎた既婚年増であっても眉は描いていた、というのです。

つづいて守貞は、その理由として「是無眉ノ時ハ畫面四十餘ニ見ユ、故ニ意匠ヲ以テ如レ此也」と、はっきり言っています。やはり眉を剃ると、ぐっとふけるからでしょう。

しかし、浮世絵師の間にこういう約束ごと（慣行）があった、ということが忘れてしまった場合は「後世據レ之テスルトキハ必ズ誤ン。今畫工二三十歳ノ婦ヲ畫ク、處女ト髻（髷の誤りか）ヲ異ニシ、歯ヲ染ルヲ圖スルモ眉アリ、四十以上ノ者ニハ眉ヲ描カズ、是大略而已」と心配しています。

つまり一〇代の女はともかく、二〇代、三〇代の女で結婚して子供がいれば、当然丸髷に結って歯を染め、眉を剃るわけですが、浮世絵の場合は眉を剃らないのです。眉を剃っているのは四〇歳以上の女を表現するときに限っているのですが、後の風俗研究家が浮世絵を資料として使った場合は、おそらく判断を誤ることになるであろう、と心配しているのです。

この良い作例が歌麿の「幌蚊帳」（寛政初期）に見られます。蚊帳のなかで、赤ん坊を寝かしつけている若い母親と、それを上からのぞき込んでいる娘を描いたもので、母親はお歯黒をつけていますが、眉は剃っていません。これとまったく同じ図柄が国貞の「江戸自慢　五百羅漢施餓鬼」（文政初期）にもあります。この母親もお歯黒をつけ、眉を剃っていないのです。

これにたいして、お歯黒をつけ、眉をそっている絵もあります。つまり四〇歳以上で乳飲み子をかかえた母親を描いているのが、歌麿の晩年作「名所風景美人十二相」の中にあります。剃りあとを黄つぶしに表現するなど、いかにも四〇歳過ぎという感じで、この辺の描写はなかなかきめ細かいものです。

ともかく、これひとつですが、はっきり〝約束ごと〟があった、ということから、浮世絵のなかに表現される化粧風俗は相当程度信用できるのではないか、と思います。

浮世絵に見る眉化粧

古代・中世の化粧道具を見ると、大きな鑷子は必ず入ってい

歌麿　幌蚊帳　寛政初期

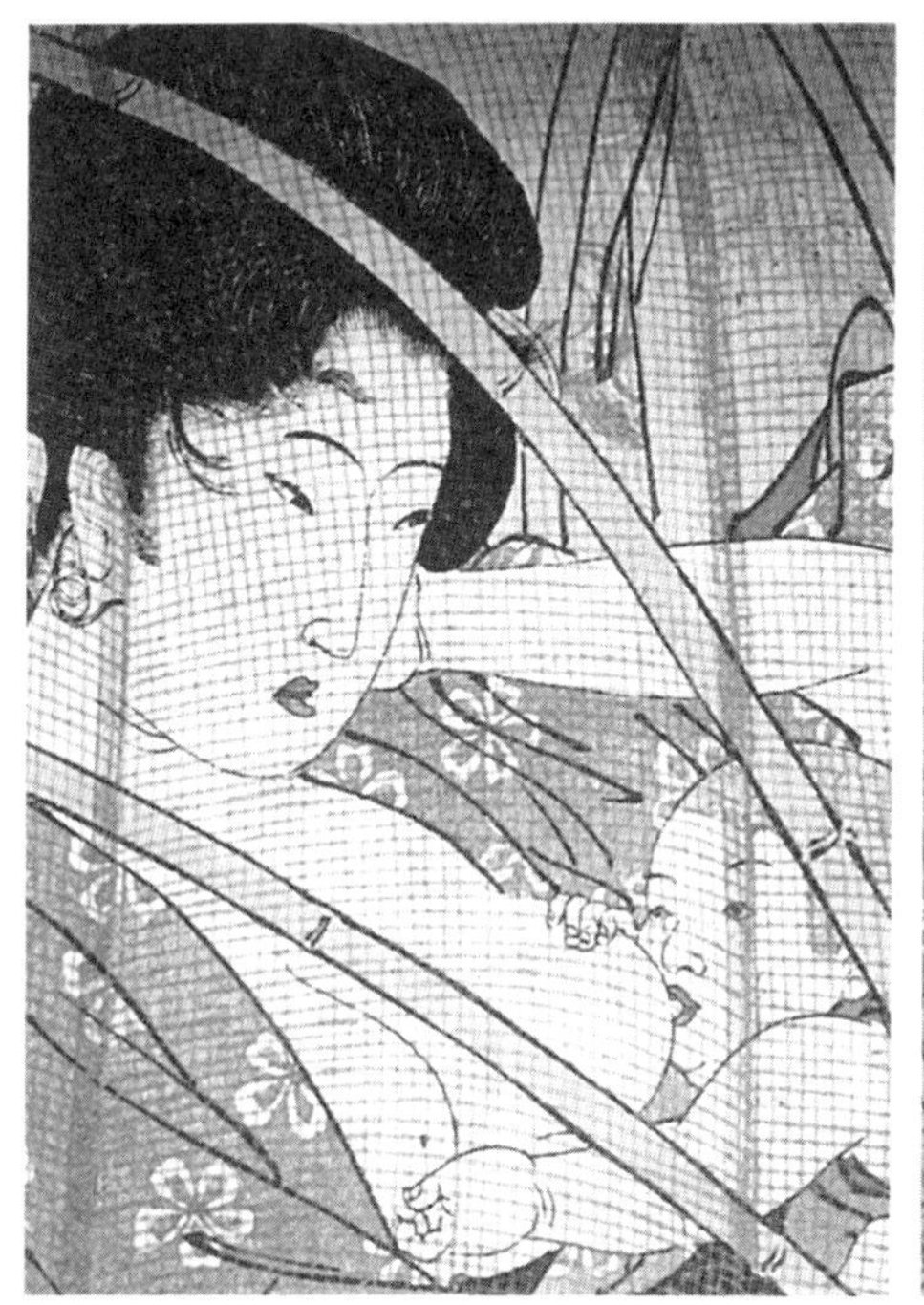

国貞　江戸自慢　五百羅漢施餓鬼　文政初期

ますが、剃刀は入っていません。

古来、剃刀は僧職にある者のみが使用したもので、一般の人が使いだしたのは近世に入ってからだ、といわれています。

浮世絵では湖竜斎の「今様芸婦風俗――身仕舞のてい――」（安永中期）が古いように思われますが、芸者が鏡に向かって剃刀をあてている図で、剃刀の断面がへ字形になったものです。

剃刀が容飾具として文献に出てくるのは『和漢三才図会』（一七一三年刊）が最初だといいますから、湖龍斎の絵はそれから六〇年ばかり経っています。したがって、もうちょっと古い絵があるかもしれないのですが、師宣以降、春信にしても文調、春章にしても、眉はただ一本の線でしか表現されていない場合が多いのです。眉の形が顔の表情をつくっきたのは湖龍斎、春章、清長ぐらいからで、あまり遡れないだろうと思います。

春信から清長、歌麿の初期のものまでは、ほとんどが、背景のある美人の全身像を描いているので顔は小さく、いわゆる春信美人、清長美人というように、絵師の特徴ある顔付きで、個性表現はなされていないからです。

歌麿も初期の作品、たとえば「契情婦美姿」（天明初期）のようなものは、やはり全身像ですから顔を描きわけていません。

しかし、天明末期から寛政初期にかけては半身像を描くようになってくるので、眉に変化が出てきます。

それはまず、眉根の間隔を極端に狭くし、知的な表情をもたせるようにしたのです。そのため眉頭を細く、眉尻を太くするなど、それによって女の性格づけを表現することに成功しています。

寛政中期になると、ほとんど大首絵で、まさに歌麿美人の最盛期、眉は一人ひとり違うといってもいいくらい多様化しています。

ところが、寛政後期から享和期になりますと、再び半身像に戻ります。しかし、前記とはまったく異なって、反対に眉根を開き、それまでの歌麿美人とは趣きを異にして衰退期を感じさせるのです。

「当世恋歌八契」（寛政後期）、「咲分け言葉の花」、「教訓親の眼鑑」（享和期）などを、前記や中期のものと比較してみますと、眉が、いかに重要なポイントであるかがわかります。

それにもかかわらず、眉形は化粧史のなかでも、もっともわからない、研究されていない分野です。そのなかで、これこそまったくわからない、というのが国貞の「美人芸尽」（文政一二年）の眉です。両方の眉毛の中に二点ずつ黒点をはっきり描いているのです。こういう眉化粧の遊びがあったのか、それとも絵師の思いつきの遊びなのか、摺ったときに墨がたまったものとは思えないのです。

前述の歌麿の「名所風景美人十二相」の黄つぶしの眉も工夫したところですが、国貞の「当世美人合　かこゐ」や「当世夏景色　かや商」（文政末期）は眉を薄藍で刷り、若々しい剃りあとを表現しています。

そうかと思うと歌麿の「歌撰恋之部　物思恋」や「婦女人相十品　文読む女」のように、剃りあとをまったく見せず、四〇歳過ぎても、なお香の失せぬ艶やかさを表現したものもあります。このように浮世絵師は眉ひとつにしても、ずいぶん苦労していたことがわかります。だからこそ貴重な資料といえるのでしょう。

眉墨

眉墨には、古くは黒土、油煙、それに真菰や麦の黒穂などを使っていました。

マコモはイネ科の多年生草本で池や沼に群生し、一～二メートルにもなる水草です。茎葉は盂蘭盆会のとき、祭壇に敷くゴザになります。マコモの小さいとき、黒穂菌がついて肥厚したものを乾燥したのがマコモ墨だそうですが、私はまだ見たことがありません。かつて、千葉県の印旛沼へ捜しに行ったことがありますが、黒穂菌のついたマコモを入手することはできませんでした。

はずかしや老女房のまこも髪　（神酒の口）

という雑俳があるように、髪の薄くなったのを隠すのにもぬったようです。

麦の黒穂というのも黒穂菌がついてできるもので、俗に〝トウモロコシのお化け〟というのだそうです。

いちばんよく使われていたのはやはり油煙でしょう。その造り方は『都風俗化粧伝』に、

つねの燈火の燈心を一筋か二筋にてともし、その火

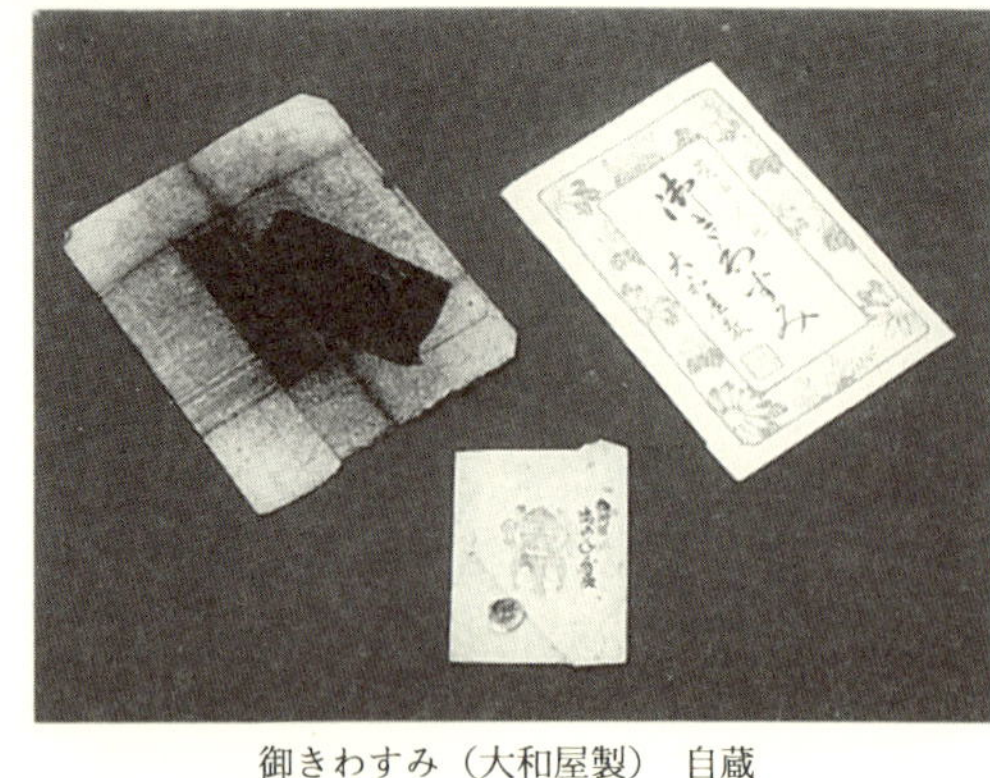

御きわすみ（大和屋製）　自蔵

の上へ紙をあてて油煙をとるべし、燈心多く燈したる油煙は、あらくして宜しからず。

とあります。いちどにたくさん取ろうとすると細かな良い油煙はとれない、ということです。

また、お習字の墨も使われていました。これは油煙を薄いニカワの液で煉って固めたものですから使い易いのでしょうが、実盛の白髪染めのように水で洗うと落ちてしまうでしょう。

白の章で額や襟足などの生え際を修正するときに使う〝際墨〟を紹介してきましたが、これは粉末状の油煙です。

捏墨

眉墨の一種に捏墨があります。その処方は水嶋流の礼法書の『化粧眉作口伝』に、

一、こね墨の方
露草花　べに　ゆゑん
右、等分ごまの油にてねるなり
一、又方（また別の処方）
きんぱく　三匁　油ゑん　四匁
ごまのあぶらにてねる也
いつれも名方、但し京より下るがよき也

とあります。露草花は藍色の可愛らしい花をつける雑草で、その花びらのしぼり汁から青色の染料ができます。ただの真っ黒な油煙だけでなく、青色や紅色を加えることによって色に深みが増したのでしょう。それよりも金箔を入れるという発想は素晴らしいと思いますが、さて、どんな化粧効果を生んだのでしょうか。

捏墨というのは眉を剃って、眉の上の方に半月形の大きな眉を置くとき使う煉った眉墨です。おそらく前述の奇稲田姫などのバサラの眉を描いたのも、この捏墨でしょう。

アイブローペンシル

眉毛はなんのために生えているのかというと、「汗や雨が目の中に入らないようにするために生えているのだ」と、

物の本に書いてありましたが、どうもそんなことではないように思います。もし汗や雨が目に入って困るようだったら、眉を剃る化粧風俗は決して長続きしなかっただろうと思うからです。

　眉剃りの化粧風俗が長く続いていた理由のひとつは、青々とした剃りあとが魅力的だったからだと思います。

水嶋流『化粧眉作口伝』　自蔵

ですから第二次大戦の前までは、お歯黒をしていない人でも剃っていたのです。

　ところで、明治四三年に発行された藤波芙蓉の『新式化粧法』では、「鉛筆の軟らかな上等品、BB印の2が一番適当」と教えています。

　これは普通の、芯の軟らかな鉛筆ですが、アイブローペンシル（眉鉛筆）のつくられたのは、第一次世界大戦が終ってからのことでした。大戦中、ドイツの野戦病院では、どんどん戦場から送られてくる負傷兵を迅速に手術するために、患部に印をつけておく必要にせまられました。そこで有名なバヴァリア地方の鉛筆工場にできるだけソフトなタッチに描ける鉛筆を研究させたのです。芯を軟らかくしても折れないようにするところに研究の苦労があったのですが、戦時中の軍の至上命令で短時日のうちに完成し、病院に送られました。アイブローペンシルはその平和利用です。

古川柳に見る眉化粧

　眉化粧は、後に述べるお歯黒との関係が深いのです。つまりビューティポイントが上がるか下がるかということです。

おはぐろは花の眉毛の落葉時　（元文六年『都どり』）

元ぶくも後のハどうかおしいやう　（柳樽八・8）

結婚してお歯黒だけつけるのを半元服、妊娠・出産を機に眉を剃るのを本元服といいました。ただし、元服というのは江戸でいうことで、上方では〝顔を治(なお)す〟といいました。

今風化粧鏡　眉かくし　国貞画　静嘉堂文庫蔵

江戸名所百人美女　眉そり　豊国画

坊主にもされる思ひて娵(よめ)ぬらし　（柳樽十八・36）（安八礼4）

これも女の人にとっては淋しい気持ちと同時に気恥しいことだったのでしょう。

はつかしさ毛うけで顔をかくす也　（柳樽十二・4）

丸皃(かほ)のおも長に成るはつかしさ　（柳樽二十・26）（天二満1）

はすかしさ富士の裾野がひろく成　（柳樽二五・32）

富士は富士額。おそらく、眉を剃るとふけて見えるというより額が広くなり人妻らしい魅力の出るのが恥しかったのでしょう。

まゆ毛へも女六部ハ手を入レず　（柳樽三・16）（明元鶴4）

女六部とは六十六部を略した女巡礼のことで、六十六か所回っているあいだは、眉を剃ることもかなわなかったのです。

4　お歯黒

お歯黒の起源

黒化粧の代表は、なんといってもお歯黒ですが、いまでは歌舞伎ぐらいでしか見られなくなりました。以前、女子大生に〝お歯黒〟を知っているかどうかを聞いてみましたら、映画やテレビの時代劇などで、ときどきお歯黒をつけている女性が登場したからでしょうか、ほとんどの学生が知っていましたが、一様に気味が悪いと言ってました。それでも江戸時代のお化粧のなかではいちばん関心があるようでした。このことは女子大生だけでなく、お母さん方の集りで化粧のお話をしたときでも、いつも質問の最後はお歯黒に集中します。自分たちの祖先の女性たちが、どうしてあのような薄気味悪いお歯黒を毎日つけていたのだろうか、という疑問と、未知のものに対する興味からでしょうか。

ところが、みんながお歯黒をつけていた江戸時代でもその疑問はあったようです。それは各地に残っているお歯黒の伝説からもうかがえます。

ともかく、歯を黒く染めたから歯黒、黒歯、鉄漿（かね）、涅歯（でっし）、濃（かね）などと書くほか、はぐろめ、はぐろみ、かね、などと呼ばれていました。

いつごろ生まれた風習なのか、ということを考える足がかりとして、まず江戸時代の風俗辞典、喜多村信節（きたむらのぶとき）が文政一三年（一八三〇）にまとめた『喜遊笑覧』を引くと、「黒歯其の始め定かならず……」とありました。昔からいろいろ議論はあったのでしょうが、結局はわからなかった、ということです。

最も古い文献としては、中国の古代神話と地理の書『山海経』（巻之九海外東経）に、

黒歯国在二東北一為人黒、食稲啖蛇

と記されています。この本はあまり信用がおけないといわれていますが、夏の禹王の時代の作と伝えられていますから、今からおよそ四千年ばかり昔のものです。

そのほか秦の相、呂不韋の撰になる『呂子春秋』、前漢の淮南王劉安の撰になる『淮南子』、晋の陳寿の撰『三国志』の『魏志倭人伝』など、多くの本に黒歯国のことが記されているといいます。

この黒歯国が、わが国のことであるとかないとか、これも諸説がありますが、大体、わが国のことと考えられています。たとえわが国のことでないにしても、黒歯、つまりお歯黒の歴史は、有史以来といえましょう。

わが国の文献では、今からおよそ千年前の承平年間（九三一—九三八）に、源順の撰出した日本最古の辞書『和名類聚抄』（巻七調度部の容飾具之部）に、

黒歯文選註云、黒歯国在二東海中一、其土俗以レ草染レ歯、故曰黒歯俗云波久呂女、今婦人有二黒歯具一、故取レ之

（黒歯、文選の註に云う、黒歯国、東海中に在り、その土俗、草をもって歯を染める、故に曰く、黒歯、俗に波久呂女、今婦人に黒歯の具あり、故にこれを取る）

とあります。したがって、少なくとも、その頃、すでに「閉仁」「之路岐毛能」「萬由須美」などとともに、化粧道具の一つとして、お歯黒の道具のあったことは確かでしょう。

お歯黒化粧の地方伝説

次に、なぜ、どのようにしてこのような風習がおこったのか、という問題ですが、これも各地にいろいろな伝説が語り継がれています。

その一　岩手県水沢町附近の伝説　この附近には昔から「まつふさぶどう」という、普通のものより実が大きく、熟すと濃い紫色になる山ブドウがあります。その実は非

常に甘酸っぱいので、この地方の妊婦は好んで喰べていたそうです。

ところが、この実を喰べると歯が黒くなるので、結婚前の娘たちは誤解を招くのを怖れて、まったく口にしませんでした。そこで、歯の黒い、白い、ということが既婚、未婚の区別になり、それから、歯を染める風習が始まったと、伝えています。

なお、この地方では、うら若くして亡くなった乙女には歯を染めてお棺に納め、さらに、三角形の頭陀袋に、せめてあの世へ行ってから喰べるようにと、「まつふさぶどう」をたくさん入れてやるのだそうです。

その二　富山県婦負郡野積地方の伝説　この地方には女性の生理に関連したお歯黒伝説があります。

中尊寺古楽面

女性の胸の中には一つの血の池があって、この池に小さな蛇が栖んでいます。栖みはじめるのは少女が一四、五歳になって少しく春情を萌し、月のものを見はじめたころからです。この小蛇が栖むようになると女性の心に嫉妬心がおきるようになる、というのです。そのままにしておくと蛇の成長につれて、ますます嫉妬心が強くなり、女は生きながらにして大蛇に化身し、世界中の男を一人残らず喰い殺してしまうかもしれない、というのです。

そこで大昔、慈悲深い神様がいて、

「これは大変なことになるから、蛇のいちばん嫌う黒鉄を呑ませたらいい。そのため女性は一生涯に黒鉄を三斗六升のむようにしなさい」

と、教えたのです。

そこで、黒鉄を呑みやすい鉄漿水にし、それをお歯黒にして毎日歯を染めれば、少しずつ黒鉄を呑んだことになると、この地方の知恵者が考えたのです。そうすると鉄が胸の血の池に入り、蛇は苦しんで縮まっているから

東南アジアで現在もお歯黒の習慣の残る地域

嫉妬心もおこさない、というのです。

一四歳から四九歳で月のものが止まるまでの三六年間、一年に一升の鉄漿をぬると、ちょうど三斗六升の黒鉄を呑み終えることになり、生理も終り、蛇も消えて、穏やかな女性になるというのです。

その三　福岡県田川地方の伝説　生まれてくる赤ん坊の目には、お母さんの真っ黒な眉は角（つの）のように見え、真っ白な歯は牙（きば）のように見えるのだ、というのです。

そこで、この地方では赤ん坊に恐怖心を起こさせないように、眉を剃り、歯を黒く染めるのだ、といい伝えられているのです。

その四　新潟県三島郡地蔵堂地方の伝説　馬は暴れるのを防ぐために口に轡（くつわ）をはめ、また、牛にも同様の理由で鼻輪を通しています。人間も同じで娘が他家へ嫁いだ場合も暴れず、おとなしく、穏やかな気持で夫や舅（しゅうと）、姑（しゅうとめ）に仕えるように口に鉄漿をつけるのだ、というのです。

その五　南方原住民渡来説　このように、各地それぞれおもしろい言い伝えがありますが、もっとも一般的、普遍的な説としては、もちろん異論もありますが、南方伝来説でしょう。

もともと、南方原住民族の間では檳榔樹(びんろうじゅ)の実を嗜好品として噛(か)む風習がありました。これは現在でも行なわれ、噛んでは真っ赤な唾を吐き出します。アヘンに似た、しびれるようないい気持になるそうで、しだいに習慣性がつき、だんだん歯は赤黒く染まってきます。

しかし、この檳榔樹を持っているのは古くは上流階級だけで、下層階級は口にすることさえもできませんでした。そこで、歯の黒白は階級の上下の区別になってしまったというのです。

これら南方系民族が日本に渡来した当初は、檳榔樹の実も少しはあったでしょうが、だんだん少なくなるに従って黒かった歯も白くなり、黒い歯にたまらない郷愁を感じたか、あるいは階級区別の必要から、歯を黒く染めるようになったのでしょう。そんなある日、鉄鍋で薬草を煎じていたとき、偶然にも真っ黒な染料を発見し、これを代用して歯を黒く染めるようになったのが、お歯黒ではないでしょうか。日本でも古代には上流階級の人しかお歯黒をしなかったのです。

お歯黒化粧の変遷

《平安時代》　お歯黒は、古代には男女とも上流階級のみに行なわれた風習でした。ただ、男性はしだいにやめるようになり、逆に女性に一般化するようになります。

約一〇〇〇年前、平安時代後期の短編物語集『堤中(つつみちゅう)納言(なごん)物語』(作者不詳)のうちの「虫めづる姫君」に、

……人はすべてつくろふところあるはわろしとて、眉さらに抜き給はず、歯ぐろめさらに、うるさし、きたなし、とてつけ給はず……

とありますが、この虫めづる姫君は少々変わっていて、お化粧は大嫌い、眉毛は抜かない、もちろんお歯黒も染めない、そしてたくさんの虫、とりわけ毛虫を飼って朝な夕なこれを可愛がっていたといいます。

この虫めづる姫君が変り者扱いにされるほど、当時の上流階級の女性にとって、お歯黒をつけることは常識で、当りまえの風俗でした。

そのほか、『源氏物語』、『紫式部日記』、『空津保(うつほ)物語』、『とりかへばや物語』など、平安時代の随筆や物語などにさかんにお歯黒のことが書かれていますから、この頃か

一の谷・宇治川合戦図屏風

ら女性の間では化粧風俗として定着し、一一歳ごろになるとつけはじめたようです。

平安朝も末期になって、再び上流階級の男子、つまり公家などの間にお歯黒をつける風習がおこりました。このことは江戸時代前期の故実家、伊勢貞丈（一七一七—八四）の書いた『貞丈雑記』に記されています。

平安期も末期の鳥羽天皇の頃、世に花園左大臣と呼ばれた源有仁（一一〇三—七四）という伊達男は、女の真似をして眉を抜いたり、白粉をつけたり、お歯黒をしたり……それがまた、とてもよく似合ったので、暇でおしゃれな公家たちのあいだに流行するようになった、というのです。

時代が降るにつれ、お歯黒は、黒は不変で〝忠臣二君に仕えず〟のしるしである、といって京師に仕えた武士たちも公家の真似をして歯を黒く染めるようになります。

『源平盛衰記』や『平家物語』には、薩摩守平忠度が一ノ谷の合戦のおり、源氏の追撃をうけ、ついに進退極まったとき、少しもあわてず「拙者、東国の者でござる」

『絵本江戸紫』 鉄漿

と偽った。危機を脱したかと思ってホッとしたのも束の間、お歯黒をしていたのを見つけられ、平家の公達であることを見破られてしまった、という話があります。

忠度が見破られたのは、この当時、京師に仕えていた平家一門の将はお歯黒をしていたのですが、源氏方の者はしていなかったからです。

《鎌倉・室町時代》 しかし、鎌倉幕府が開かれ、北条早雲が小田原に居を構えるに及んで、関東武士のあいだにも、それもしだいに下級武士にまでお歯黒は広がっていきました。北条泰時（一一八三－一二四二）は、上下の区別をつけるため、一般の下級武士の髪は額際を剃り上げて月代にし、お歯黒をつけることを止めさせた、ということです。そこで、お歯黒は上級武士と女性のみとなったのです。

室町時代には、男女とも八、九歳になると初めてお歯黒をつける鉄漿付の式をしたものですが、戦国時代に入ると、男はもともと不精なうえ、戦の方が忙しいので上級武士のあいだでもだんだんお歯黒をする者が少なくなってきます。それでも『太閤記』によると、秀吉などは、花見に出かけるとき、作り鬚をつけ、眉を剃り、お歯黒をして行ったといいます。秀吉の面目がしのばれてほほえましい感じがするではありませんか。

《江戸時代》 江戸時代に入ると、男は公家だけを残してまったく女性専用、それも未婚、既婚の区別になってしまったのです。そして、十三鉄漿付、十七鉄漿付というように、鉄漿付の年齢がだんだん遅れていくようになりました。

鉄漿付の式というのは親類縁者の適当な人（普通は伯叔母）に鉄漿親になってもらいます。この鉄漿親にお歯黒道具一式を貰って初めてお歯黒をつけるのです。いわば女性の元服の儀式です。

実際、お歯黒をつけはじめるのは婚約、あるいは結婚したときで、娘のときの島田髷を丸髷に結いなおし、お歯黒をつけて、初めて〝私は人妻になりましたよ〟ということになるのです。しかしこれも、先にも述べました調査によりますと、実際にはまちまちだったようで、嫁いだと同時につける人もあれば、初めての子供ができたとき、二、三人できてから、という場合もあったことがわかりました。黒は不変で貞操をあらわし、〝貞女二夫にまみえず〟のしるしとしてつける、というのはもちろんこじつけです。

未婚者でも、二〇歳前後になると歯を染めた人もいたようです。

「縁遠い女は、死人を焼いた灰を混ぜて、おはぐろをつけると縁がある」（岡山・鳥取）

といったような苛酷な迷信のあったのも、お歯黒で未婚・既婚の区別がはっきりし、現代と違って、年増の烙印がはっきり押されてしまったからです。娘も親もずいぶんと辛い思いをしたにちがいありません。それにくらべると、今の人はしあわせです。

江戸も末期になると〝お歯黒なんて不自然だわ〟というレジスタンスの声につれて、ぼつぼつ白歯が現われてきます。

《明治時代》 明治になると、文明開化の波は女性のお化粧にもひたひたと押し寄せてきました。

しかし旧来の陋習を破り、男はチョン髷を切り、女はお歯黒をやめた、というように一般にいわれているのですが、なかなか、そう簡単に止められるものではありませんでした。

上流階級の、それも一部の人たちは、明治の錦絵にあるように洋髪、洋服、洋風の化粧をしたでしょうが、一般の人びとは江戸時代の風習をそのまま引き継いでいました。はっきり変化が現われるようになったのは、明治も末の日露戦争のあと、明治三八年以降のことです。

実は、明治元年正月六日の太政官布告は公卿に

「男子鐵漿上古無之儀以後可任所存被仰下候事」

（男子の鐵漿、上古これなき儀、以後所存に任すべく仰せ下され候事）

但若年作眉の事　同上

つまり男は古代にはお歯黒をつけていなかったのだから、これから以後はつけなくてもよい、また若い公卿の眉作りもしなくてもよい、と布告がありました。しかし実効をともなわなかったのでしょう、改めて明治三年二月五日付で、「華族自今元服之輩歯ヲ染メ眉ヲ掃候儀停止被仰出候事」（華族、今より元服の輩、歯を染め眉を掃き候儀、停止仰せ出だされ候事）とはっきり禁止令を出しました。

さらに、明治六年三月三日に皇后陛下が率先してお歯黒をお止めになったので、これを契機に、上流階級の人びとからしだいにやめるようになったのです。

《昭和時代》　まえにも書きましたが昭和三〇年ごろ、日本歯科医大の榎教授のご指導で、お歯黒を常用している方を全国的に調査したことがありましたが、当時、秋田、岩手、長野、岐阜、福井、佐賀などの各県に、それぞれ一〇名前後のお年寄りがまだ、お歯黒をつけていることがわかりました。

ただ、これらの方たちは辺鄙なところ、それも山間部にお住いの方が多いので、調査もはかどらず、それに調査年数からいっても、充分な調査とはいえなかったので、まだほかにも調査に洩れた方々がいらっしゃったことと思います。

昭和五二年ごろのことですが、秋田県で、実際に毎日お歯黒をつけている九六歳になるご婦人にお目にかかったことがありました。その方はたいへんお元気でなかなかの美人でした。一人でお墓参りにも行くし、虫歯も一

本しかなく、四〇歳台の歯並みだと歯医者さんもいっていましたが、明治一四年の生まれですから、日露戦争の前、三五、六年頃から染めはじめられたのでしょう。このおばあさんのことは後述します。（お歯黒おばあさん訪問記）

私の祖母は、その方よりも年長で、明治一一年生まれでしたが、東京ですからお歯黒は染めていませんでした。しかし眉は剃っていました。剃りたての青々と美しかったのを憶えています。

ともかく、演劇用の早鉄漿（はやがね）でなく、本式のお歯黒は、いまではもう見ることはできなくなりました。早く調査しておいてよかった、と思います。

5　お歯黒の化学

古代のお歯黒原料

前述した調査結果のなかには五倍子（ごばいし）粉のかわりに、

はんの木の実（三宅島三宅村・群馬県利根郡）
やしの実（静岡県志太郡）
こぶしの実（栃木県安蘇郡、都賀郡・岩手県一ノ関市厳美町）
ふじこ、はぜの木の実（石川県鳳至郡）
ヅイボ（神奈川県横浜市外）
ひし（新潟県長岡市）

などを使った、という報告がありました。この最後の〝ひし〟を見たとき、ハッとひらめいたものがありました。

それは以前読んだことのある『古事記』に出てくる応神天皇の長歌の解釈論争のことです。

あるとき、応神天皇が近江国（おうみのくに）に御幸（みゆき）になり木幡（こはた）村という所を通られたところ、道で一人の美しい娘を見染められました。

「汝（な）は誰（た）が子ぞ」

と、お尋ねになると、

「丸邇之比布礼能意富美（わにのひふれのおほみ）の女（むすめ）、名は宮主矢河枝比売（みやぬしやかわえひめ）ぞ」

と娘が応えました。天皇はさっそく、

「吾明日還り幸でまさむ時、汝が家に入り坐さむ」

と宣いました。

娘はそのことを家に帰って父親に話すと、父親は、娘のおかげで運が開けたとばかり大喜び、

「是は天皇に坐す那理。恐し、我が子仕え奉れ」

と励ましました、というのですから、ちょっと考えてしまいますが、ともかく翌日は天皇を迎えての大宴会。お側に侍った娘の美しさに天皇は、心をうばわれ、長歌を詠まれました。その一節に、

上：ヌルデの樹にできる虫瘻（ちゅうよう）
下：左からヒシ、シイ、フシの実

「……許波多能美知邇　阿波志斯袁登売宇斯呂伝波
袁蛇弓呂迦母　波那美波　志比比斯那須……」
（……木幡の道に遇はしし乙女、後姿は小楯ろかも、歯並は椎菱如す……）

という部分がありますが、この歌の解釈が問題で、本居宣長は『古事記伝』では、

「……波那美波志は歯並喙にて歯の並生たる觜ということなり、比斯那須は菱如なり。契沖、此二句を歯並者如椎として斯は助辞なり、歯並のうつくしきこと椎をならべたる如しとなり、詩伝　歯如二瓠犀一これに似たることなりとて、此嬢子の歯のこととしたるは非なり、又師（真淵）も同其意にて志比比は下の比は濁りて美に通ひて椎実かと云われたもわろし……」


と述べています。

つまり契沖と真淵は、乙女の歯は椎の実を並べたように黒く艶やかで美しいとし、宣長は菱の実のように鋭く尖っていると解釈したのです。

これに対して『歴世女装考』（弘化四年）の著者岩瀬百

樹翁は、

「……歯並は菱の如く光沢なりとて黒歯したるつややかなる歯を菱に準て称美玉ひたるにはあらざるか……」

と述べております。

岩波の『日本古典文学大系　古事記祝詞』の註で倉野憲司氏は、

「並んでいる歯は椎の実や菱の実のように真っ白で、美人の形容」

としていますが、椎の実や菱の実は中の果実は白いが、外見は真っ黒です。〝真っ白で美人の形容〟というのは誰が考えてもおかしいでしょう。

前述した調査のうち、新潟県の〝ひし〟も初めは〝ふし〟の誤りではなかろうかと考えたのですが、これまで述べたことを思い出し、あるいはこれは本当に〝ひし〟なのかもしれないと思い、私は漢方薬の店で〝ひしの実〟を買い求めました。

〝ひし〟が本当に使われたとしたら、タンニン質があるわけだと考えたからです。菱の実を砕いて煎じ、その煎汁に媒染剤として硫酸第一鉄液を加えました。煮汁の灰白色は媒染液を入れたとたん、真っ黒な液に変わったのです。まさにタンニン様物質があったのです。波多腰節著『薬用植物図説』によると、ヒシは

柳葉菜科で本州各部の地沼に自生する一年生水草。葉は水面上茎頂に叢生長柄を有す。葉柄は膨みて浮嚢状をなし葉片は菱形。菱を煮用すれば小児頭瘡の毒を除き、又酒毒を解き又視力を強む。蔆は胃癌に効ありと云ふ。又喝を止め婦人病、子宮病に良しと云ふ。一日量四〜八瓦。成分澱粉 Dextrose, Cellulose, Protein, Gerbstoff 等

と出ていますが、この最後の Gerbstoff というのがタンニン質でした。

とすると、『古事記』に出てきた「志比比斯那須」は「ひしの実で染めた、真っ黒でつややかな美しい歯並らび」と考えていいように思います。そうすると、そのころは未婚の娘も歯を黒く染めていた、ということになります。『古事記』は、お歯黒の記載されている文献としてはもっとも古いものといえるでしょう。

この原稿を薬学雑誌の『薬局』（南山堂）に投稿しました。私の推測についてご意見を聞きたかったのですが、ひとつも反論も反響もありませんでした。しかし、その後書かれたいくつかのお歯黒の論考には引用されているので認められたのでしょう。

近世のお歯黒のつくり方

前述のように、まことに臭くて渋いものを毎日のようにぬっていたということは、まことに不思議な気がするのですが、ともかく、江戸時代になると、成人女性はどんな山奥の人でもお歯黒をしていたのですから、それなりの理由があるはずです。

その理由は、三つほど考えられます。

その一つは伝統的な日本の化粧美である赤・白・黒の美意識を満足させていたこと、とくに、色の白い女性の場合、お歯黒はたいへん美しく見えたのです。眉を剃ると顔の白い部分が増え、ビューティポイントが口元に集まるからでしょうか。艶やかな魅力が生まれることは前述のように実験してみて明らかです。

二番目に考えられるのは、歯垢（しこう）、歯槽膿漏（しそうのうろう）、齲歯（うし）（虫歯）の予防に効果のあったことです。これはすでに歯科医学者の証明するところです。つまり、歯のためにもよかった、という生活体験があったからこそ、渋くて、臭いお歯黒をつけていたという理由といえるでしょう。

三番目は習俗として、つまり、女性の半元服のしるしとして歯を染めることが社会的規範のなかに定着していたからだと思います。

黒漆に金蒔絵の化粧道具
（下はお歯黒道具）

鉄漿壺

婦人相學拾躰　かねつけ　歌麿画 ▶

このような理由で使われてきたお歯黒の原料は何か、ということですが、それは二つの原料を混ぜてつくるのです。

そのひとつは、かね水、ふし水、うきすの水などと呼ばれたお歯黒水です。

まず、壺のなかにお米のとぎ水や、うどんのゆで汁、それに茶汁や酢を入れ、そのなかにさらにサビた古釘や折れ針、あるいは金クソと呼ばれていた金屑を鍛冶屋さんから貰ってきて入れ、密封して冷暗所に保存しておきます。

二、三か月、時期によってはもっと長く置きますが、しだいに鉄サビができ、水は茶褐色になります。おそらく水酸化第一鉄、酢酸鉄、炭酸鉄などの混合水溶液になるのだと思います。

このお歯黒水のつくり方も、地方によって、また、その家々によって言い伝えがあります。

たとえば、障子張りに使う程度の薄い生麩糊か御飯糊を甕につくり、屑鉄を真っ赤に焼いてこの中に入れるのです。これを何回も繰り返すと、糊はしだいに黒ずんできますから、これを炉の灰の中に保存して使います（秋田県秋田市）。

鉄鍋で湯を沸かし、真っ赤に焼いた鉄屑とか、鍛冶屋にあるノロとよばれる屑鉄を入れ、これに麴と酒を加えて蓋をし、炉の側に置いておきます。しだいに泡をたて、悪臭を放つようになってから使います（岩手県岩手郡玉山村）。

屑鉄を真っ赤に焼いて壺の水の中にジュッとつけます。その中に色を良くするためソバを炒って入れます（北海道河西郡・秋田県秋田郡米内沢村）。

百人女郎品定　かこい　はし　身仕廻

いずれにしても、鉄の水酸化溶液をつくるわけですから、鉄屑を入れるのは共通していますが、そのほか、色をよくするために、人によっては酒、酒塩、飴、煙草の吸殻、モチ米の燻製、焼モチなど、いろいろなものを入れました。

したがって非常に悪臭がしたのです。とくにお歯黒をつけるとき、この鉄漿水を火にかけて温めるので余計です。川柳にも

かねハたちまちゆになつてくさい也　（安八松4・柳樽一八・11）

とあるように、異様な臭気になったことがわかります。

もう一つの原料は〝ふしの粉〟です。これは五倍子粉（ふしのことも読ませます）で、ウルシ科の落葉小喬木のヌルデの若葉や若芽に、半翅目アブラムシ科の〝ヌルデノミミフシ〟というアブラムシが刺激してできた瘤状の虫癭を粉砕したもので、主成分はタンニン酸で六〇〜七〇％くらい含んでいます。

この五倍子粉は商品として市販されていました。もち

ろん地方の人は自分でつくっていたし、また前述のように菱や椎の実を乾燥し、粉砕して使ってた人もいたと思います。この二つの原料を混ぜると真っ黒なお歯黒ができるのです。化学的には〝タンニン酸第二鉄塩〟ということになるわけで、成分がタンニン酸ですからたいへん渋いのです。

早い話が、昔の人はブラックインキを歯に塗っていたとでもいえるでしょうか。

しかし、この二種類の原料を混ぜれば、すぐ、真っ黒で美しいお歯黒化粧ができるか、というとそう簡単にはいきません。そこで、いろいろなものを入れたり、お呪いをしたり、また、まだらになったときは、いったん消し墨できれいに落してぬりなおしたり、と、ちょうど現代のマニキュア（ほんとうは、ネイルエナメル、あるいはネイルラッカーというほうが正しいのです。マニキュアは〝手の手入れ〟という意味です）のように、美しいお歯黒にするには、それなりの苦労がありました。

6　お歯黒の道具と化粧法

上流階級の道具

お歯黒の道具には、耳盥（匜盤）、渡し金（梁銅）、鉄漿沸し（鉄漿瓶）、鉄漿坏、歯黒筆、五倍子粉入れ（五倍子盆）、うがい茶碗など、それらのもの一式が化粧箱にセットになって入っています。それも上流階級の人の使う高級品は、螺鈿や蒔絵の豪華なもので、ひとつひとつ筆に至るまで定紋がほどこされています。さらに繻子などで作った手袋（右手だけ）も添えられています。

耳盥というのは、盥の両側に耳が付いているところから名づけられたもので、歯を染めたあと、含嗽水をあけるのに使いました。角が付いているものは角盥と呼ばれ、平安時代の絵巻などに見られるように、洗濯や手洗いなどに使われたので耳盥より大ぶりです。

渡し金は耳盥の上に渡して、筆などを置くためのものです。

お歯黒道具一式　自蔵

お歯黒用の筆　自蔵

お歯黒用の義歯　自蔵

河岸見世 女商人（小間物・かね水）

筆は普通、柳の枝の先を砕いてつくった房楊子を使いますが、地方の辺鄙なところでは杉の皮を削いだものとか、鳥の羽根を束ねて自分でつくります。しかし、上等のものは三つ羽といって鶴、雉子、鴛鴦、この三種類の羽根を合わせてつくったもので、寸法も決まっていました。

もともとお歯黒は女性の半元服で、いわば、成人のしるしであっただけに、その道具は大切にされていたのでしょう。

新潟県北蒲原郡中条町の辺りでは、婚礼のとき、お歯黒の道具を持った者が、婚家の玄関にいちばん最初に入ったそうです。お歯黒を染めたら二度と生家には戻らない、という教えでしょうか。

庶民の道具

しかし、こういった道具と名づけられるものを持っていたのは、やはり上流と中流の階層だけで、下層の庶民たちには縁遠いものでした。そうかといって、下層階級の者は歯を染めなかったわけではありません。やはり結婚と同時に染めたのですが、道具としてはお歯黒壺とお歯黒筆ぐらいなものでした。しかし、それはそれなりに大切なものであったことには変わりありません。

式亭三馬の『浮世床』初編巻之上に、

び　ん「モシ婆さんになって亡ッた跡は力も落ちやすめへ」

いんきよ「それは年老て見ねへぢやア心もちがわかるめへ。何だつても恩愛だものを」

熊　「それぢやア時〲思ひ出しなさるだらうネ」

いんきよ「思ひ出すとも。其筈だはサ。おらが息子殿などは。お上下や帽子襠で仲人に謡をうたはして持たは。ノ。おらが御婚禮は下女の引越の様にして。仲人が葛籠を背負て左りの手に鐵漿壺を提て。右の手に酒を一升さげて来たは。イヤまた恥をいはねへぢやア利が聞えねへ。ソコデおれは商から帰つて。今に大かた花嫁が來るだらうと思ふから。豆腐を小半挺買て來て。鰹節をかい居る所へ御輿入よ。夫から仲人が指圖して直に花嫁が茶釜の下へ焚付る。仲人が味噌を摺る。ソコデ仲人の懐から出した三枚の鯣を焼いて三〳〵九度よ。ナントどうだ……」

とあるように、いくら貧しい花嫁でも、鉄漿水の入った鉄漿壺だけは提げてきたということです。これは庶民の結婚風俗を知る貴重な資料といえるでしょう。

お歯黒の化粧法

お歯黒水を鉄漿沸しに入れ、火にかけて沸いたら鉄漿坏にとり、お歯黒筆に温かいお歯黒水をふくませて歯にぬります。その上から五倍子粉を筆でぬりつけるのですが、これを交互に何回も繰り返すとだんだん黒くなります。しかし、人によっては鉄漿水の中に五倍子粉を入れ、先に染料をつくって、それを歯にぬり付けた人もいたようです。

また、お歯黒の付きやすい人と付きにくい人とがありました。それは歯の質にもよったのですが、とくに付きにくい人は、ぬる前にザクロの皮、あるいはそのほか酸味のもので歯の表面を軽く蝕して粗くしたのです。これを〝下づけ〟とか〝カネ下〟などと呼んでいました。

歯の質によるだけでなく、やはり真っ黒な美しい色、しかも持ちのよいお歯黒をつくるのは難しく、酒だとか煙草の吸殻、飴……といったようなものをいろいろ入れて工夫したのです。

それでもよい色が出ないときは、最後の手段として〝おまじない〟をしたこともありました。

お歯黒化粧　玉藻前　豊国画

歌舞伎用早鉄漿（オハグロ）　自蔵

芝居のお歯黒

芝居で女形などが使うお歯黒は、必要な役柄のときだけ早くつけて、また早く落さなければならないので、見た目にはおなじでもふつうのお歯黒とはまったく違ったもので、早鉄漿とよばれていました。

この製法もまた、それぞれ秘伝があるのですが、大体は、生蠟、松脂、油煙、紅、水油、水飴などを適量ずつ煉り合わせ、さらに口あたりをよくするため、薄荷を少し入れ、陶器の皿とか猪口のようなものにぬりつけて売っていました。

使い方は、必要な時にチョッと火で炙って軟らかくし歯にぬりつけます。艶のある、見た目には本物のお歯黒とまったく変わらない美しさで、役がすんだら布で強くこすって拭き取れば簡単に落とすことができます。

この早鉄漿をつける役の例としては「一条大蔵卿」、「七笑いの時平公」、「一ノ谷の敦盛」などのほか、女形では「先代萩の政岡」、「伏見の里の常盤御前」、「弁慶上使のおさわ」、「四谷怪談のお岩」などがあります。

とくに「四谷怪談」では、伊右衛門の心変りと、隣り屋敷の伊藤の悪計を知ったお岩は、嫉妬のあまり、

「……この礼に」

と立ち上がるのを、居合わせた按摩の宅悦が抑えて、

「其のお姿でお出になれば、人が気違ひよ、狂人よと笑ひます」

と止めれば、お岩は、

「成る程なあ、せめて女子の身嗜み、髪など結ふて鉄漿つけて」

と宅悦に耳盥や鏡台を運ばせる。ここで、さらにまたご面相が変わる。額の毛が抜け上がり、片眼が腫れる。唇の両脇にお歯黒をはみ出してつけると口がぐっと張り裂ける、という見せ場で、ここはお歯黒が効果的です。

明治の「べんりお歯黒」

江戸時代の末期から明治にかけて、外国にない風俗はすべて野蛮なものだから廃止しようという欧化政策や、時代の風潮もあって、しだいにお歯黒をする人が減っていきました。

ところが明治二〇年ころから再びお歯黒がさかんになりました。お歯黒をつけるということはたいへん面倒なものなのです。そこへ、簡単にできるインスタントお歯黒が発明され、それもちょうどタイミングよく、新聞という広告宣伝媒体が普及しだしたからです。

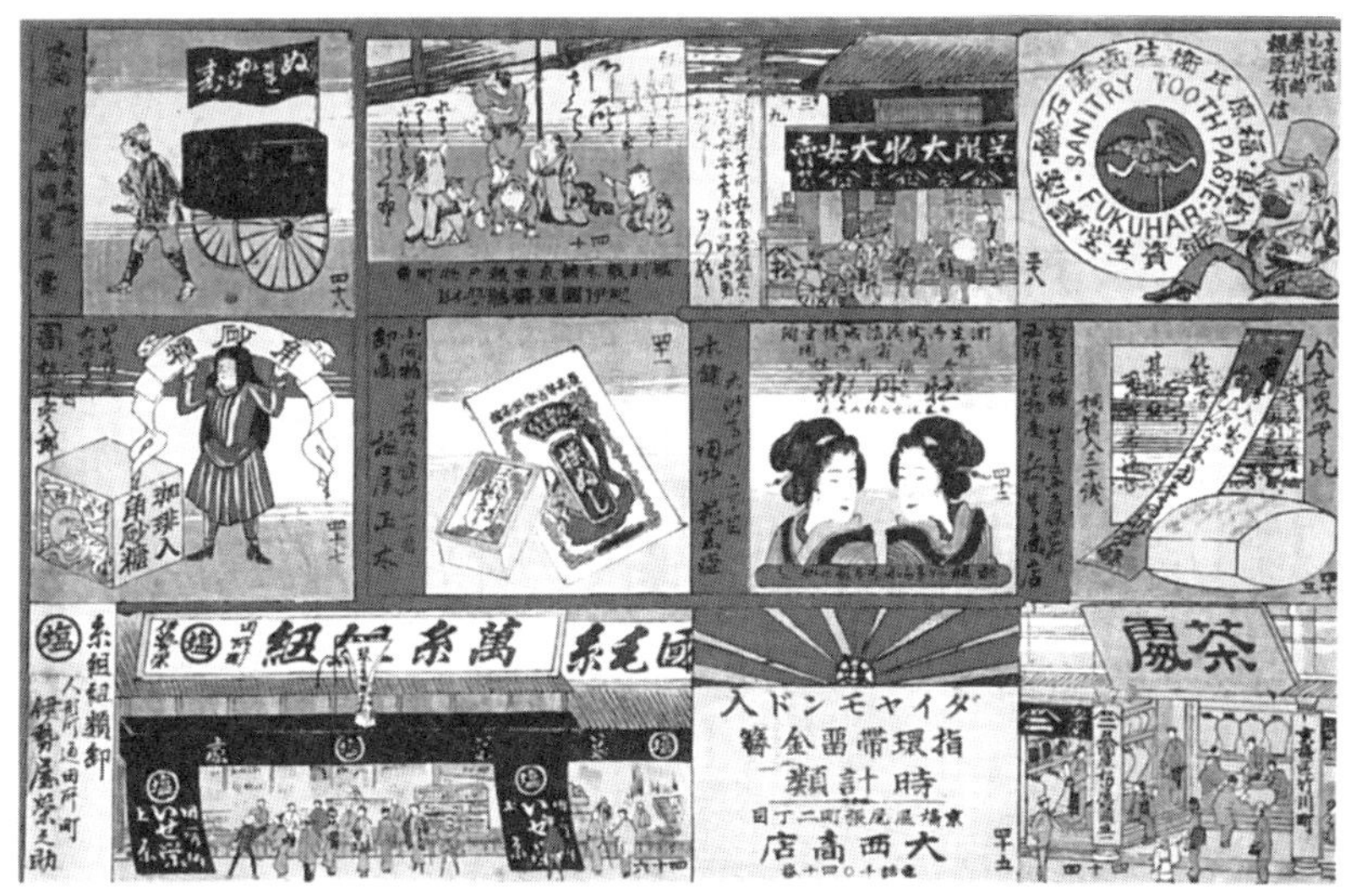

「ぬれからす」「操ぶし」の載った広告ポスター　松田信隆氏蔵

現在の毎日新聞の前身、東京日日新聞には明治二十年から、また東京朝日新聞には創刊した二一年から広告が出ています。その年の朝日には、大阪の益田第一堂が「べんりおはぐろぬれからす」という、これはまだ小さなスペースの広告ですが年間一四回と、比留間民造の「改良お歯黒つやのいろ」が二回掲載されています。そして三年後の二四年の『朝日新聞』には「べんりおはぐろぬれからす」の一頁広告が八回と、さらに商標贋造（がんぞう）を訴える広告、これに対する謝罪広告、と急速に増えてきます。当時の『朝日新聞』の広告料金は、一段一センチ五〇

▶御ふしの粉　松田信隆氏蔵

銭ですから、一頁は二〇〇円ぐらいしたでしょう。その当時としてはたいへんな金額でした。ですから、広告料金から逆算すると相当売れていたことがわかります。

しかし、明治三四年の「ぬれからす」を最後に紙面からお歯黒の広告は消えてしまいました。おそらく、しだいに、広告を出すのに見合うだけの売り上げを示さなくなってきたからでしょう。ともかく、日露戦争ごろまではお歯黒がさかんだったとみてよいと思います。

7　古川柳に見るお歯黒

江戸庶民の人情風俗を巧みに表現した諷刺句（ふうしく）といわれる川柳にはお歯黒を詠んだものが非常に多く、おそらく四〇〇句は下るまいと思われます。ほかの化粧関係の句が、これの一割以下であるのに比べ圧倒的です。このことは、お歯黒は身嗜みや化粧以上に風俗として興味深いものが多かったからでしょう。いちばん最初、つまり初鉄漿（かね）付けの式や結婚のときには〝七所（ななとこ）ガネ〟といって、お歯黒水を近所七軒の家から貰い集めてくるのが習慣でした。

七ナ所コに金主の出来る恥かしさ　（玉柳・5）

美（うつつ）いやつにかねもとが七所　（傍一・46）

金元（かねもと）は金主とおなじ、金（鉄漿（かね））を貰いに行った先、七軒のことです。

お歯黒水を貰いに行けば、もうそれと知れ、「おや！　あんたも、もうそんな年になったかね、相手は誰だい、え！　きっとよく似合うよ！」などとひやかされたのでしょう。それが、今の人には想像もできないくらい恥かしく、また嬉しかったのだと思います。だから——

内の斗（ばか）りで附（つけ）やうとむすめいゝ　（寛元宮1）

おはくろをくんなと皃（かほ）をもふかくし　（柳樽二〇・32）

ふし粉は生薬屋（きぐすりや）とか楊子店（ようじみせ）などで売っていたのですが、

賣るふしの味をしらぬがよくうれる　（傍一・36）

美しさ男へたんとふしが賣レ　（柳樽一六・36）

やうじでもふしてもなくて腰をかけ　（柳樽拾遺二・30）

というのは、看板娘をお目当てにいりもしないふしの粉を買いにくる男でしょう。

きなこつけ〳〵おはぐろをつけるなり　（柳樽二一・7　三一・6）

ぼた餅のくせにきなこをたんとつけ　（柳樽拾遺二・8）

牡丹餅へきなこをなする田舎娵（よめ）　（柳樽六八・31）

きな粉は古川柳研究家のあいだでは「白粉（おしろい）」ということになっているようですが、私は黄色い五倍子粉（ふしのこ）のことだと思います。ぼた餅というのは次の句でもわかるように、ここでは女の容貌（ようぼう）のことです。

ぼた餅とぬかしたと下女いきどふり　（柳樽拾遺二・17）

先にも述べたように、カネ水とふし粉さえあれば、誰でもすぐ真っ黒でいい艶のお歯黒ができる、というわけのものでもありません。

白き歯の黒く成たる日の鼠　（武玉川十八・33）

というのはそれです。聞けば、近所のおばさんはそれぞれながい経験を教えてくれるでしょう。

おはくろにさへ楽屋（がくや）ありけり　（武玉川七・12）

あら世帯鉄ナけのでんじゅ聞あきる　（柳樽二・38）

この「鉄ナけのでんじゅ」についても、古川柳研究家のあいだでは鉄なべのカナ気を抜く方法、と解釈されてい

結納をうけて婚礼のまえに鉄漿をつくることは　『絵本十寸鏡』

ますが、私はやはり七所鉄漿(ななとこがね)で回ると、どこでも、お歯黒が良い色にあがるように鉄漿水(かねみず)のつくり方を伝授してくれる、と解釈するのですが、いかがでしょうか。

そのほかに注意も与えてくれたようです。

七けんでほうれんそうの事をいひ　（柳樽六・36）

「おはぐろをつけたらね、ほうれん草だけは喰べちゃいけないよ！　血ィ吐いて死んじゃうからね」

寺島良安の『和漢三才図会』にも、

大忌二鉄漿一有下婦人染レ歯須臾食二菠薐一吐レ血至レ死者上

とあります。

古い文献ですが『医学中央雑誌』（12.868）にも、ホーレン草の過食により下痢、吐瀉あるいはペラドンナ、アトロピネ様の中毒症状を呈することありという報告文があります。

また昭和一一年の『岡山医学会報』（48.479－491）にはホーレン草中には多量のヒスタミンが含まれていると報告されています。このヒスタミンの主な作用は、

譬喩草(たとへぐさ)をしへ早引(はやびき)　国芳画

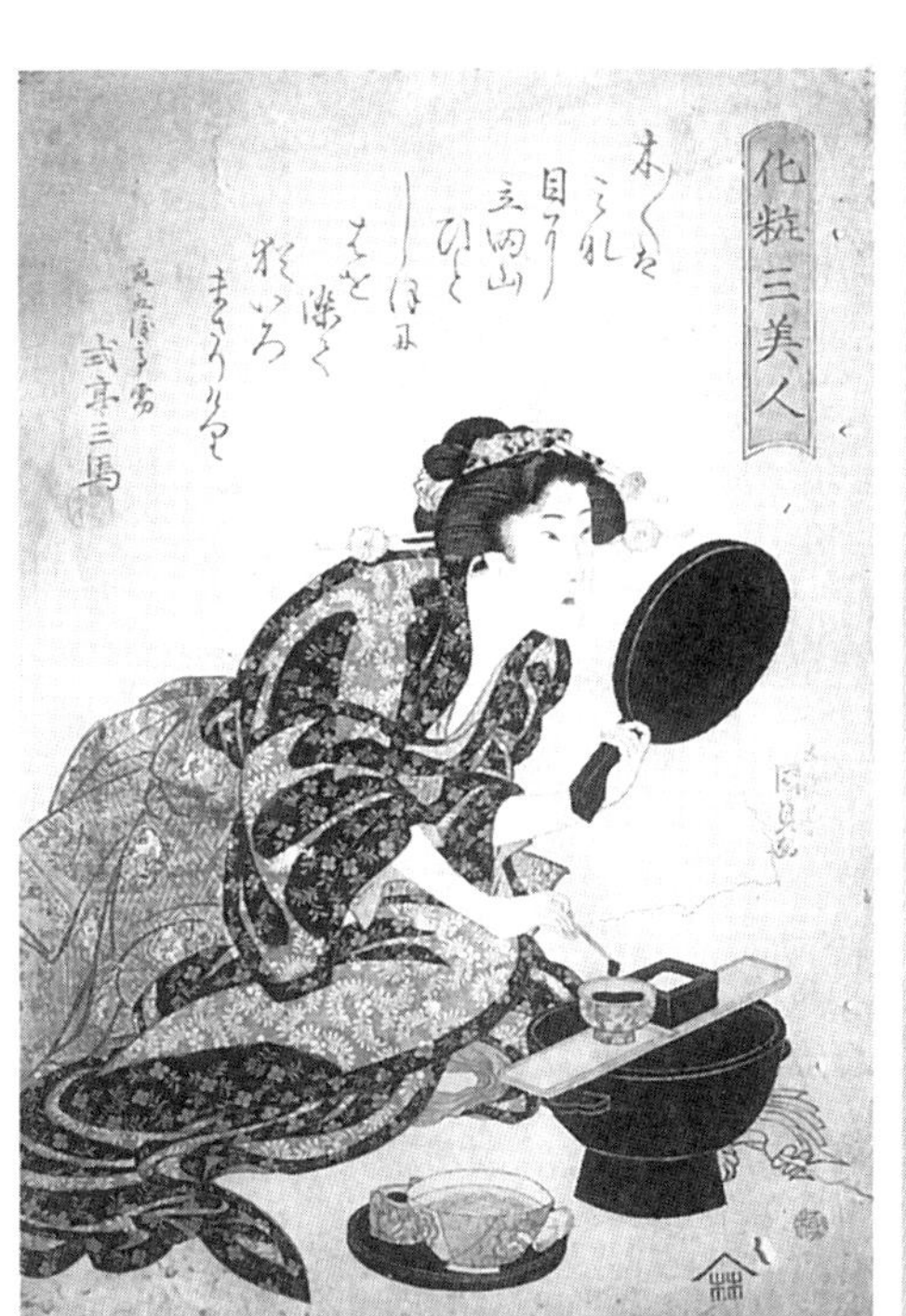

化粧三美人　国貞画

血管拡張、血圧降下、気管支けいれん、呼吸困難を来し、遂には死に至らしめる。(『医学大辞典』)

といいますから、根拠のないわけではないようです。あるいはアナフィラキシー(anaphylaxies：微量の毒素に対して過敏となり、激しい症状のもとに致死することがある)かもしれません。

かんざまし配分鉄漿と居候　(柳樽一二四・90)

是ほどのんだら酔ふとかねへ入レ　(柳樽十五・37)

酒や酢、飴、酒塩(さかしほ)(料理に使用する安酒)などいろいろなものを入れたことは前にも述べましたが、とくに酒はどこでも入れたらしく、

「カネの神様はお酒が好きだから、お酒がきれると歯がそまりにくくなる」(島根県邑智郡)

といった言い伝えもあるくらいです。

また、カネ水をつくるとき、煙草の吸殻(すいがら)を入れると色がよく出るといわれています。

版画　百面相に描かれたお歯黒　松田信隆氏蔵

鉄漿わかす前にふきがら拾い溜(ため)　（柳樽一四二・34）

女房ハ一口すつてかねへ入れ　（安元義3）

煙草といえばニコチンと誰でも考えますが、含量は僅か一％内外、ニコチンは酸化されて褐色に変わる。だからニコチンのためとも考えられますが、われわれが普通〝ヤニ〟と呼んでいる樹脂のためとも考えられます。どちらにしろ、というより、たぶん両方がからみ合って効果がでるのでしょう。一概に迷信とはいいきれません。効果はありそうです。

黒染の上りたばこでつやをつけ　（柳樽五六・8）

お歯黒をつけたあと煙草を吸うと、艶がよく出るといわれています。

煙草の煙のうち、口の中に入る煙、つまり主流煙中のニコチン量の三〇％前後、だから重量で煙草一本の〇・三％内外ということになります。それに比べるとヤニは三％内外で約一〇倍、歯にニスをぬっているという理屈

になります。いろいろやってみて、それでも良い色が出ないときは、

おはくろを好イた男にまぢなわせ　（宝十三桜1）

というように、おまじないもやったことがわかります。

さて、お歯黒ができたら、カネ水を貰った所へ、そのお礼に行かねばなりません。行けば行ったで、またひやかされます。

いよつんとしましたといふかねの礼　（柳樽十一・42）

どこのかみさんだとなぶるかねの礼　（柳樽十一・11）

かねの礼どりや見よふぞといやがらせ（柳樽十・24）

いたづらを言ひ立てられる鉄漿の礼（川傍柳三・25）

だから、

かねの礼さしうつむいて言葉なし　（柳樽三四・10）

かんじんの礼を言はずに逃げて行き（柳樽二三・1）

七けんの外（ほかハ）は不沙汰なその当座　（川傍柳一・11）

お歯黒をつけたときは渋いので、うがいを十分しなければなりません。

まっ黒なぶく／＼をするはづかしさ　（安八礼2）

物の味一日しれぬ恥かしさ　（川傍柳一・11）

お歯黒のタンニン成分で、口のなかが渋く、しびれたようになったのでしょう。うがいが十分でなかったのか、あるいは今も化粧品で起こることがありますが、接触性皮膚炎でしょうか。

口びるがはれたと袖を取て見せ　（柳樽四・39）

姉始めぱち／＼ものてかた付ける　（川傍柳四・36）

といったこともあったことでしょう。

ぱちぱちというのは、

初がねハぱち／＼とした顔に成　（柳樽六・5）

この句でわかるように〝ぱちぱち〟としたは、はっきりした、魅力的な顔になった、ということでしょう。いまの人たちは、お歯黒は気持の悪い風俗だといいますが、江戸時代の人たちには、美しかったからこそ、この風習が永く続いたのです。

それはさておき、娘が二人以上いるとたいへんです。年の順に片づいてくれればいいのですが、

おふくろと半いさかいで黒くそめ　（柳樽九・30）

という場合もあったでしょう。二〇歳も過ぎると、妹の方が先に縁がある、という場合も多くなります。「三姉妹」ではありませんが、どうしてか、妹の方が明るくて積極的で、姉の方はおとなしくて消極的な性格の方が多いからでしょう。

ですから二一、二歳を過ぎると、出遅れたお姉さんも、ひやかされるのがいやなので染めることもありました。

二十五ハ娘の年てなかりけり　（武玉川八・16）

前にも書きましたが娘といっても一九、二〇歳はもう年増、二〇歳以上は中年増、二八、九歳を過ぎると大年増といわれていたというのですから、ひどいものです。そのほか、まだまだ数多くの迷信や習慣がありますが、

最後にもう一句、

初かねに乞食のくれた名をかへる（柳樽拾遺二・15）

昔は乞食に名前をつけてもらうと赤ん坊が丈夫に育つという迷信がありました。

「もう元服なんだから、いつまでも乞食にもらった名前ぢァかわいそうだ、もういいだろう」

というので初鉄漿のとき、名前を変えたというのです。

8 お歯黒おばあさん訪問記

昭和五一年の春、歯科医学の立場からお歯黒の研究をされている大阪大学歯学部の山賀禮一教授から、お歯黒をつけている人がまだ秋田県にいる、という情報をいただきました。

山賀先生に同行して取材する予定をたてましたが、どうにも都合がつかず残念に思っていたところ、しばらくして取材記録のフィルムを中心に《日本人の歯を護ったお歯黒》という映画をつくりたいから協力するように、ということで、台本を拝見するなどお手伝いをしました。そして年末近くになって、映画ができたからぜひ見に来るように、というので阪大にうかがいました。ところが残念なことに、肝心なお歯黒をつけている場面の照明が暗く、せっかく貴重な化粧風俗なのにやや記録性に欠けるうらみがありました。

しかし、現在、ほんとうのお歯黒をつけている人がいた、ということは、私にとってたいへん有難いことで、まさに無形文化財であると思ったものです。

残念ながら私には記録映画をつくるだけの財力はないのと、個人ではせっかくの映画も生かしきれないと思い、ポーラ文化研究所にお話しし、協力をお願いしました。

昭和五二年一月二九日、山賀教授にポーラに来ていただいて、くわしくお話を聞き、さらに秋田市の歯科医師渡部光太郎先生を紹介していただきました。そこで、渡部先生からお歯黒をつけているおばあさん、山崎スガさ

お歯黒をつける山崎スガさん（96）

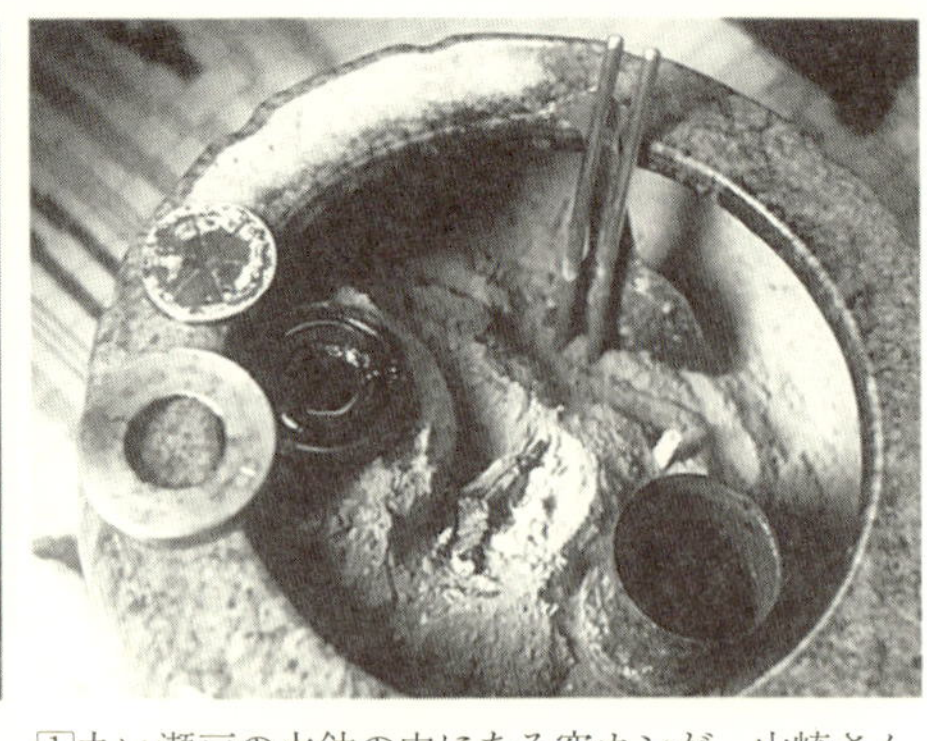

1丸い瀬戸の火鉢の中にある空カンが、山崎さんのお歯黒道具でした。

2これも、瓶の蓋のようなものの中にカネ水をとり、フシの粉と交互につけている。

3クチュ、クチュと手早くつけると、もう口の中は真っ黒な泡でいっぱい。

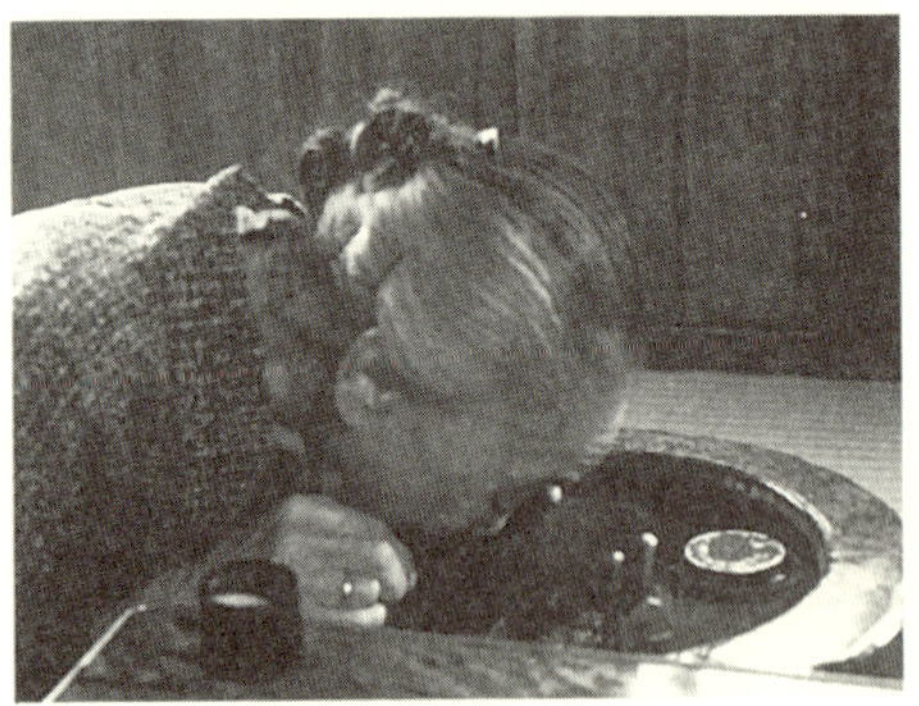

4ぬってはビュッ、ぬってはビュッと黒いツバを火鉢の空カンにはき出します。

ん（秋田市土崎港東）に取材の都合を聞いてもらいました。ことしは寒くて健康状態もよくないので、暖かくなってからにして欲しいということで、お年もお年だし、私としては気が気でありませんでしたが、とりあえず、暖かくなるのを待つことにしました。取材のお許しをいただいたのは、七月も近くなってからでした。

いよいよ取材に出発

七月四日、待ちに待った取材でポーラ文化研究所の撮影班と一四時羽田を飛び立ち、一時間半で秋田空港着。空港から土崎港町へ向かう。途中、タクシーの運転手さんの話では、二〇年ぐらい前まではまだお歯黒をしている人を見かけたが、もういまではまったく見かけなくなってしまったということでした。

土崎港町は、その名の通り、かつては漁港(みなと)町(まち)で、町の中心部からタクシーでわずか二〇

5 染め終わると、口唇や歯ぐきについてお歯黒を布で拭き取ります。

6 やれやれ。長いキセルで刻みタバコを一ぷく。口直しにいいんでしょうね。

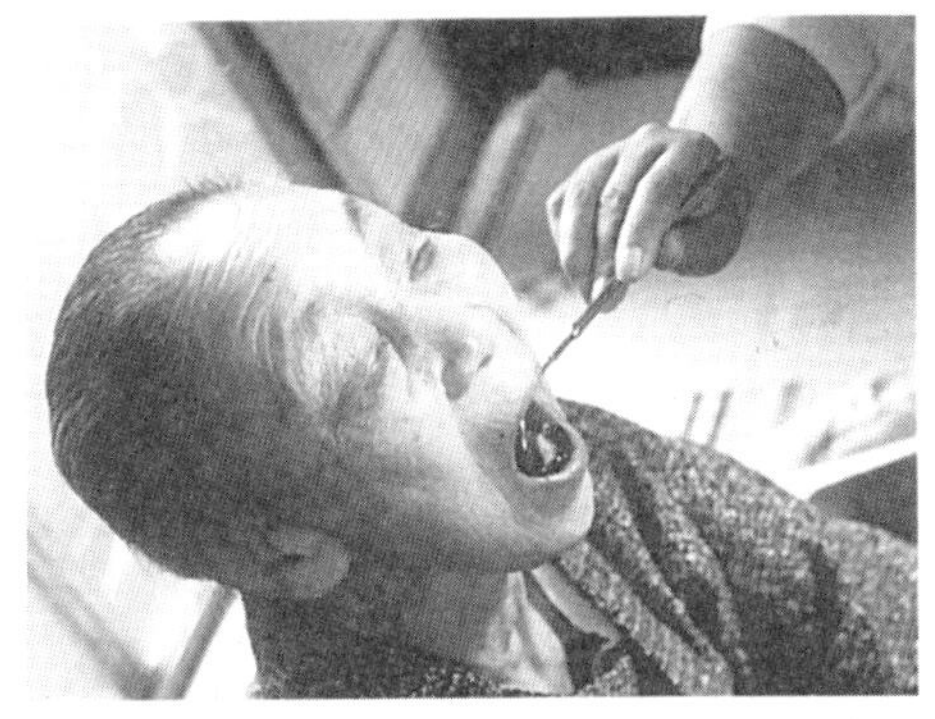

7 虫歯が一本もないとは驚きました。やっぱり歯が健康の元ですね。

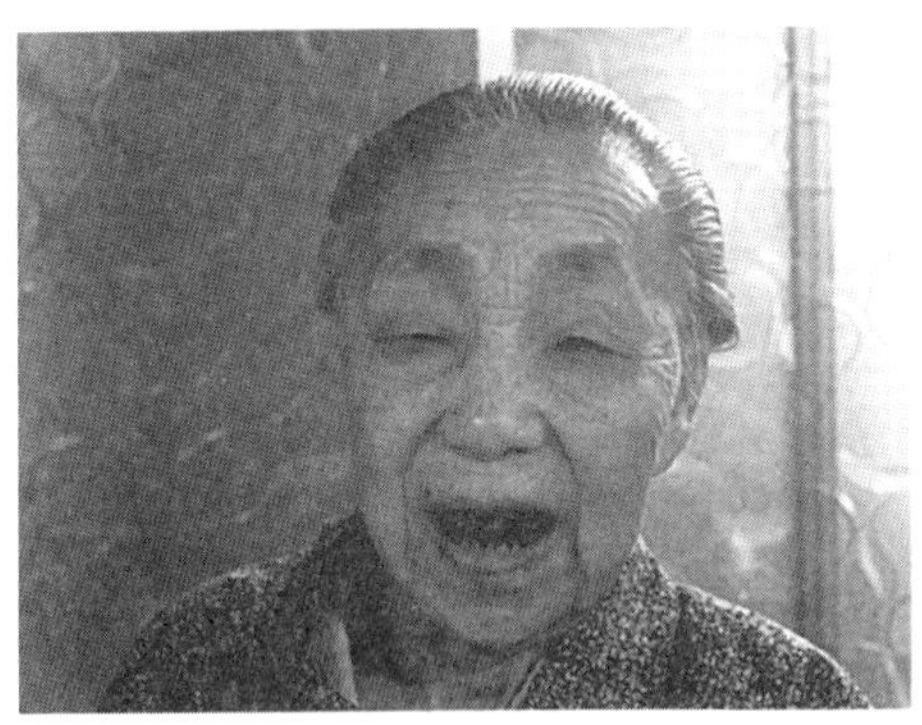

8 96歳とは思えない、しっかりした立派な顔ですね。肌もきれいでした。

分、スガさんは、建築業を営んでいる息子さんの山崎松太郎さんご夫妻やお孫さんに囲まれて暮らしています。この日、松太郎さんは仕事を休んで待っていてくれました。

その日は撮影の打合わせや、ご家族からスガさんの日常生活の話をうかがいました。

スガさんは明治一四年三月二日生まれ、うかがった昭和五二年にはすでに九六歳、でもたいへんお元気でした。若いときからおしゃれで身嗜み(みだしな)がよかったということで、たしかにシャンとしていて七〇歳ぐらいにしか見えません。そして秋田美人です。

スガさんは毎朝七時に起きて、一日おきに家の人たちが出かけたあと一〇時ごろになってお歯黒をつけだします。去年までは毎日盥(たらい)で洗濯し、自分で縫い物もしたし、よく一人でお墓参りに行ったということです。

撮影開始

はじめて見るお歯黒化粧に、期待と興奮でみんな緊張していました。いよいよつけ始めるというのに、大きな瀬戸の丸い火鉢の前に座ったスガさんの脇にお歯黒道具はなにもありません。それなのにスガさんはお歯黒をつけはじめたのです。お歯黒道具は火鉢のなかにある大小の空カンと妻楊子の先に脱脂綿を木綿糸でくりつけたお歯黒筆だけでした。

それでも鉄漿（かね）水と五倍子粉（ふしのこ）を交互に、驚くほどの早さで、くちゃくちゃとやると、たちまち口の中はまっ黒な細かい泡でいっぱいになり、歯はもちろん、歯ぐきも唇も、まっ黒になりました。スガさんは、なん回もぬってはピュッ、ぬってはピュッ、と黒いツバを火鉢のなかの空カンの中に吐きます。そして、最後に布で唇や歯ぐきや舌などを拭いてできあがり。この間、わずか三分たらず。艶やかな黒ダイヤが見事にならぶ。私の持っているお歯黒の義歯とおなじ艶やかさで、しかも美しい。

紹介していただいた渡部先生に、お歯黒をつける前と後の歯の状態を診ていただいた。下顎の大臼歯はもうありませんが、上顎の大臼歯は、左はないが、右はしっかりしています。そのほかの歯は全部そろっていて虫歯は一本もないとのことです。まず、歯の状態からは四〇〜五〇歳代だと聞かされ驚きました。

山賀教授の研究によると、①お歯黒の鉄イオンは歯質のリン酸カルシウムの結晶を強化する。②お歯黒のタンニンは歯質蛋白（たんぱく）を凝固・収斂（しゅうれん）させて細菌の侵襲（しんしゅう）から守る。③お歯黒、つまりタンニン酸第二鉄はエナメルの小柱間質の部分をふさぎ、さらに表面を被覆（ひふく）することにより歯質を保護する、とのことです。

つまり、お歯黒は虫歯や歯槽膿漏（しそうのうろう）の予防に役立っていた、というのです。山崎スガさんは、まさにお歯黒の効果を立証してくれたことになるでしょう。

さらに山賀教授のご教示によりますと、虫歯の罹患率は少年期には男女同率だが、思春期からは女性の方が多くなってくるということです。そのうえ、結婚し、出産すると歯質は急速におとろえてくるそうです。こういった女性の宿命的な歯の脆（もろ）さを護るために婚約・結婚を契機としてお歯黒をつけるようになったのでしょう、これこそ実体験から生まれた知恵だったと思います。スガさんも歯垢（しこう）がなくてきれいだったので虫歯にはならなかっ

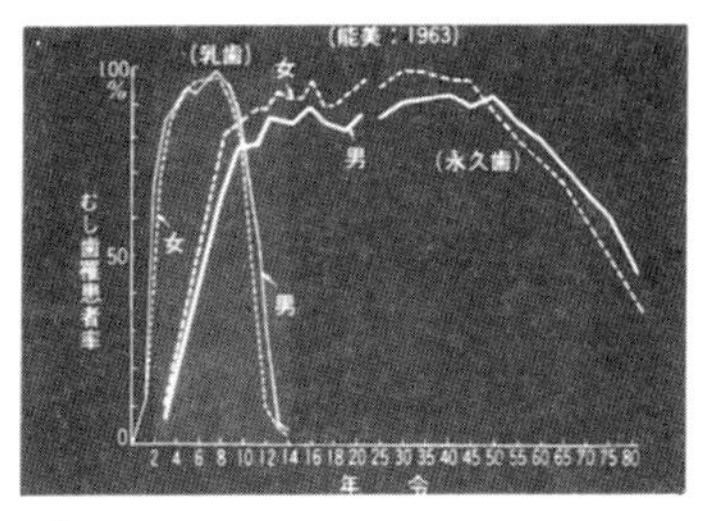

①

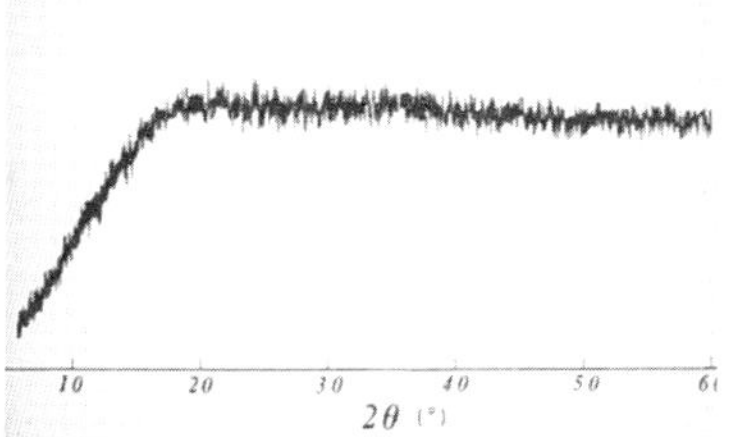

②

④

山賀教授の研究から

①むし歯罹患者率　永久歯は女性の方がむし歯になりやすい。
②合成タンニン酸第二鉄のＸ線回析像　きわめて非結晶性で、被覆力に富んでいる。
③お歯黒で染まったエナメル質の断面　よく浸透していることがわかる。
④0.001Nの希塩酸で40秒脱灰すると、エナメル質は侵されてエナメル水柱が見えてくる。
⑤ところが、お歯黒を塗ったエナメルは侵されないので齲蝕予防に効果あることがわかる。

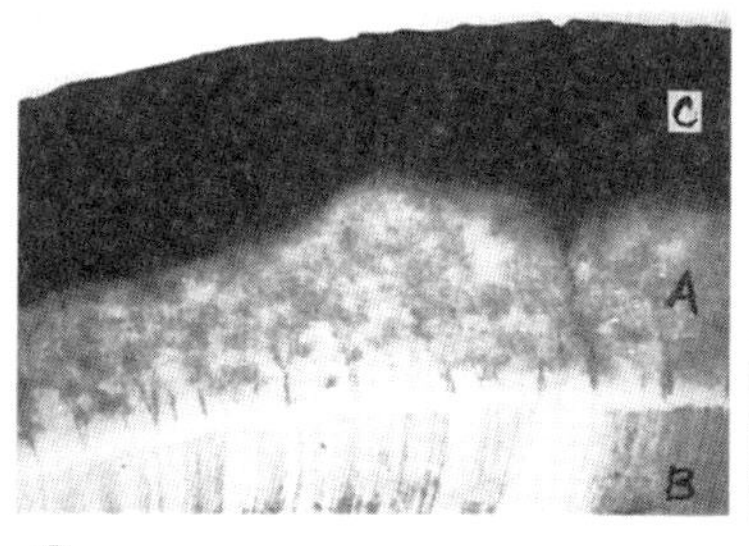

③

⑤

たのです。

お歯黒にまつわる風俗

撮影が終ってから、スガさんはおいしそうにキセルで刻み煙草を吸い出しました。

え！　江戸時代のお歯黒風俗が生きていると、びっくりしました。川柳などで、お歯黒を染めたあと、煙草を吸う風習のあることを知っていたからです。私はうれしくなって、その理由を尋ねてみました。しかしスガさんはお歯黒の艶が良くなるからとか、そういう理由ではなく、ただ戦争中配給になってから吸い出した、というので、拍子抜けしてしまいました。ところが、スガさんのお母さんもお歯黒をつけたあと煙草を吸っていた、ということで、少しすくわれた思いでした。

また、お歯黒をいちばん最初につけたときは、と聞くと、

「お嫁に行くとき、あす、行くという前の日につけたス」

「眉はいつ剃ったのですか」

「剃らなかったス。内町（中心地）の人は剃ったもんだ」

――やはり地域による階層差のようなものがあったのでしょう。

もうこの町にも、お歯黒をつけている人はスガさん一人らしいのです。お隣りの人も「いまどき珍しいと思ってネ。シャキシャキして行ったり、あちこち歩くんですもの、まあ非常にまれな人だと感心してみてたんです」というぐらいで、とくに奇異の目をもって見ていたわけではないようでした。

明治新政府の欧化政策のなかで、西欧諸国にない蛮風ということで廃止の運命をたどったお歯黒ですが、山崎スガさんという生証人によって、お歯黒は歯のためによかったということと、日本の伝統的な美意識を満足させていたのだ、ということを私たちに教えてくれたような気がしました。

山賀教授のお歯白の研究

お歯黒がそんなに歯のために良いものなら、なんとかして現代の歯科医学に応用できないものだろうか、という発想から、山賀教授らによって研究開発されたのがフッ化ジアンミン銀 $Ag(NH_3)_2F$ でした。これの三八%水溶液製剤は乳歯の虫歯の予防と、その進行抑制などに広く利用されています。

しかし問題は、これが薬剤であるため、歯科医師や歯科衛生士などの専門職以外の人には使用できないことと、やはり塗布した歯が黒くなることが、現代の明眸皓歯（めいぼうこうし）の美意識には歓迎されないということです。

いつの日かきっと、だれでも簡単にぬれて、しかもお歯黒とおなじように虫歯や歯槽膿漏の予防になる、美しいお歯白ができるにちがいないと思います。

9　お歯黒のふるさと

香登（かがと）を訪ねて

平成八年四月、山崎スガさんの取材以来すっかりご無沙汰していた山賀禮一先生（大阪大学名誉教授）から、最近のご高著『歯無しにならない日本人』をお送りいただきました。〈アジアの智恵がからだを守る〉というサブタイトルが示すように、歯にまつわる文化史や伝統医療とともに、先生がお歯黒をヒントに研究開発された虫歯予防剤「サホライト」、予防歯科材料（ハイボンドセメント）など、興味深い話が満載されていました。

そのなかで「香登（かがと）お歯黒」という、はじめて耳にする言葉にひかれました。ほどなくして先生から、備前市歴史民俗資料館で開催されている「香登お歯黒展」と備前市民センターで五月二六日に行なわれるシンポジウムのご案内をいただきました。

そこで、さっそく五月の連休に展覧会を見に行きたいと電話をしましたら、案内するから来るように、というご親切なお言葉をいただき、急きょ五月一日の夕方、出かけました。高槻市からわざわざ新大阪までお出迎えをいただき、その夜はホテルで香登お歯黒の特別講義をしていただきました。

翌日、ご一緒に備前の歴史民俗資料館にうかがうと、先生がさきにご連絡くださっていたらしく、館長さんや学芸員をはじめ、香登お歯黒研究会の役員の方々、備前焼きの作家、評論家など数名のご来訪をうけ、恐縮してしまいました。

一般に知られているお歯黒が、お歯黒水と五倍子（ふしのこ）粉を混ぜてつくるタンニン酸第二鉄であるのにたいし、香登のお歯黒は、最初から緑礬（ろうは）とよばれている硫酸第一鉄と五倍子粉と消石灰を混合粉砕したものであることを、はじめて知りました。

前者がお歯黒水を沸（わ）かし、五倍子粉と混ぜて色を出すのと、悪臭があるにたいし、香登のお歯黒は、ただ粉末を水に湿らせて歯に塗布すればよいし、もちろん無臭なので、〈便利お歯黒〉とよばれ「はやがね」、「やまとがね」、「ぬれからす」、「ぬれつばめ」、「かめぶし」、「まるさぶし」などの商品名で売られていました。

香登の「べんりお歯黒」

私は、明治時代の新聞広告から、益田第一堂の「べんりおはぐろぬれからす」と比留間民造の「改良お歯黒つやのいろ」が大宣伝していたのは知っていましたが、これらが「香登のお歯黒」であったことを今回はじめて知り、また新しい研究対象ができた喜びでいっぱいになりました。

明治一九年には「ぬれからす」の偽物(にせもの)が出て、発売者には重禁錮(じゅうきんこ)一五日、罰金五円が申し渡された、という新聞記事がありましたので、当時はそうとう売れていたものと思われます。

『東京朝日新聞』は明治二一年創刊ですから、私がみたのは明治五年創刊の『東京日日新聞』です。『東京日日新聞』は昭和一八年一月一日付で『毎日新聞』と題号を変更したのです。

明治二一年は『東京朝日新聞』と『東京日日新聞』の二紙に、小さいながらも益田は一四回、比留間は二回出稿していましたが、二四年になると益田は五月一八日、七月二六日、九月一日の一頁広告を含む、全部で九回も出稿しています。

この年『国民新聞』の一二月二〇日付でも一頁広告を出稿していますから、たいへんな出稿量です。

二五年になると益田の「ぬれからす」以外に汐見盛栄堂の「かめぶし」、村田宗清の「べんりおはぐろはやかね」、伊藤永光堂の「操ふし」など、お歯黒の広告は非常に多くなり、この傾向は三四年まで続いていました。なぜかこの年が最後で、以後まったく広告出稿がありませんでした。この疑問に答える資料はいまのところありません。

平成元年に香登お歯黒研究会で刊行した『香登お歯黒』に掲載されている「高取太郎氏の出納簿と注文書」には、大正一一年から昭和一九年までの二三年間にわたる、全国の取引先六二店舗名と数量が記録されていました。

高取家だけで年間三〇万袋出荷していますから、当時の五製造業者で、おそらく年間百万袋は下らなかったでしょう。しかし、広告料金をみてみますと、明治三〇年代になると、二〇年代の三倍ぐらいに急騰しているのにたいし、お歯黒の売上げは下がる一方だったのです。とても広告を出して売上げを伸ばせるという見通しは立てられなかったのだと思います。香登のお歯黒の終焉(しゅうえん)は、その出荷記録からみて、およそ昭和二〇年の第二次大戦の終戦までであることがわかりました。

お歯黒のシンポジウム

平成八年六月二六日、初めてのお歯黒のシンポジウムが

謹告

農商務省特許専用商標

本舗　大阪清水町筋板屋橋角　益田第一堂

支舗　東京日本橋區久松町拾五番地　益田第一堂

御需用諸君の御愛顧と取次諸君の御盡力とに依り無比の御高評を蒙り弊店の大幸之れに過ぎすと深く感謝に堪へず尚諸事萬端に一層注意仕

一種の粗悪品を製し之れに種々の名稱を附し甚々敷に至りてハ弊店専用權の商標を偽造し瞞着主義を以て一時の私慾を

専用商標　官許　新發明　べんりおはくろ　ぬれからす　本舗　大阪清水町筋板屋橋角　益田第一堂　原舗

益田製

べんりおはくろ ぬれからす　一頁広告（東京朝日新聞 明治 24 年 7 月 26 日）

岡山の備前郷土史研究会の主催、香登お歯黒研究会と備前市教育委員会の後援で開かれるというので参加しました。

会場の備前市市民センターは、備前焼きの産地伊部（いんべ）と西片上（かたがみ）の中間、岡山駅から赤穂線で一時間、それも一時間に一本の単線という鄙（ひな）びたところです。しかし、さすが不況知らずの備前焼きという地場産業をかかえているだけに立派な建物でした。備前市は人口三万人。ＮＨＫのローカルニュースや山陽新聞に関係者がお願いに行った、とはいうものの、はたしてどのくらいの人が集まるか心配していましたが、参加者一二〇人以上という盛況ぶりでした。

「お歯黒展」が開かれた備前市歴史民俗資料館（上）
市民センターで行なわれたお歯黒シンポジウム（下）

司会・進行は岡山大学名誉教授小田嶋悟郎氏、演者は大阪大学名誉教授山賀禮一氏、日本歯科大学非常勤講師大野粛英氏、歯の資料館長松田信隆氏、いずれもこの道の権威者ばかり。

小田嶋氏の「江戸時代、女性歯の研究からみたお歯黒」という基調講演に続いて、松田氏の「お歯黒道具について」、大野氏は「幕末・明治期に外国人がみたお歯黒の風習」と「現在も行なわれている山形のお歯黒製造」、山賀氏は「香登お歯黒に学ぶ。新しい虫歯予防剤」という、まさに学際的な実りのあるシンポジウムでした。

私が化粧史の研究を心ざしたとき、まっ先にお歯黒を、と決めたのは、いま、調査研究をはじめなければ、機を逸（いっ）してしまうと考えたからでした。

それが昭和二七年のことでしたから、それから四四年目に、このような立派なシンポジウムが開かれようと

『秘傳抄』るりふし合せの法　松田信隆氏蔵

は、夢にも思っていませんでした。いまようやく、化粧史の一角が学問として構築されだしたのだ、という感激で、関係者の皆さんに感謝するばかりでした。ただ、榎（えのき）先生が体調をくずされ、出席されなかったことは、まことに残念でなりません。来年も引き続いて開催されることを期待して会場をあとにしました。

後日、備前市歴史民俗資料館の学芸員村上節子さんから『秘傳抄』のコピーをいただきましたら、そのなかに

○るりふし合せの法（瑠璃五倍子合せ）
一、ふしのこ（五倍子粉）　五匁
一、ろうはのこ（緑礬粉）　三匁五分
一、さくろの皮のこ（石瑠皮粉）　弐匁
一、かきばい（牡蠣灰）　壱匁
〆合して歯に付るなり

とあったのを見つけ、これはひょっとして香登のお歯黒とおなじ処方ではないか、と思っていましたら、しばらくして山賀先生から、かつて市販していた香登のお歯黒六種類の分析結果を送ってくださいました。そのなかの、「満るさ婦し」の成分・パーセントとほとんどおなじ

小間物化粧品御小売　日新堂都田商店のポスター　店内のビラに「ふしの粉」と「ぬれからす」が見える　松田信隆氏蔵

でした。

また、村上さんが送ってくださった都田商店のポスターを見ていたら、店内に掲げてある商品のビラに「ぬれからす」、「染粉いろ〳〵」、「ふしこ」とあるのをみつけました。このポスターは明治二九年ですから、それ以降のものですが、益田第一堂の「ぬれからす」と昔から使われていた「ふしの粉」の二種類のお歯黒が売られていたことがわかりました。

10　おわりに

岡山からの帰途、車窓から見た落日は、やはり東京で見たのとは違って赤く輝いていました。すぐシャッターを切ったのですが、現像してみると、目で見たときと違って黄味がかったオレンジ色だったのでがっかりしました。ふと以前、この本の口絵を飾っていただいたカメラマンの長須賀一智氏が日の出を撮ろうと思って、元旦の暗いうちから大洗の海岸でシャッターチャンスをねらっていても真っ赤に見えるのは、ほんの二、三分です、とおっしゃったことを想い出し、やはりプロだな、と感心したことがありました。

昔は極度に疲労すると、太陽が黄色く見える、といいましたが、いまでは健康でも、朝日や夕陽が黄色く見えます。おそらく大気汚染のせいでしょうが、いまに「日の丸の旗はどうして赤いの？」と聞かれるかもしれません。いや、赤だけでなく、白も「おしろいは白くないのに、なぜ白粉と書いたの？」とか、黒も「緑の黒髪ってどういう髪の色？」というクイズのような質問が出るかもしれません。

振りかえってみると明治・大正・昭和と、伝統的なものから近代的なものへと移行したこの一〇〇年間は、化粧品や化粧の美意識にとっても、まさに変革期でした。口紅の赤も、白粉の白も、髪の黒も、みんな単色だったから「赤・白・黒」の配色美があったのですが、いまではもう日常の褻（け）の世界では見られなくなってしまいました。わずかに式正・礼・晴の世界のみです。褻の世界は、すべてが多彩になったので、個性的な多様・多彩な配色美が展開されているのでしょう。しかし婚礼などの礼・晴のときに見る「赤・白・黒」の配色を美しいと感じる美意識がまだ残っているので、やはり日本人なのだなと、思いました。これはこれで、大切にしたいものです。

◆化粧史年表

年代	化粧・美容関係事項（企業・化粧品・広告宣伝）	政治・経済・社会、化粧関係出版物
一五九四（文禄三）	《企業》〈薫香・線香〉京都負野薫玉堂創業	○徳川家康、征夷大将軍となり江戸幕府を開く（一六〇三） ○朝鮮通信使が来日し、初めて江戸に入る（一六〇七） ○江戸城で出雲の阿国が歌舞伎踊りを演じる（一六〇七）
一六〇九（慶長一四）	徳川家康、占城国（チャンパ）から伽羅一〇〇斤を白銀二〇貫で買い求める。	
一六一四（慶長一九）	家康「伽羅之油」を処方し、自分でつくっていた。自筆「香合せ覚書」が徳川美術館に現存する。	
一六一五（元和元）	《紅屋》明国人、家康の侍医呂一宮（堀八郎兵衛）、日本橋通二丁目角で紅の製造販売をはじめる。元和九年、呂一官の没後、近江商人柳屋五郎三郎紅屋を引継ぐ。（柳屋創業）	○幕府、武家諸法度・禁中並び公家諸法度を制定（一六一五）
一六一六頃（元和二）	『駿府御分物御道具帳』に、厖大な伽羅や沈香、白檀、石鹸（しゃぼん）、玻璃鏡（びいどろかがみ）などの収蔵品記録が残っている。	徳川家康没（75）（一六一六） ○日本橋葺屋町に遊女屋を集め吉原町できる（一六一七） ○中村勘三郎、中橋で歌舞伎芝居を初興行（一六二四） ○幾島丹後京より下り、中橋で初興行——若衆歌舞伎の始め（一六二五） ○女歌舞伎禁止（一六二九） ○参勤交代制度化される（一六三五）
一六三七（寛永一四）	『天工開物』（明の宋応星著。中国の伝統技術書）、崇禎一〇年（一六三七）刊（わが国でも明和八年〈一七七一〉和刻本出版）。本書に白粉や紅の製法が記載されている。 《伽羅之油店》「伽羅油ハ古来ナシ、寛永ノ末ニ芝神明前ニ、セムシ喜右衛門ト云者、花ノ露ト云薬油ヲ製ス、面部ノフキ出物ニヨシ、面ニツヤヲ付ル匂ヒ油ナリ——」（『我衣』）	○ポルトガル船来航禁止（鎖国令発布）（一六三九） ○髪結職に鑑札を与える（一六四〇）
一六五〇（慶安三）	『女鏡秘伝書』に「白粉化粧」、「際化粧」、「爪紅」、「お歯黒」、「香」、「髪油」、「化粧道具」などの記事あり。	『女鏡秘伝書』筆者不明、三巻三冊（一六五〇）

	《伽羅之油店》「正保・慶安のころ、京室町、髭の久吉売はじむ、其後三条の市宇賀、縄手の五十嵐これを製す。江戸にては芝の大好庵、背虫喜右衛門などはじめなり」(『本朝世事談綺』一七三四〈享保一九〉刊)
一六五七(明暦三)	『七十一番歌合』に「白粉うり」、「水かねほり」、「たき物うり」、「べにとき」、「かゞみとき」などの挿絵あり。 《企業》〈薫香・線香〉堺市 梅栄堂前身創業 《歯磨》丁字屋喜左衛門、来朝朝鮮人から歯みがきの製法を教わる。
一六六〇(万治三)	《化粧道具》『女諸礼集』(万治三年刊)、『女郎花物語』(万治四年刊)、『訓蒙図彙』(寛文六年刊)などに化粧道具、香道具などが紹介されている。
一六六二(寛文二)	《企業》〈薫香・線香〉京都 鳩居堂創業
一六七二(寛文一二)	《精油》長崎奉行、牛込忠左衛門の命によりオランダ通詞中嶋清左衛門ら六名、昨年渡来の蘭人につき、薬油三二種の製法・芸能を尋問記述して上申す。そのうち、精油はテレピン油、陳皮油、丁子油、ローズマリー油、樟脳油など九種の油浸法と蒸溜法によって製造する法(楢林鎮山著『紅毛外科宗伝』のうち「油取の書」)。
一六八〇頃(延宝末)	《小間物店―役者香具見世》延宝の末、吉弥結びで有名な役者上村吉弥は引退し、京四条高瀬川の橋詰に白粉店を開き「吉弥白粉」を売出し、大いに流行(安永三年刊『新刻役者全書』―「古今役者香具見世」)。
一六八二(天和二)	《化粧(けわい)》江戸時代初期の上方の化粧は西鶴の『好色一代男』(天和二年刊)、『好色一代女』(貞享三年刊)、『好色五人女』(貞享三年刊)などによく描かれている。
一六八七(貞享四)	『女用訓蒙図彙』は、化粧法、化粧品、匂袋、肌あらひ粉の処方、化粧道具を図入りで紹介。 『江戸鹿子』は、白粉屋三軒、伽羅屋三軒、花露屋四軒、伽羅之油屋五軒、香具所三軒、鏡師四人などを紹介。
一六八八(元禄元)	《小間物店―役者香具見世》吉弥以後、谷嶋主水、虎屋一之進、中村数馬など開店(『新刻役者全書』)
一六八九(元禄二)	《紅花》芭蕉、五月一七日山形領の尾花沢の俳人で、紅花売買の富商鈴木清風宅に投宅。紅花畑を見て感嘆。
一六九〇(元禄三)	『人倫訓蒙図彙』は、白粉師、蘭麝香屋、眉作師、かづら師、鏡師などを図入りで紹介。

○江戸に本屋できる (一六五一)
○若衆歌舞伎禁止 (一六五二)
○男伊達が横行する (一六五四)
○明暦の大火(振袖火事)江戸城をはじめ江戸の大半を焼きつくす。浅草千束に新吉原新設 (一六五七)
○三井高利、伊勢松阪より江戸に進出し、越後屋呉服店を開業 (一六七三)
○八百屋お七の火事。駒込大円寺より出火。下谷・浅草・本郷・神田・日本橋に延焼。中村座・市村座焼失。 (一六八二)
○お七、火刑 (一六八三)
『女用訓蒙図彙』㊔奥田松柏軒 ㊓貞享四年
松尾芭蕉『奥の細道』の旅に出発 (一六八九)

年代	化粧・美容関係事項（企業・化粧品・広告宣伝）	政治・経済・社会、化粧関係出版物
一六九二（元禄五）	『女重宝記』は、白粉化粧、紅化粧、際化粧、眉化粧、お歯黒、香、洗粉、化粧道具などを詳述。 《きわ墨》「額の作りやう、大ひたひ、小ひたひ、丸ひたひ、火燈口、すりあげひたひ、皆人々の生れ付に応じて計らひ作り給うべし。きわずみはなるほどうすくと高根の花に霞(かすみ)のかくれる軀(てい)に小びたいより上にて引すて消すべしといへり……」（『女重宝記』） 《歯磨売》この頃、江戸芝神明神社の境内で三條小六という者、曲鞠をしながら歯磨、膏薬を売る。 《小間物店》白粉店（江戸三軒、京十八軒、大坂十二軒）、伽羅之油店（江戸五軒、京二軒、大坂六軒）、伽羅店（江戸三軒、京二軒、大坂六軒）『諸国買物調方記』	『女重宝記』著 艸田寸木子（苗地丈伯）刊 元禄五年　五巻五冊 井原西鶴没（52）元禄六年
一六九四（元禄七）	《化粧》『西鶴織留』（元禄七年刊）によると天和と貞享で化粧も違っていることがわかる。	『奥の細道』著 松尾芭蕉 成 元禄七年 松尾芭蕉没（51）元禄七年
一六九六（元禄九）	《小間物店》大坂屋（松澤八右衛門）銀座三丁目に通称「丸八」を開店。歯磨などを売る。	
一六九七（元禄一〇）	《小間物店》花の露店（江戸四軒）、白粉店（江戸三軒）、伽羅之油店（江戸五軒）、伽羅店（江戸三軒）『日本国花万葉記』 《小間物店》白粉店（京師十七軒）、紅花問屋（京師四軒）、紅花中買問屋（京師六軒）、紅花牙儈(すあい)（京師四軒）『日本国花万葉記』	『国花万葉記』著 菊本賀保 刊 元禄一〇年
一六九九（元禄一二）	《すき油》胡麻油に生蠟を加えた煉油。髪をすく時に使う。『初音草噺大鏡』に「流行(はや)るもの――女形荻野澤之丞がすき油」とある。 《小間物店―役者香具見世》荻野澤之丞、松本幸四郎、三條勘太郎、鈴木三四郎など開店（『新刻役者全書』）	
一七〇四（宝永元）	《小間物店》猿屋山本七郎兵衛創業。楊枝のほか白粉、元結なども扱っていた。	『大和本草』著 貝原益軒 成 宝永六年
一七〇九（宝永六）	《爪紅》「鳳仙花(ツマクレナイ)―女児此花ト酢漿草(カタバミ)ノ葉ヲモミ合セテ爪ヲ染ム。紅色トナル六七月ニ花開ク――」『大和本草』	『女中道しるべ』著 冷泉為兼の娘・五巻五冊 刊 正徳二年 ○この頃、寺小屋普及し庶民教育大いに進む。
一七一二（正徳二）	『和漢三才図会』に白粉、鉄漿などの記述がある。	『和漢三才図会』著 寺島良安 刊 正徳三年　一〇五巻二冊 活 東洋文庫（平凡社）
一七一七（享保二）	《歯磨》この頃、松井源左衛門、居合抜きをしながら歯みがきを売りあるく（『賎の小手巻』） 《五味葛》「五味葛をもつて今の男女盛んに髪をかたむ。是れも中世からせし事とぞみえたる」（『塩尻』）	『塩尻』著 天野信景
一七二四	《伽羅之油》「匂伽羅の油の秘法　唐蠟八両、松脂三両、甘松二両、丁字七分、白檀一両、茴香四分、	『智恵海』、『拾玉智恵海』、『拾玉新智恵海』、

（享保九）

肉桂三両、青木香三分、まんていか（猪の油）と胡麻の油加減してよく煎じつめ、きぬ袋にて漉し、麝香、龍脳三分合練」（『新智恵の海』）

《丁字油》桂川甫筑、徳川吉宗の命により江戸城内にて丁字油を製す。

一七二六（享保一一）

《役者香具見世》中村源太郎、澤村宗十郎、初代瀬川菊之丞（『新刻役者全書』）

一七三二（享保一七）

《眉化粧》眉化粧の種類、眉墨（はいずみ、こね墨）の作り方、眉掃道具、そのほか礼法としての化粧が秘伝として残されている（『眉作り化粧秘伝』）

一七三四（享保一九）

《白粉》「近世本朝の白粉甚だ勝れたり、よって異国人是を買去る」（『本朝世事談綺』）

《香具師》江戸の香具師左兵衛、取扱い商品として歯磨、紅、白粉、小間物薬などを上申す。

一七三五（享保二〇）

《石鹸》長崎奉行細井因幡守、幕命により蘭人よりサボンの出所、製法を取調べ上申す。

《小間物店》花の露店一軒、伽羅之油店十二軒、歯磨店四軒（『続江戸砂子』）

一七五三（宝暦三）

《股おしろい》「町の女房共は、わざと裾のひるがへるやうにして、脛（はぎ）の白いを見せかけ、仙人を落として見せ物にせん方便と見えたり」（『教訓続下手談義』）

一七六四（明和元）

《白際化粧（しろきわ）》「――白きわは常のおしろい（鉛白粉）にあらず、はらや（水銀白粉）をすりて用」（『祝の書』）

『絵本江戸紫』に白粉、際墨、紅粉、爪紅粉、眉、鉄漿などの礼法を絵入りで説明している。

一七六九（明和六年）

《歯磨》平賀源内、えびすや兵助の売り出す歯みがき「嗽石香（そうせきこう）」の引き札を書く――宣伝文の始め――（明和六年一一月）

《外国企業》YARDLEY OF LONDON, INC. 1770 創業

一七七五（安永四）

《股おしろい》「裏町のお内儀、初湯に出かけるとて――内ももまでおしろいをぬりかけ、そと八文字にあるきかけらるれば、通りの人あれを見やれ、とほうもねゑ白いことの、黒田様の上屋敷のよふだと悪口――」（『春遊機嫌袋』）

《伽羅之油》「伽羅之油、昔は菜種屋にて商い、男髪ばかりに少しつけ、女はさねかづらという物にて日に日に梳けるゆえ、臭気もいでず奇麗なりしに、四五十年以来男女とも頻りに油を用いし」（『翁草』）

一七七六（安永五）

《小間物化粧品問屋》岡山の㊑丁子木屋前身創業（安永六年一〇月）

《外国企業》HOUBIGANT, INC. 1775 創業

一七八七

《小間物化粧品店》「近源」近江屋源七商店（後のヘチマコロン本舗）創業

『増補拾玉智恵海』（著）藤井政武（刊）享保九年各三巻全十二巻

○幕府倹約令を下す（享保の改革）

水島流諸礼秘巻六六冊の内『眉作り化粧秘伝』（著）水島卜也（成）享保一七年

『本朝世事談綺』（著）菊岡沾涼

○この頃、上方に読本盛んとなる

『教訓続下手談義』（著）静観房好阿（刊）宝暦三年

『本草網目啓蒙』（著）小野蘭山（刊）宝暦一三年

『祝の書』（著）伊勢貞丈　一巻一冊（写）（成）明和元年

『絵本江戸紫』（著）禿帚子（画）石川豊信（刊）明和二年

○鈴木春信錦絵を創始（明和二年）

柄井川柳撰『俳風柳多留』初篇刊行（明和二年）

松坂屋いとう呉服店江戸店開店（明和五年）

『天工開物』（著）明・宋応星・江田益英校訂（刊）明和八年

『新刻役者全書』（刊）安永三年

『春遊機嫌袋』（著）恋川春町　二巻一冊（刊）安永四年

『安斎随筆』（著）伊勢貞丈（成）安永年間？

『翁草』（著）神沢貞幹（杜口）（刊）安永五年序（活）日本随筆大成

『當世かもじ雛形』（著）安部玉腕子（刊）安永八年
当時の髪型二十六種とかもじ型十四種を集め、図入りで鬢と髱、髷などの名称を紹介している。

○天明の大飢饉

年代	化粧・美容関係事項（企業・化粧品・広告宣伝）	政治・経済・社会、化粧関係出版物
（天明七）	《爪紅》「高貴のうへはしらず爪紅などする人ききも及ばず頬紅も頬先に塗たる故此名あり、今ハ眼箍（がんて）に点する故名義に叶わず、かくの如く変しきたれるハ天明寛政の頃とおぼし」（『近世女風俗考』） 《小間物化粧品店》「白牡丹」松田幸次郎商店創業 『安斎随筆』には白粉、頬紅、燕脂、眉拂、鉄漿、男子の化粧、化粧道具などの記述多し。	○「いき」が流行
一七九二（寛政四）	《企業》新潟の化粧品卸売業㈱小黒喜三郎商店創業 〈薫香・線香〉京都 ㈱山田松香木店前身薬種問屋として創業 《小間物化粧品店》 この頃、有名な店としては江戸日本橋両替町の下村山城（白粉）や両国の五十嵐次郎平（伽羅之油）、両国広小路の五十嵐兵庫などがあった。また京都の紅問屋玉屋善太郎商店が江戸日本橋本町二丁目に出店した（寛政四年）。	
一七九三（寛政五）	《外国企業》THE HOUSE OF 4711. 1792 創業 『婚礼道具諸器形寸法書』には化粧道具を図示し寸法を明記している。	『婚礼道具諸器形寸法書』㊔斎藤玉山㊓寛政五年㊗日本古典全集
一七九七（寛政七）	『小間物化粧品店』オシドリ香油本舗井上太兵衛商店創業 《お触れ》 「前々より女髪結と申、女之髪を結、渡世ニいたし候ものハ無之――是迄女髪結渡世いたし候もの家業を替、仕立もの洗濯其外女之手業ニ渡世を替候様、是又追々可心掛候――」（寛政七年一〇月 口達） 《外国企業》PARFUMS LUBIN. 1798 創業	《化粧品関係景物本》 大田蜀山人『神伝路考油』（伽羅之油） 山東京伝『四季交加』（シャボン玉・洗粉） 〃『女将門七人化粧』 〃『べにふでの跡』（京白粉・京紅） 〃『玉屋の景物』 滝沢馬琴『不老門化粧若水』（化粧水） 〃『夢想兵ヱ胡蝶物語』（シャボン） 〃『匂全伽羅柴舟』（紅・白粉） 式亭三馬『江戸の水』（化粧水） 〃『江戸の水幸噺』
一八〇四（文化元）	《企業》ナガオカ㈱前身日野屋佐内商店創業 〈薫香・線香〉大阪 玉初堂創業	
一八〇六（文化三）	《外国企業》ROGER&GALLET. 1806 創業	
一八〇八（文化五）	《企業》塩野香料㈱前身菜種問屋塩野吉兵衛商店創業	
一八〇九（文化六）	《小間物問屋》白粉、紅問屋十二軒（『江戸十組問屋』） 《化粧水》式亭三馬、和蘭陀処方による化粧水「江戸の水」を造り発売。自著に巧みに宣伝。	『浮世風呂』㊔式亭三馬㊒文化六～一〇年 『式亭雑記』㊔式亭三馬㊓文化七・八年

年	事項	出典
一八一三（文化一〇）	《総合美容書》顔、手足の手入れ、紅白粉の化粧、髪型、歩き方、帯結び、身嗜み、すべてを化粧（けはひ）として位置づけた女性のための教養書『都風俗化粧伝』三都で発売。版を重ね、ロングセラーとなる。 《洋式化粧品製造法》幕府、大槻玄沢、馬場佑十郎、宇田川玄眞らに仏国のノエル・ショメール著『厚生新篇』の翻訳を命じた（現存訳書には粧顔料、艶脂諸膏篇はあるが石鹸篇は紛失）。 《白粉》坂本氏の白粉「美艶仙女香」は当時宣伝力がきいて有名だった。	『浮世床』初篇(著)式亭三馬(刊)文化八年 『陰陽漫録ひみつ集』(著)狂歌人筆の谷の主清垣（写） 『都風俗化粧伝』(著)佐山半七丸(画)速水春暁斎(刊)文化一〇年(活)東洋文庫（平凡社） 『厚生新篇』(著)ノエル・ショメル(成)文化八年〜天保十年　稿本六八冊 『骨董集』(著)岩瀬醒（山東京伝）(刊)文化一二年(活)日本随筆大成
一八一九（文政二）	《大坂の化粧品小間物店》『商人買物独案内』によると、紅屋十八軒、白粉屋二十四軒、鬢付油店二十九軒、ふしの粉店一軒、小間物店二軒とある。	『商人買物独案内』（『浪花買物独案内』）(刊)文政二年 『当世化粧容顔美艶考』(著)並木正三(刊)文政二年　二冊 『当世化粧女粧ます鏡』(著)並木正三（容顔美艶考乾の巻と同内容）
一八二二（文政五）	《洋式化粧品製造法》『遠西医方名物考』に、石鹸、薔薇水、粧顔水などの記述あり。 《紅化粧》『嬉遊笑覧』に「近頃は、紅を濃くして唇を青く光らせるなどするは何事ぞ、青き唇はなきものを本色を失へり」（笹紅）	『遠西医方名物考』(著)宇田川榛斎訳述(刊)文政五年
一八二四（文政七）	《江戸の化粧品小間物店》『江戸買物独案内』に、花の露店一軒、白粉紅店十四軒、伽羅之油店三十五軒、紅屋一軒、白粉屋（仙女香）一軒、化粧水（江戸の水）一軒、白粉歯磨店一軒とある。 《外国企業》DORSAY SALES CO. 1824 創業 GUERLAIN, INC. 1828 創業 BOURJOIS, INC. 1832 創業	『江戸買物独案内』(編)中川五郎左衛門(成)文政七年
一八三三（天保七）	《京都の化粧品小間物店》『商人買物独案内』によると、紅屋五軒、白粉屋九軒、鬢付油店十九軒、化粧水店二軒、髪生薬店一軒、ふしの粉店二軒、早歯黒店一軒とある。 《化粧水》『江戸名物狂詩選』に、式亭三馬の「江戸の水」と松本幸四郎の「蘭奢水」の繁成ぶりが載っている。	『嬉遊笑覧』(著)喜多村信節(刊)天保元年 『江戸名物狂詩選初編』(著)方外道人(刊)天保七年
一八三九（天保一〇）	《外国企業》F. MILLOT, INC. 1839 創業	
一八四七（弘化四）	《ぎん出し・びん付油》『歴世女装考』巻四によると、「近世にいたりては五味子をみぢかく切て筒に水を入れて刺浸おけば粘汁出るを、今のぎん出しといふ油をつかふやうに用ひたるハ、	『歴世女装考』(著)岩瀬京山百樹（涼仙）四冊(刊)弘化四年

年代	化粧・美容関係事項（企業・化粧品・広告宣伝）	政治・経済・社会、化粧関係出版物
	びん付油いできても八十年前まではありける」とある。	○ペリー浦賀来航 『絵入日用女重宝記』(編)高井蘭山(画)應為栄女(刊)弘化四年
弘化嘉永頃	《江戸と京坂の化粧》『守貞謾稿』によると、この頃の化粧は「江戸ではもっぱら淡粧也、京坂は文化以前ヨリ今ニ至リ濃粧也、又御殿女ハ今世皆濃粧也」「江戸ノ近年濃粧ニ成リシハ天保府中ニ美服及ビ高価ノ諸物ヲ厳禁ス、此時自ラ白粉ヲ用フ者無レ之ハ人目ニ立ヲ厭ヘル也、此以来漸クニ復スルニ似タレドモ濃粧廃ス、衣服ノ製モ准レ之テ華ナルハ行ハズ」とある。 《外国企業》PARFUMS WORTH CORP. 1850 創業	『守貞謾稿』(著)喜多川守貞(成)嘉永六年～慶応三年 影印・東京堂出版、昭和四八年(活)平成四年
一八六〇（万延元）	《企業》元ミツワ石鹸本舗、三輪善兵衛商店創業	『近世女風俗考』(著)生川春明(刊)明治二六年 ○大政奉還（慶応三年） 『THE BOOK OF PERFUMES』by EUGENE RIMMEL 1864
一八六八（明治元）	《公卿の染歯・掃眉停止》 明治元年正月六日付太政官布告 公卿「男子鐵漿上古無之儀ニ候、以後可任所存被仰下候事」但若年作眉の事	○明治維新・王政復古（明治元年） ○大阪舎密局設置 ○横浜で男女混浴禁止（六月） ○大阪で男女混浴禁止（八月）
一八七〇（明治三）	《華族の歯黒め禁止》 明治三年二月五日付太政官布告 「華族自今元服之輩歯ヲ染メ眉ヲ掃候儀停止被仰出候事」 《石鹸製造のはじめ》東京では堀江小十郎、大阪では春元重助が初めて石鹸をつくった。（西洋人に教わった製法は牛脂と茄子の灰汁でつくる法であった）	○東京で混浴、春画販売禁止（明治二年三月） 横浜毎日新聞創刊（最初の日刊紙） 榎本武揚「石鹸・ローソク等の製法」翻訳
一八七一（明治四）	《企業》化粧品卸業チヨカジ㈱前身創業	○断髪廃刀令（八月）
一八七二（明治五）	《ヘアーオイル》井筒屋香油店前身創業（四月三日） 「いづつ香油」・神田あらめ屋「開化香油」発売——西洋式香油のはじめ—— 《石鹸》京都舎密局、石鹸の製造をはじめる。 《香水》東京親父橋芳町よしや留右ヱ門、洋式香水「桜の水」発売（明治五年九月六日付「東京日日新聞」に広告。——化粧品広告のはじめで、洋式香水のはじめ——	○女性の断髪禁止令（四月） ○新橋横浜間鉄道開通（五年九月一二日）

一八七三（明治六）

《歯磨》東京赤坂田町斎藤平兵衛の『獨乙醫方西洋齒磨』の広告が「日日新聞博聞新誌」「東京日日新聞」に掲載。

《企業》㈱資生堂前身、福原資生堂薬局、銀座出雲町に開業（九月一七日）

《鉄漿・眉》皇后陛下、率先して鉄漿・眉剃を止められる。

《髪型》明治天皇はじめて散髪。続いて各地に断髪令を発す。

《石鹸製造工場》横浜の堤磯右衛門、民間では初めて石鹸製造に成功。手記によると「石鹸は木の実の油（ヤシ油）又は獣油類及び火気を用いずして製したる油（植物油）を六〇度のポッタースに製す」「灰汁取り煮詰めてポッタース（カリ）をこしらへ、又は食塩を混化してソーダとなし、明治六年三月始めて石鹸に紛らしきものを造る」とある。

東京石鹸試験所設立

『女装考』伊東南堂
○太陽暦実施

明治七年一一月二〇日、江戸時代から明治にかけて三井組とならぶ豪商、小野組が破綻。小野組三家のうち井筒屋を明治一〇年に再開し、びんつけ、すき油、香油などを販売した。

一八七七（明治一〇）

《歯磨》波多保全堂、くすり歯磨「花王散」を発売（一袋二銭）
岸田吟香、目薬「精綺水」のほか、吟香水、玉兎膏、白薔薇、玉椿などの化粧品を発売。
《香木蘭奢待（らんじゃたい）》明治天皇、明治一〇年一月二四日、大和および京都へ行幸のみぎり、正倉院を開封され、蘭奢待一寸四方を切り給う。

○欧化主義盛んとなる
第一回内国勧業博覧会開催
○虎列刺（コロリ）（コレラ）大流行
コロリ除ケ薬の広告さかん（九月～）

一八七八（明治一一）

《無鉛おしろい》『明治事物起原』によると「この頃無鉛おしろい始めて造られる」とある。

「新製無害おしろい玉芙蓉、本家芙蓉軒」の広告と「鉛毒の患なし、洋法おしろい花の宴、本家山崎塊一」の新聞広告さかんに出る。

《企業》レート化粧品本舗平尾賛平商店創業（一一月）

○上流階層では洋髪が行われるようになり、洋風の髪油の需用が高まってきたので、小野組の井筒屋は「別製香油八千代」と「精撰別製ゐづゝ油」を発売、さかんに広告した。

一八七九（明治一二）

《化粧水》レート、白粧下化粧水「小町水」発売（一二月）
《髪油》井善の井筒屋から「ゐづゝ油」発売
《匂ひ袋》レート平尾賛平商店「コレラ病除、匂ひ袋」発売。粉炭に石炭酸を吸収させたものであるが、内務省、各県庁から注文殺到。
《香水》井善の井筒屋から「香水」、平尾賛平商店から「薔薇製香水」発売（明治一三年）
《外国企業》HAUDNUT SALES CO. 1880 創業

○書籍広告多くなる

一八八一（明治一四）

《石鹸》東京印刷局石鹸を製造

○この頃から民間企業興隆

一八八三（明治一六）

《薫香会社》㈱孔官堂前身創業
《粉白粉》レート「小町粉白粉」発売

○明治一六年七月、東京日比谷帝国ホテル隣に鹿鳴館落成。一一月二八日の開館式には内外の名士が招待され盛大な舞踊会が開催された。

年代	化粧・美容関係事項（企業・化粧品・広告宣伝）	政治・経済・社会、化粧関係出版物
一八八五（明治一八）	《企業》明色化粧品本舗桃谷順天館創業（六月一〇日） 大日本除虫菊㈱前身創業	○翌一七年六月から鹿鳴館でダンス練習がはじまり、しだいに洋装・洋髪、洋風化粧が普及しはじめた。 『西洋日本束髪獨結 全』堀口音二郎 秩山堂 『日本西洋束髪独結び』九貫堂（大阪）
一八八六（明治一九）	《外国企業》LENTHERIC, INC. 1885 創業 《化粧水》明色「にきびとり美顔水」発売	『西洋束髪秘伝・附・化粧秘伝』ルイ・ダルク著 伊藤重固抄訳 博聞社 『束髪化粧鏡』苑道春千代編 仁井田書房（堺）
一八八七（明治二〇）	《企業》鐘紡㈱前身東京綿商社設立（一月一四日） 花王前身長瀬商店創立（六月一九日） 「るり羽」本舗山発産業前身創業 化粧品問屋田中花王堂（田中吉兵衛）創業（一二月） 《お歯黒》大阪益田第一堂、便利おはぐろ「ぬれがらす」の広告を出す。 《香水》大崎組、フランスリゴードの香水を輸入して「鶴香水」と名づけて発売。	『西洋日本束髪独稽古』松本正造編 自版（京都） 『束髪案内』渡辺鼎 女学雑誌社
一八八八（明治二一）	《企業》化粧品問屋花王堂創業 《石鹸》加藤留吉活版所「五彩石鹸」発売（五月） 《煉歯磨》資生堂「福原衛生歯磨石鹸」発売。当初二十五銭——煉歯磨のはじめ——	《服装》ショール流行 『西洋束髪秘伝一名化粧秘伝』ルイ・ダルク著 伊藤重固抄訳 加藤正七 『男女必読思ひのかけはし 附・和洋化粧秘伝』花柳粋史編 赤松市太郎版（大阪）
一八八九（明治二二）	《企業》鐘紡㈱前身東京綿商社鐘ヶ淵に「鐘淵紡績所」建設 《広告》明色の「美顔水にきびとり」新聞などに大広告、宣伝をはじめる。 おはぐろ「ぬれがらす」の偽物が発見され、その謝罪広告が出る。	○明治二二年、東京府に石鹸工場三五カ所 『男女必読思ひのかけはし 附・和洋化粧秘伝』花柳粋史編 競走屋（大阪） 《髪型》この頃「銀杏返し」流行 婦人の襟足に坊主襟流行 《服装》洋服の着用しだいに増える。 《美顔術》この頃から美顔術はじまる。
一八九〇（明治二三）	《企業》井善香油店の前身、井善油店の香油店創立（四月三日） 「あせ知らず」本舗、徳田商店創業 《石鹸》長瀬商店から花王石鹸発売、当初十二銭（一〇月一七日）	『東京買獨案内』
一八九一（明治二四）	《歯磨》レート平尾賛平商店から「ダイヤモンド歯磨」発売（六月）——洋式粉歯磨のはじめ—— 《企業》ライオン㈱前身、小林商店創業（一〇月三〇日） 《広告》「べんりおはぐろぬれがらす」の全面広告が目立つ（朝日新聞、5／18、7／26、9／1など八回）	『寿賀多美』ゾース・イー・ヒル著 伊藤・中内訳 『化粧法男女成美』ブラック編 高松元吉訳 自版

一八九二（明治二五）

《企業》仁丹本舗、森下南陽堂創業（二月一一日）
玉の肌石鹸本舗、芳誠舎石鹸工場創業（九月）

《白粉》脇田盛真堂「花王白粉」の発売広告。花王石鹸、商標違反者と警告の広告掲載。

大阪の薬種問屋武田長兵衛商店の筆頭番頭小川安兵衛、小川香料㈱の前身小川商店創業（二月一一日）

一八九三（明治二六）

《企業》アイデアル化粧品本舗、高橋東洋堂創業（一〇月）
㈱ツムラ前身、津村順天堂創業（四月）

《歯磨》長瀬富郎商店から「鹿印煉歯磨」発売（四月）
象印歯磨本舗、安藤井筒堂創業・発売

《化粧水》山崎帝国堂「キレー水」発売、新聞に大広告・宣伝をはじめる

一八九四（明治二七）

《企業》山発産業㈱前身山発商店創業

《石鹸》レート平尾賛平商店「分捕（ぶんどり）石鹸」発売（一一月）

《歯磨》田中花王堂「勝どき歯磨」発売

一八九五（明治二八）

《企業》長岡香料㈱前身、長岡弥太郎商店創業（七月）

《石鹸》浅井石鹸店「帝国万歳大勝利石鹸」発売。十二銭（一月）

一八九六（明治二九）

《歯磨》小林富次郎商店「獅子印ライオン歯磨」商標登録（一月）・発売（七月）
㈱永廣堂本店前身、㈾永廣堂創業

《化粧水》「資生堂の赤い水」とよばれたアルカリ性化粧水「オイデルミン」発売

《歯磨》レート平尾賛平商店「ダイヤモンド煉歯磨」発売

一八九七（明治三〇）

《宣伝》脇田盛真堂「花王白粉」を依然としてさかんに宣伝

《化粧品の新聞広告》この頃から新聞広告非常に多くなる。
〈白粉〉「うら梅おしろい」、「水おしろい志ら露」（佐々木玄兵衛）、「煉おしろい花の雪」（松沢八右衛門）
〈化粧水〉「美顔水にきびとり」（桃谷順天館）、「キレー水」（山崎帝国堂）、「テキメン水」（田中花王堂）
〈香水〉「素馨香」、「白薔薇」（守田治兵衛）、「わ志印香水」（米国・ウードウォル・森政士）、「別嬪印百日香水」、「煉麝香」（田中花王堂）など。
〈髪油〉「八千代香油」（井善）
〈養毛剤〉「毛のはへる薬美人かつら」（佐々木玄兵衛）、「毛養液」（山崎太陽堂）、「毛生液」（山崎愛国堂）

『美人能鏡一名容貌改良美育学』菊の家主人

○「君が代」国歌に制定（明治二六年八月）

『衛生美身術』森種太郎　博文館

『男女美人法』佐藤順大、草野勇太郎共著　金二十銭　小石川池上商店

○日清戦争はじまる（明治二七年八月五日）

「東京小間物商報」創刊（明治二八年六月）

『美人一名男女化粧法』三田村真喜　美人社（大阪）

《髪型》「西洋の模倣は止めよ、国粋に還れ」の声起こり、束髪の流行下火になる。
「夜会結び」「上げ巻き」流行

《服装》コハゼつき足袋流行
「二重まわし」流行

『化粧品製造法』大橋又太郎　博文館

『日本帰女鑑』鈴木常松　積善館

年代	化粧・美容関係事項（企業・化粧品・広告宣伝）	政治・経済・社会、化粧関係出版物
	〈歯磨〉「福原衛生歯磨石鹸」（資生堂）、「鹿印煉歯磨」（長瀬富郎）、「ライオン歯磨」（小林富次郎） 〈石鹸〉「花王石鹸」（長瀬富郎）、「三能志やぼん」「リスリン石鹸」（佐々木玄兵衛）、「さくら石鹸」（鈴木保五郎） 〈薫香・線香〉大阪 香林堂創業	
一八九八 （明治三一）	《企業》卸問屋㈱大粧（パルタック）の前身、大阪の角倉支店（㈴角倉商店）創業（一二月一日）	《服装》ショール再び流行 『大日本化粧品類集』収載化粧品 石鹸之部 八十五種類 歯磨之部 四十七種類 白粉之部 八十四種類 化粧水之部 二十一種類 化粧下之部 十一種類 香油之部 十三種類 髪膏之部 七種類 薫香品及匂袋 十九種類 香水之部 三十種類 歯染品之部 十一種類 洗粉之部 二十一種類 髪用品之部 四種類 紅之部 三種類 明治卅一年七月一五日発行 東京小間物商報第百号附録 『香粧品製造学』平野一貫 半田屋医籍商店
一九〇〇 （明治三三）	《内務省令》 第四條 第一條 第一種ノ著色料（水銀、鉛など）ハ販売ノ用ニ供スル化粧品、歯磨――製造又ハ著色ニ使用スルコトヲ得ス 附則第十一條 鉛白ハ當分ノ内第四條ノ規定ニ拘ハラス化粧品トシテ之ヲ使用スルコトヲ得（明治三十三年四月省令、内務省第十七號有害著色料取締規則） 《おしろい》長谷部仲彦、無鉛「御園白粉」発売――国産の純無鉛おしろい完成―― 《外国企業》COTY, INC. 1900 創業 《化粧水》長瀬富郎商店「二八水」発売（一二月） 《養毛剤》丸善から「丸善ベーラム」発売、製造は丸善薬店（昭和二五年、丸善化工㈱設立） カガシ化粧品本舗「カガシベーラム」発売（六月）	『化粧と服装』山田美妙 開拓社

《香水》大崎組、この年から「鶴香水」の新聞広告をはじめる。
《企業》大阪硝子㈱前身、四谷硝子製造所創業

一九〇二（明治三五）

《化粧水》桃谷順天館「化粧用美顔水」発売（三月）
《外国企業》HELENA RUBINSTEIN, INC. 1902 創業
《おしろい》レート平尾賛平商店「メリー白粉」（亜鉛華が主原料の無鉛おしろい）発売（一二月）

一九〇三（明治三六）

《企業》㈱クラブコスメチックス前身、クラブ化粧品本舗、中山太陽堂創業（四月三日）
長谷川香料㈱前身、長谷川藤太郎商店創業（五月一日）
八重椿本舗創業（一〇月）
《石鹸》日新館薬房「肉體色白新剤・ペーアス石鹸」発売、新聞・雑誌に広告目立つ。

一九〇四（明治三七）

《企業》伊東栄、長谷部仲彦と協力して胡蝶園を創立（六月一日）
《おしろい》胡蝶園、無鉛「御園白粉」を製造し、丸見屋（三輪善兵衛）販売する。
《石鹸》松沢八右衛門「松沢ホーサン石鹸」・井上太兵衛「ラクダ印麝香石鹸」・扇橋製薬の「アルボース石鹸」などの新聞広告目立つ。

一九〇五（明治三八）

《企業》しらが染本舗、君が代創業（五月）
《石鹸》西條石鹸製造所「乃木ムスク石鹸」旅順開城記念をうたって発売広告（二月）
《香油》平尾銑世商店「パール煉香油」発売、新聞広告目立つ。
《舶来化粧品》丸善洋品部三七、八年ごろより英国のアトキンソン、ピノリヤ、ペヤース、サニトル、トーマス・クリスチー、アルバートなどの化粧品を扱う（『丸善百年史』）
《化粧水》西條石鹸化粧品製造所から「トーゴー化粧水」発売、宣伝活発。
《企業》釜屋化学工業㈱前身創業――容器製造メーカー――

『理髪営業取締規則』埼玉県令第58号
《洗濯石鹸》はじめて洗濯用石鹸として浮石鹸輸入
○対ロシア関係の政情が緊迫の度を加え、金融恐慌は全国に波及（明治三四年）
○東京株式市場大暴落、立会い停止
『衛生美容術』川瀬元九郎・富美子　大日本図書
戸板女子短期大学前身戸板裁縫学校創立（二月二日）
『改訂増補香粧品製造法』全二冊　平野一貫　本郷半田屋
「東京小間物商報」、「東京小間物化粧品商報」と改題
《髪型》女優川上貞奴の洋髪を「庇髪（ひさしがみ）」とよんで女学生に流行
『新化粧法』斉藤弔花　金港堂書籍㈱
『美顔法』坂本李堂（重範）保椿堂
○ロシアに宣戦布告（二月一〇日）
《スミレの香りと商品名流行》
寿美礼香水、寿美礼おしろい
寿美礼あらひ粉（寿美礼堂）
スミレ香水・スミレ香油
スミレ黒香油（平尾銑世）
スミレ石鹸（不明）
香油ゐづゝ寿美礼（井筒香油店）
すみれ香油（三井屋本店）
『美人法』債絵郎編　青山嵩山堂

年代	化粧・美容関係事項（企業・化粧品・広告宣伝）	政治・経済・社会、化粧関係出版物
一九〇六（明治三九）	《化粧水》平尾賛平商店から「乳白化粧水レート」発売（四月）、雑誌広告目立つ。 《おしろい》長瀬商店「赤門白粉」練と水発売（八月） 《洗い粉》中山太陽堂「クラブ洗粉」発売（四月）——近代的洗い粉のはじめ——雑誌広告目立つ。 寿美礼堂「寿美礼あらひ粉」発売、雑誌広告目立つ。	『美容術』河野巳之助 輝文館（大阪） 『化粧の手引』池田録水 家庭新報社 《髪型》「二〇三高地」流行
一九〇七（明治四〇）	《石鹸》中山太陽堂「クラブ石鹸」発売（四月） 《企業》黒龍堂前身、中国東北部黒龍江河畔における黒龍堂病院設立、「黒龍クリーム」開発 《おしろい》矢野芳香園「大学白粉」発売、新聞・雑誌とも広告宣伝活発。 《養毛剤》山崎帝国堂「毛生液」発売、広告出稿多し。 《石鹸》丸見屋「ミクニ石鹸」発売（一二月） 《舶来化粧品》東京銀座一丁目佐々木商店調の流行、舶来品は、香水、石鹸、コスメチック、フェスクリーム、コールドクリーム、ウーデコロン、水白粉、粉白粉、ローション、紅、歯磨、水歯磨、髪油など三八〇品にのぼる（『化粧かゞみ』）	『名優化粧品』御園文庫 川尻豊吉 丸見屋商店 『衛生美容術』ウォーカー著、田村貞策訳 内外出版協会 『婦人の日常生活』村井弦斎 実業之日本社 『婦人世界』臨時増刊号別冊『化粧かゞみ』 『香料案内』今井樟太郎 実業之日本社 『美顔術並に毛髪に関する諸法』太田道編 大日本美髪会 『美貌術』奥山敏夫 吉田書房（岡山） 『男女と化粧』都新聞記山口竹庵 唯一堂 『男女美容編実用問答』衛生新報社編 丸山舎書籍部 『化粧之友』三輪旭東 新井電新堂 『家事と化粧』愚庵 『新化粧』佐々木多聞 日高有倫堂 『欧米最新美容術』玉木広治編 東京美容院
一九〇八（明治四一）	《企業》オペラ中村信陽堂創業（四月） カッピー田端豊香園創業（五月） ㈱加美乃素本舗前身創業（八月） 東京硝子㈱前身中村商店創業（八月）——化粧品容器販売—— 《石鹸》長瀬商店「浮石鹸ホーム」発売（七月） 《クリーム》長瀬富郎、クリームを独自の製法で完成。発明特許をうける。 《宣伝》丸見屋「純良な石鹸は肌膚があれぬし、水に浮く」と「ミクニ石鹸」の広告をして《浮石鹸問題》という騒動に発展。	『類聚近世風俗志 原名守貞謾稿』喜田川守貞 国学院出版部 『美容と化粧』所青楓 田村定助（大阪） 『婦人と化粧』早川薫 雷球社（東京） 『美容法』東京美容院編 東京美容院 『化粧のをしへ』東京化粧研究会 『美顔と化粧』谷崎二三 タイムス社
一九〇九（明治四二）	《企業》胡蝶園、伊東胡蝶園と商号変更。 牛乳石鹸共進社前身創業（五月） 《バニシングクリーム》平尾賛平商店「クレームレート」発売（無脂肪質クリーム）	《服装》婦人の防寒用「都腰巻」流行 『皮膚病学ヨリノ美容法』山田弘倫 南山堂書店

《香水》安藤井筒堂「オリジナル香水」など発売
《頰紅》伊勢半「頰紅」発売
《宣伝》クラブ中山太陽堂「クラブ洗粉」の主要原料十二種の成分内容公開の全三段広告で話題となる。

一九一〇（明治四三）

《外国企業》ELIZABETH ARDEN 1910 創業
《企業》メヌマポマード本舗井田京栄堂創業（三月）
㈱本島椿前身西村利兵衛商店創業
シャボン玉石鹸㈱前身森田範次郎商店創業
《クリーム》中山太陽堂「クラブ美身クリーム」発売（三月）
《おしろい》レート平尾賛平商店「レート煉白粉・水白粉・粉白粉」発売（四月）
《歯磨》ライオン小林富次郎商店「萬歳歯磨」発売（一月）
クラブ中山太陽堂「クラブ歯磨」発売（三月）、新聞広告で「美人とクラブの歌」発表
〽クラブ　クラブ　クラブの歯
白ィ白ィ白ィ歯に　今朝も歯磨（クラブ）を使ふなり
クラブ　クラブ　クラブの歯
強ィ強ィ強ィ歯に　今朝もクラブを使ふなり
クラブ　クラブ　クラブの歯
清ィ清ィ清ィ歯に　今朝もクラブを使ふなり――コマーシャルソングのはじめ――
《石鹸》丸見屋商店「ミツワ石鹸」発売（六月）
《ポマード》井上太兵衛商店「オシドリポマード」発売
《香水》仏・リゴード・大崎組「金鶴香水」の新聞広告をはじめる。

一九一一（明治四四）

《広告宣伝》記事広告全盛。丸見屋はミツワ石鹸、ミツワ洗濯石鹸、ミツワ染毛剤、ミツワ肝油ドロップスなど、それぞれ単独で大型の説得調記事広告。御園の伊東胡蝶園は、役者の芸談を主とした『御園文庫』を発刊し、希望者に進呈するという告知広告や「東西俳優三十六佳撰」などの芸能記事広告。クラブは前年に募集した「俳優の化粧と素人の化粧」という懸賞論文の当選発表と、それに対する短評募集。レートは「帝劇女優発展號」という一頁記事広告で化粧談を語らせた。このような記事広告全盛のなかで、美顔の桃谷順天館と花王は大型の純広告に終始した。
『東京小間物化粧品名鑑』（東京小間物化粧品商報社）発売（九月）
《ポマード》クラブ中山太陽堂「クラブポマード」発売
《歯磨》ライオン、チューブ入煉歯磨（錫管入固煉）発売（五月）

『美顔術独習』東京衛生協会編　今古堂
『美容術』神田正幸編　自版

「時代の病」と題する連載新聞記事の見出し
――（『明治四三年『朝日新聞』）
安くなった人の命、廉恥心の欠乏、極端なる個人主義、未亡人との恋裁判、慈善の強制、浮薄な成功熱、物質主義全盛、恐るべき破壊思想等々（平成の世もあまり変わらない）

『楽屋案内化粧鏡』御園文庫　川尻清潭　伊東胡蝶園
『香料総篇、天然香料、人工香料、調合術』丹波敬三・村井純之助
『自ら施し得る美顔法』北原十三男　紫明社
『表情美容法応用自在』児玉修治述　大学館
『売薬化粧品自宅製造法』金沢鶴吉　理化学協会
『実効確証美顔新法』青雲散史　三英堂
『最新美人法』高柳淳之助　学友社
『新式化粧法』藤波芙蓉　博文館
『応用自在表情美容法』児玉修治
『名優化粧談』川尻豊吉　文玉舎
『日本広告発達史』によると「ミツワ石鹸は一ヵ月の新聞広告費三、〇〇〇円、やがて五、〇〇〇円に及び、段数でいえば一ヵ月60段から80段、月を逐って広告段数は増加し、ミツワ石鹸は程なく不動の地位を築いた」とある。
『皮膚病学ヨリノ美容法』山田弘倫　増訂二版　南山堂
『美の泉　最新学理応用美貌術並実用化粧料調剤処方』岩上修編　双汎会（神戸）
『美顔と美髪　実用新法』鴨田脩治　日本楽学協会
『おつくりの栞』外池五郎三郎　柳屋油店

年代	化粧・美容関係事項（企業・化粧品・広告宣伝）	政治・経済・社会、化粧関係出版物
一九一二（明治四五）	《企業》平尾賛平商店、平尾化学研究所設立、東京工場新築（六月） 伊東胡蝶園、歌舞伎座に御園化粧室を設ける（六月） 《乳液》阪本高生堂「ファイン乳液」発売（一〇月） 《化粧液》堀越嘉太郎商店「ホーカ液」発売 《広告・宣伝》ライオン一頁広告で慈善券附小袋拾ヶ年発売数、壱億参千四百六拾参万六千百貳拾六袋と発表（一月）	『婦人礼法』下田歌子　実業之日本社 『あわせ鏡』藤波芙蓉　実業之日本社 『女子礼儀作法』梧桐軒仙斎編　光世館 『自分で出来る美人の心得』芳翠山人　魁進堂 『芝居かがみ』小泉迂外　辰文館 ○明治天皇逝去（七月一〇日） 『西洋理髪法　美顔術美爪術』島崎十助　埋髪研究社
一九一二（大正元）	《企業》日本コルマー前身創業（四月一日） ケンシポマード本舗前身、佐藤化学研究所創業（八月） 《乳液》阪本高生堂「ファイン乳液」発売（一〇月）	『香料および香粧品』今井源四郎
一九一三（大正二）	《広告・宣伝》この頃、堀越嘉太郎商店の「ホーカー液」広告・宣伝活発になり、〽ホーカ、ホーカ、ホーカ液、というCM流行する。 《オードコロン》中山太陽堂「クラブ洗面香水」発売 《乳液》中山太陽堂「クラブ乳液」発売 《白粉》平尾賛平商店「レート固煉白粉」発売 《石鹸》桃谷順天館、英国リヴァー・ブラザース・カンパニーと提携「美顔石鹸」を発売（一〇月）	○レートにはじまり各社、化学研究所を設立
一九一四（大正三）	《企業》三共ヨウモトニック本舗泰昌製薬創業 負野工業製薬所設立（一二月） 《マニキュア》中山太陽堂「クラブ美爪料」発売 《口紅》伊勢半「キスミー口紅」発売 《化粧水》桃谷順天館「白色美顔水」発売（七月） 《シャンプー》キンシ化学研究所「キンシシャンプー」発売 《広告・宣伝》クラブ・レート金牌問題おこる。レートが大正博覧会において金牌を受領したことを広告宣伝材料にしたことに対し「クラブの信用凡ての金牌を超越す」と挑戦した。	○第一次世界大戦始まる（七月二八日） 株価暴落（八月三日） 『絵入日用婦人重宝記全』野村久太郎　伊東胡蝶園
一九一五（大正四）	《企業》曽田香料㈱前身曽田香料店創業（四月） ベルマン化粧品前身ウエスト化学研究所設立（四月） 丸見屋「ミツワ化学研究所」設立（一一月一〇日） 中山太陽堂、大阪南区に「中山化学研究所」を設立（一二月） ロータス本舗石田香粧前身石田商店創業 《化粧液》平尾賛平商店、色白用化粧液「レートフード」発売（四月）――一世を風靡する―― 《白粉》中山太陽堂「クラブ紙おしろい」発売（一〇月）	《髪型》この頃から電気アイロンによる縮髪はじまる 女優七三髷という束髪流行 『美と女と』青柳有美　実業之世界社 ○東京株価暴騰――大戦景気はじまる――

一九一六（大正五）

《企業》伊東胡蝶園、出版社玄文社を創立。雑誌『新演芸』『新家庭』発刊
ライオン歯磨の小林商店、東京工場と小林商店化学研究所設立（五月五日）
《ポマード》平尾賛平商店「レートポマード」発売

《髪型》夏ごろから青年のあいだにオール・バック流行。三月に来朝したアメリカの曲芸飛行家アート・スミスの髪型の影響か。
『美容法の極意』高橋毅一郎　伊藤尚賢
『伊東玄朴傳』伊東栄　玄文社
『美粧』藤波芙蓉　東京社
『新美装法』藤波芙蓉　婦人文庫刊行会
『化粧品製造法講義』鴨田修治編
『婦人公論』創刊

一九一七（大正六）

《白粉》資生堂「七色粉白粉」発売（一一月）——多色おしろいの始め——
《企業》化粧品卸業㈱東京堂前身創業（三月）
《頬紅》平尾賛平商店「レート頬紅」発売
《眉墨》中山太陽堂「クラブ眉墨」発売。伊勢半「キスミー眉墨」発売
《宣伝》堀越ホーカー液本舗、東京上空からチラシ五万枚散布

『婦人文庫　化粧之巻』古宇田傚太郎　実業之日本社
『主婦之友』創刊
『禮法かゞみ附美容化粧法』小笠原流禮法書　日野節斎　良文堂書店

一九一八（大正七）

《白粉》中山太陽堂「クラブ固型おしろい」発売（七月）——コンパクトおしろいのはじめ——
《クリーム・白粉》平尾賛平商店「レートメリー」発売（七月）——一分間淡化粧料、現在のファンデーションのはじめ——
《口紅》中村信陽堂「オペラ口紅」発売（十五銭）——洋風棒状口紅のはじめ——
《企業》仙台の化粧品卸業㈱アクセス前身飯田信七商店創業
化粧品卸業㈱井田両国堂前身創業

『香料の研究』今井源四郎
『美容の仕方（誰にも出来る）』成瀬慶子
『上品でいきな化粧の秘訣』平岡静子、高橋毅一郎　白水社
「日本産水銀（特に伊勢水銀）の史的研究」（『考古学雑誌』第八巻第十号～十二号）

一九一九（大正八）

《企業》化粧品卸業㈱アオキコーポレーション前身創業（二月二日）
平尾賛平商店、株式会社平尾賛平商店と組織変更
ポンジー岡本信太郎商店創業（五月）
ライオン油脂前身ライオン石鹸㈱設立（八月一日）
ラモナー化粧品本舗石田香粧㈱創立
小林製薬㈱創立（八月二三日）
新美容出版㈱前身黒髪社設立（九月）、月刊『くろかみ』創刊（一一月）
《外国企業》CORDAY, INC. 1919 創業
《眉墨》平尾賛平商店「レート眉墨」発売

『小形新演芸』野村久太郎編　玄文社
《値上げ》このところ毎日のように石鹸類値上げ発表。花王石鹸、二割値上げ
『女の美容と舞踊』田辺尚雄　内田老鶴園
《企業》中山太陽堂のプラトン文具㈱からプラトンインキ、プラトン鉛筆、プラトン万年筆など発売

一九二〇（大正九）

《香水》平尾賛平商店「レート香水」、「メリー香水」発売
ミツワ化学研究所香料課の甲斐荘課長を中心とした退職者で高砂香料㈱を設立（二月五日）
丸見屋「ミツワコンクレー三十倍濃厚香水」発売
《外国企業》LUCIEN LELOUG 1920 創業
《歯磨》熊谷鳩居堂「サノール水歯磨」発売
《白粉》脇田盛真堂「花王クレーム白粉」発売

○株価暴落（戦後恐慌始まる）
『婦人くらぶ』創刊（一〇月）
『欧米礼儀作法』立川文夫　隆文館
「論説—軽粉ニ就テ」（『皮膚科及泌尿器科雑誌』第二十巻第四号）土肥慶蔵
『香艶録』—支那女の髪・支那化粧法　井上

年代	化粧・美容関係事項（企業・化粧品・広告宣伝）	政治・経済・社会、化粧関係出版物
一九二一 （大正一〇）	《企業》化粧品卸売業、中央物産前身創業 《クリーム》伊東胡蝶園「御園コールド」発売 《タルカムパウダー》平尾賛平商店「レートタルカムパウダー」発売 《石鹸》平尾賛平商店「レートフード石鹸」発売 《企業》化粧品卸売業㈱大山前身創業 タカラベルモント㈱前身創業（一〇月五日） 《外国企業》PARFUM CIRO, INC. 1921 創業 《広告・宣伝》大崎組、金鶴香水標語入選発表「一滴、二滴、三滴、素的」	紅梅　支那風俗研究会 「堂上家の黛と鐵漿に就て」松尾茂（『考古学雑誌』第一巻八号） 「堂上女房化粧考（上）、（下）」桜井秀（『考古学雑誌』第一巻九号（上）、第十一巻六号（下）） 『女性肉體美学』高峰博・ひろ子　廣文堂書店
一九二二 （大正一一）	《企業》資生堂、チェンストアを組織する 山野千枝子、東京丸ビル四階に丸ノ内美容院を創立、翌一二年三月開店 《石鹸》星製薬「ホシ化粧石鹸」発売 《ポマード》京栄堂井田友平商店「メヌマポマード」発売	《髪型》耳かくし流行。パーマネント初めて紹介される。 《企業》中山太陽堂のプラトン社から婦人雑誌『女性』創刊（五月） ○女性の断髪と社交ダンス流行
一九二三 （大正一二）	《企業》㈱白元前身創業（一月） ホーユー㈱前身㈱朋友商会設立（三月） 化粧品卸売業㈱武孝商店創業（四月一日） 黒ばら前身滝沢勇昇堂創業（一一月） 三口産業㈱前身三口商店創業　化粧品卸売業㈱折目前身創業（一二月五日） 《口紅》中山太陽堂「クラブ口紅」発売（四月） 《企業》中山太陽堂、創業二十周年の記念事業として「中山文化研究所」を大阪堂ビル六階に設立。文化講演会、音楽会を大阪中之島中央公会堂で開催（二月に一ページ告知広告）	《企業》中山太陽堂のプラトン社から大衆娯楽雑誌『苦楽』創刊（一三年一月号） ○関東大震災（九月一日） 『お化粧と髪の結び方』三須裕　アルス 『御園のおもかげ』野村久太郎　伊東胡蝶園 『婦人宝鑑』大阪毎日新聞社編　大阪毎日新聞社
一九二四 （大正一三）	《外国企業》CHANEL, INC. 1924 創業 《企業》藤井ぼたん園創業（六月） 化粧品卸売業㈱スミック前身創業（一一月） クラブから出願の「カティフード」公告満了日にレートから異議申し立て（一〇月） フマキラー㈱前身創業（七月） ヒメ椿本舗㈱中村三興堂前身創業 レートから、クラブで新発売した「カティフード」は「レートフード」の商標権侵害であるとの訴訟がおこり大審院まで争った。	『化粧美学』三須裕　都新聞出版部 『姿を美しくする写真図解・お化粧と着付と帯の結び方㊤』芳野智恵子　上方屋書店　金正堂書店 『女らしさ』棚橋絢子　忠誠堂
一九二五 （大正一四）	《企業》伊東胡蝶園、丸見屋との販売契約を解約、直接製造販売開始する。 競馬本舗小倉商事創業（五月） 味の素㈱前身鈴木商店設立（一二月） ハリウッド㈱前身創業・ハリウッド実容室・ハリウッド美容学校開設（二月一一日）	『美容術講習録』第一巻　高等美容学院編 『美容法講義』島田艶子 『横浜化粧品業界秘史』山口清太郎　横浜化粧品雑貨商報社

一九二六（大正一五）

「金鶴香水」の大崎組倒産
《外国企業》 MOLYNEUX 1925 創業
《化粧水》 カガシアストリンゼント発売（三月）――アストリンゼントのはじめ――
《口紅》 平尾賛平商店「レート口紅」発売
《石鹸》 平尾賛平商店「レート石鹸」発売（七月）
《歯磨》 ㈱寿屋（サントリー）から「スモカ歯磨」発売
《企業》 伊東胡蝶園販売制度「新御園化粧品」発売
稲畑香料㈱前身稲畑香料店設立（四月一九日）
レート二部製品販売制度実施
ヒメ椿本舗中村三興堂創業（四月）
オパール化粧品本舗創業

『結髪講義要領』山上クニ子講述
「日本小児科学会第三十回総会演説」平井毓太郎（『児科雑誌』第三百四号）
○大正大皇逝去（一二月二五日）
○アッパッパー流行（八月）
『顔をかへるお化粧の仕方』三須裕　善文社
『日本婦人の肉體美』澤田順次郎　奎文館
『化粧品製造法、販売法、化粧法』長崎白美社
『正しい化粧と着付』遠藤波津子　婦女界社

一九二七（昭和二）

《外国企業》 PRINCE MATCHABELLI, INC. 1926 創業
《白粉》 平尾賛平商店「レート五色水白粉・粉白粉」発売（卵色・紫色・桃色・空色・白色―五月）
《企業》 ㈱ウテナ前身久保政吉商店創業（四月一日）
池田物産㈱前身創業（四月）
資生堂、大阪の問屋朝日堂と合体し、合資会社から株式会社となる（六月二四日）
マンダム前身金鶴香水㈱（丹頂本舗）創業（一二月二三日）
特殊機化工業㈱創業――化粧品製造機械装置製作会社
中山太陽堂「カティフード」商標問題では大審院で勝訴（五月）
ライオン歯磨「歯に関する趣味の展覧会」東京・大阪・名古屋・京都などで開催（一一～三年）
《ポマード》 井筒香油店「井筒ポマード」発売（四月）

『化粧の心理・化粧医学』賀川豊彦・中川清　文化生活研究会
『見違へる程美しくなる美容法と結髪』早見君子　大興社
『新化粧法・整容医学』早見君子・高橋毅一郎　文化生活研究会
○合成香料の研究さかんになる
『どなたにもわかる洋髪の結び方と四季のお化粧』早見君子　資文堂書店

一九二八（昭和三）

《企業》 中山太陽堂の「カティフード」登録許可審決おりる。（四月）
《クリーム》 ウテナ「雪印、月印、花印」の三種類のクリーム発売

『美人学』メイ牛山他　実業之日本社
『美容と美髪』高橋毅一郎　日本電報通信社
『美容全集』山本久栄　騒人社書局
『高砂香料時報』創刊
『日本紅之研究』羽根田作兵衛　小町紅本舗
『美容と表情』早見君子他　日本放送協会
『詳解・婦人結髪術』山崎清吉・信子　東京婦人美髪美容学校
《髪型》 パーマネント普及しはじめる
『洋髪の結び方と美容の秘訣』東京洋髪研究会

一九二九

《企業》 資生堂本社ビル京橋区宗十郎五番地（銀座七丁目五番五号）に完成（一〇月三〇日）

《服装》 ラッパズボン流行
『近代、美しき粧ひ』メイ牛山　岡田文祥堂
『平尾賛平商店五十年史』㈱平尾賛平商店

年代	化粧・美容関係事項（企業・化粧品・広告宣伝）	政治・経済・社会、化粧関係出版物
（昭和四）	ウテナ新工場完成 ㈱シボレー化粧品本舗前身創業（三月） ㈱ポーラ化粧品本舗前身創業（九月）	『化粧史』（日本風俗史講座第二二巻） 江馬務 雄山閣出版 『健康増進叢書・美容編』大阪毎日新聞 東京日日新聞 「支那に於ける化粧の源流」志田不動麿（『史学雑誌』第四十編第九号） 「支那に於ける化粧の源流補遺」志田不動麿（『史学雑誌』第四十編第十二号）
一九三〇（昭和五）	《白粉》昭和五年一〇月二二日公布の内務省令によって有鉛白粉は昭和八年一二月三一日が最終製造期限、昭和九年一二月三一日までが販売期間と決定。 《宣伝》金鶴香水の「一滴、二滴、三滴、素滴」の広告コピー流行語になる。 《企業》館林の化粧品卸業㈱小川屋前身創業（五月一二日） フッカー化粧品本舗創業 ㈱日本色材工業研究所創立（一〇月） テルミー化粧品本舗創業（一〇月） 黒龍堂前身、長崎において「黒龍堂クリーム」本舗創業 《浴用剤》 津村順天堂、バスクリン発売 《石鹸》伊東胡蝶園「御園石鹸」発売（四月）	『香道』杉本文太郎 雄山閣出版 ○電気洗濯機国産化はじまる 『美容術営業新法令と結髪の沿革』岩重昇 東京理容研究社 『婦人美容全科書』藤野紫芳 婦人美容全科書出版部
一九三一（昭和六）	《企業》岩瀬コスファ㈱前身創業（九月一五日） 牛乳石鹸共進社、株式会社に組織変更 ナガオカ㈱前身、長岡駆虫剤製造㈱創立 平尾賛平商店、東京有楽町日劇五階に百人の客を収容できる日本最初の全身美容院「レート美容院」、四階に「婦人会館」を開設 《白粉》伊東胡蝶園「御園チタニューム白粉」（粉、固煉）発売（八月） 平尾賛平商店「レートメリー白粉」発売（一〇月） 《クリーム》 伊東胡蝶園「御園バニシングクリーム」発売	『流行美髪百種』新井兵吾編 『モダン化粧室』ハリー牛山 宝文館 ○高級化粧品に課税問題おこる。 『婦人公論大学』美容科学篇 中央公論社 ○白粉、頬紅、口紅、眉墨などの色数が増し、消費者の嗜好傾向は濃厚さを加えてきた。 『実際美容術』北原十三男 婦女界社 ○満州事変おこる 『化粧と衣裳の心理』賀川豊彦 銀座書房 『よはい草』小林富次郎 六冊 小林書店
一九三二（昭和七）	《企業》ナリス化粧品前身会陽化学研究所創業（四月） モンココ洗粉本舗創業（九月） スモカ歯磨㈱創立（一一月七日） 《外国企業》 DANA PERFUMES CORP 1932 創業 《クレンジング》 桃谷順天館「明色クリンシンクリーム」発売——明色ブランドの始まり——	『所謂脳膜炎鉛中毒説研究の端緒』 平井毓太郎（『京都帝国大学医学部小児科教室創立三十周年記念誌学』） 『化粧品学』池田鉄作 南山堂 『流行結髪と美髪法一切・日本洋髪大全』新

《練紅》鈴木福次郎商店「ナルビー練紅」発売（六月）
《シャンプー》花王石鹸「花王シャンプー」発売（四月）

井兵吾編　自版
『東京小間物化粧品名鑑』広田嘉一　東京小間物化粧品商報社
『髪から化粧着附まで新美容法大全集』新井兵吾編　大日本雄弁会講談社
○各社相次いで化粧品の値上げ発表
『女性のために』三田谷啓　日本児童協会
『主婦のぜひ心得べき礼式作法辞典』八代登編　主婦之友社

一九三三（昭和八）

《企業》パパヤ化粧品本舗杉田商店創業
㈱ソーマ前身創業
アマツ化粧品創立（七月一日）
《整髪料》井筒屋香油店（井善）から「イヅツコスメチック」発売（六月二〇日）
金鶴香水「丹頂チック」発売（四月）
《白粉》平尾賛平商店「ネオレート白粉」（三種）発売
伊東胡蝶園「御園のつぼみ」煉白粉発売（四月）
桃谷順天館「固煉、粉白粉」新発売（一一月）
カガシ化粧品本舗「カガシ七色白粉」発売

『ひな鬘の志るべ』河名信次郎　雛鬘頒布会事務所
『寝る前の三分間物語』小林富次郎編　ライオン歯磨本舗
『成功美粧法』若月作市編　平尾賛平商店

一九三四（昭和九）

《企業》黒龍堂本舗、東京に移転
ロゼット前身㈱レオン商会設立クリーム状洗顔料発売
山野美容専門学校前身、山野美容講習所設立
《白粉》含鉛白粉販売期間の延長方を請願（七月一七日）。当局も業者の手持数量等により、その延長を妥当と認め、一二月八日内務省令第三十五号をもって昭和一〇年一二月末日迄、向う一カ年間の延長する旨公布した。
《クリーム》資生堂「ホルモリン」発売（一二月）――初の女性ホルモン含有クリーム――
《宣伝》ミス・シセイドウがデビュー（四月）

『婦人美容宝典』メイ牛山他　主婦の友社
『美容読本』横山富見編
『理髪結髪衛生講本』加茂智衆編　日進印刷社
『国訳本草綱目』全一五巻　春陽堂
『父とその事業』伊東栄　伊東胡蝶園

一九三五（昭和一〇）

《企業》㈱味の素タカラコーポレーション前身宝製薬㈱設立（五月）
伊東胡蝶園、伊東化学研究所をつくり「パピリオ化粧品」を発売（八月）
みづほ工業㈱創立（四月）――化粧品医薬品製造機械メーカー――
仁丹本舗「仁丹煉歯磨」発売（八月）
東北の化粧品卸業㈱熊善商店前身創業
㈱ミロット前身創業
ピカソ美化学研究所創業（一一月）
《宣伝》この頃、映画女優と専属契約を結んでいたのはレート（松井千枝子、八雲恵美子）、ウテナ（水谷八重子、山路ふみ子）、ラブミ（夏川静江）、クラブ（入江たか子、川崎弘子）、マスター（林長二郎、田中絹代、桑野通子）、御園（及川道子）、資生堂（原節子）

『女性美の創造』山野千枝子　生命の芸術社
『小資本で出来る化粧品製造法』山添長四郎編　三圭社
○前年までの不景気が一転して好景気を呈し、化粧品の需要は飛躍的に増大
『奥様百科宝典』八代登編　主婦之友社
○化粧品各社支那、満州、フィリピン、アメリカ、ハワイに輸出
『歯磨の歴史』ライオン歯磨本舗
『香料及び香粧品』西沢勇志智　共立社

年代	化粧・美容関係事項（企業・化粧品・広告宣伝）	政治・経済・社会、化粧関係出版物
	《クリーム》中山太陽堂「クラブホルモン美身クリーム」発売（一〇月）	○内務省衛生局は結核撲滅のための予防費捻出目的で化粧品課税を検討、業界猛反対。大蔵省徴税技術の点で難色を示し、立消えとなる（昭和一〇年一二月）
一九三六（昭和一一）	《クリーム》ホルモンクリーム各社から売り出される。 《白粉》伊東胡蝶園のパピリオ粉白粉の宣伝コピーに「世界の粉白粉が出来ました」と謳ったので業界で問題になる。 《企業》オカップ化粧品創立	『日本結髪全史』江馬務　立命館出版部 ○昭和一一年また課税問題おこる。業界あげての猛反対が奏効、課税案は解消（九月） 『香粧品化学』伊与田光男　共立社 ○化粧品は「贅沢品は敵だ」という標語の対象となり統制強化
一九三七（昭和一二）	《業界》東西化粧品工業会できる。 《企業》資生堂、花椿会結成。『花椿』創刊。この頃、ハウスオーガンとしてライオンの『コスモス』、花王の『ブレティン』、クラブの『家庭文化』丸見屋『ミツワ文庫』などがあった。 日本油脂㈱創立（六月一日）	『香料の配合』西沢勇志智　内田老鶴圃
一九三八（昭和一三）	《企業》アネス本舗太陽製薬創業（三月一五日） ミクニ化学工業㈱創業（四月） 《歯磨》丸見屋「ゼオラ歯磨」発売 《口紅》オペラ「繰出式口紅」発売	「続魁玉夜話」中村歌右衛門（『演芸画報』六月号） ○ついに全化粧品に物品税一割課税 『香粧品化学』樋口武夫　廣川書店 『絵具染料商工史』大阪絵具染料同業組合
一九三九（昭和一四）	《企業》マーナコスメチックス創業 ユゼ化粧料本舗創業（六月） カネボウ化粧品前身鐘紡化粧品研究所創立（一一月） 中山太陽堂改組 ㈱いわしや松本伊兵衛商店創立（前身は寛文年間創業の菜種商いわしや松本伊兵衛商店）	○一四年にはさらに五分増税、一割五分となる。 ○国家総動員法にもとづく物価停止令実施（九月一八日） 『鉛丹及び鉛白と鉛屋市兵衛』㈱鉛市商店 『美容医学講話、皮膚と美容』橋本喬　明善社 『お作法と美容』主婦之友社 ○「パーマネントはやめましょう」の標語はやる。木炭でパーマをかけ、淑髪とよんだ。 『女性宝鑑』前波仲子　愛之事業社
一九四〇（昭和一五）	《企業》ライオン油脂改組 資生堂ゾートス化粧品発売 ポーラ化成工業㈱創立（一一月） 四谷硝子製造所、大阪硝子㈱と商号変更	○昭和一五年、さらに物品税五分増税、合計二割となる。 『整容』小幡恵津子　大地社 ○奢侈品禁止で五円以上の香水なくなる。 『人妻の教養』式場隆三郎　鱒書房

年	業界	社会・文献
一九四一（昭和一六）	《企業》ミスダリヤ化粧品本舗前身創業（二月） 資生堂薬粧販売㈱、資生堂食品販売㈱設立 東洋ビューティ㈱前身創業（七月一〇日）	『女性読本』森凡平　秀文閣書房 ○生活必需品は統制、配給、切符制度 『現代女子作法』国民作法調査会著　研文館 ○化粧品にも公定価格㊣生まれる。 『婦人の生活』鉄村大二編　生活社 『花王石鹸五十年史』服部之総　小林良正 《髪型》パーマネントを電髪といいかえる。 ○紀元二千六百年記念式典 ○昭和一六年、物品税ついに化粧品五割、シャンプー二割、歯磨一割の高率となる。 ○統制経済下において化粧原料の配給割当を主目的に日本化粧品工業組合連合会を設立（五月一三日） ○米・英に宣戦布告、太平洋戦争勃発（一二月八日） 《髪型》電髪から木炭パーマへ 『化粧品と美容薬』長島哲男　大東新薬社 『化粧品石鹸業界二十年史』日刊商業新聞社 『最上紅花史料』今田信一　日本常民文化研究所
一九四二（昭和一七）	《企業》ピアス前身創業 ㈱日本香堂前身創業（七月二一日）	『東亜香料史』山田憲太郎　東洋堂
一九四三（昭和一八）	《企業》ミキモト化粧品本舗、御木本製薬㈱創立（四月八日）	○薬事法公布 ○物品税改訂。化粧品八割、シャンプー三割、歯磨二割に増税
一九四四（昭和一九）	《企業》伊東胡蝶園本社、工場山形へ疎開 ヒメ椿本舗株式会社に改組 中村商店、東京硝子㈱と商号変更（一一月一〇日）	○全国化粧品小売連盟（全小連）発足
一九四五（昭和二〇）	《企業》ライオン油脂など罹災 ㈱マツモト交商前身、松本製薬工業㈱設立（八月八日） 柳屋、花王クリーム、ケンシポマード、パピリオクレームなど製造再開 ㈱セブン・ツー・セブン前身創業（一〇月二七日）	○昭和二〇年ポツダム宣言受諾、終戦。 ○化粧品業界紙『日粧』戦後第一号発行 《髪型》パーマネント復活
一九四六（昭和二一）	《石鹸》水分90%のヤミ石鹸出廻る 《企業》エーワン前身中野商店創業（一月四日） サンスター㈱前身創業（二月一六日） ㈱コーセー前身小林コーセー創業（三月二日）	○粉白粉㊣廃止 ○日本国憲法公布

年代	化粧・美容関係事項（企業・化粧品・広告宣伝）	政治・経済・社会、化粧関係出版物
	シャンソン化粧品前身創業（四月） ㈱ポーラ化粧品本舗設立（四月） アリミノ前身アリミノ美容化学研究所創業（五月） プラスマン本舗日本製薬創業（六月七日） 日光ケミカルズ㈱前身、（有）アサヒ商会設立（六月七日）――化粧品原材料メーカー―― モナ化粧品本舗関西有機化学工業創業（九月一九日） ジュジュ化粧品㈱前身寿化学㈱設立（一一月一九日） ケンシ精香、株式会社に改組 東京マックス創業 八重椿本舗再開 桃谷順天館再開 パピリオ新工場完成 丹頂新工場完成 清水学園専門学校前身、清水ときもの研究所創立	
一九四七 （昭和二二）	《企業》 山本香料㈱前身山本繁商店創業（二月） 平尾貴三郎のオカップ化粧品創業 日進香料㈱前身日進科学研究所から改称（三月一〇日） 小林香料㈱前身小林鐽次郎商店、株式会社に改組（七月） キスミー伊勢半、株式会社に改組 アイデアル化粧品工場復興 ピアス化粧品前身三幸化工㈱創業（九月一五日） 五洲薬品㈱前身創業（八月二五日） 吉田硝子㈱創立（九月）――化粧用容器製造―― 早見芸術学園専門学校前身早見美容学校設立（三月） 《広告・宣伝》 ぼたん園香油・カッピー粉白粉・本島椿なども広告宣伝をはじめる。	《髪型》 リーゼントスタイル流行 《服装》 ロングスカートに怒り肩のスーツ流行
一九四八 （昭和二三）	《外国企業》 CHRISTIAN DIOR 1948 創業 《企業》 アメリカンブリアン創立（六月） ミスダリヤ化粧品本舗ダリヤ工業創立（三月） エステー化学創立（八月） ㈱百日草設立、月刊美容雑誌『百日草』創刊（四月） 柳屋、株式会社柳屋本店を創立（五月一八日） 伊東胡蝶園、株式会社パピリオと商号変更	

年	事項	社会・風俗
	サンスター、塩野義製薬と提携 《クリーム》日本製薬「プラスマンバニシングクリーム」発売 《化粧水》ピアスフローラ発売	
一九四九（昭和二四）	《企業》黒龍堂本舗、株式会社黒龍堂と組織変更（三月二六日） 日本オリーブ創業（六月） 井田京栄堂、㈱メヌマと改組（一月） アルマン化粧品創立（一一月） 丸善製薬㈱前身丸善化成㈱設立（七月一三日） 《ファンデーション》ピカソ美化学研究所ピカソ・パンケーキ発売	○シャウプ勧告により一般化粧品物品税五割から八割、クリーム香油、ポマード三割から五割課税となる。 《髪型》ボップ・スタイル流行 《服装》アロハシャツ流行
一九五〇（昭和二五）	《企業》三省製薬㈱前身創業（三月） 三共ヨウモトニック発売元㈱泰昌創業（四月一九日／泰昌製薬の事業を継承） 三幸化工㈱、社名を㈱ピアスと改称（六月一五日） ㈱アリミノ設立（三月） ㈱ダリヤ前身創業（一一月一五日） 久保政吉商店㈱、ウテナと改組 中央理容専門学校前身中央高等理容学院発足 ㈱クロバーコスメイク前身三羽鶴化学研究所創業（一一月） 《宣伝》パピリオ、マネキン宣伝はじめる 資生堂化粧品デー復活 寿化学㈱「マダムジュジュ」発売。木暮実千代をモデルに「二十五歳以下の方はお使いになってはいけません」というキャッチフレーズの広告がヒット 《クリーム》明色クリンシン復活	『顔――顔・表情・化粧の文化史』大和勇三 池田書店 『美容と作法』主婦之友社
一九五一（昭和二六）	《企業》㈱角倉商店、商号を㈱大粧と変更（一月） オリヂナル薬粧創立（二月一日） コーセー新工場建設 資生堂「ドルックス」復活 ロゼット㈱前身昭光製薬㈱設立クリーム状洗顔料ロゼット発売 《ファンデーション》テルミーパレトーン発売 ピアスカラー発売 《口紅》キスミー、落ちない口紅発売 《歯磨》サンスター、葉緑素歯磨発売 《洗剤》ライオン油脂、ソープレスソープ「ライポン」発売（一〇月）	○糸へん景気 「松阪経済文化の源流――丹生の水銀と射和軽粉」山田啓三郎編述（稿本） 《服装》エバーグレース・スカート流行
一九五二（昭和二七）	《企業》アサヌマコーポレーション㈱前身㈱麻沼商店創業（四月七日） カシー化粧品前身香椎化学工業創立（四月一〇日） ㈱伊那貿易商会前身創業（一〇月）	《服装》ナイロン・ブラウスはやる――化繊時代の始まり―― ○NHKの連続ドラマ「君の名は」始まる
一九五三	《企業》オッペン化粧品前身龍宝堂創立（九月一八日）	○化粧品・独禁法の適用除外例として再販契約を認められる（九月三〇日）

年代	化粧・美容関係事項（企業・化粧品・広告宣伝）	政治・経済・社会、化粧関係出版物
（昭和二八）	京都のマリオ化粧品㈱会社更生法を適用（二月） ㈱加美乃素本舗と組織変更（一一月） 明色科学研究所完成（七月） 日本法人マックスファクター㈱設立（六月一八日） パピリオドオル製品発売（化粧品業界全体に高級品・高価格品の傾向） オペラ化粧品内整理（八月） 国際文化理容美容専門学校前身、国際文化理容美容学校設立（三月） 《歯磨》資生堂パール歯磨発売 《宣伝》専属モデルを使うようになる。ミツワ（有馬稲子）、コーセー（南田洋子）、黒龍（原節子・山本富士子） ライオン学童歯磨訓練大会復活	○化粧品の物品税改正 10%から5%へ、白粉、紅などは30%で見送り 《服装》ショートスカート、真知子巻き流行 ディオール、チューリップライン発表 『日本化粧史考』久下司著　黒龍堂 『日本結髪全史』江馬務著　創元社 『美容ヒフ科学』中村敏郎　鳳凰堂書店
一九五四（昭和二九）	《企業》日本ゼトック㈱前身日本ゼオラ創業（一月一一日） エリザベス化粧品創立（三月八日） オパール化粧品本舗三香堂創立（三月二三日） クロロフィル化粧品本舗日興製薬㈱前身創立（四月一日） ロゼット化粧品本舗、詩留美屋創立（五月二四日） レート化粧品内整理、会社更生法を適用（八月） ㈱寿ケミカル前身寿商会創立（九月） 高圧化工㈱創立――化粧品容器製造―― クラブ中山太陽堂債権総額十一億七千五百万円の負債で整理（七月）、社長に田代竹司氏を迎え再建（一〇月一五日） 《石鹸》ミツワ「ミューズ石鹸」発売 《ファンデーション》ピカソ美化学研究所「ピカソマジック」発売 《化粧水》桃谷順天館「明色ソフトアストリン」発売	○世界的な不況で金融と財政、引きしめ。 ○東西再販協議会設置 《髪型》オードリ・ヘップバーンのショート・カット、ヘップバーンスタイル流行 《服装》ディオール、Aライン、Hライン発表 ラテン音楽「マンボ」のバンドマンからマンボスタイル流行 ○この頃、電気冷蔵庫、洗濯機、掃除機が「三種の神器」とよばれた。 「伊勢の軽粉」山崎一雄（『古文化財之科学』第七号）
一九五五（昭和三〇）	《企業》柳屋、小田原新工場建設 ㈱ヤクルト本社創立（四月九日） 安藤井筒堂、利益会社に（一月） マリオ化粧品再建軌道にのる（一月） 《シャンプー》花王フェザーシャンプー発売（一一月） 《石鹸》丸見屋「ミツワソフト石鹸」発売 業界全体で、粉末石鹸三万三千トン出荷、47%の大幅の伸びを記録 《合成香料》高砂香料、非天然型合成ムスク「ムスクT」生産開始（二月）	○再販問題で贈収賄の「六月事件」発生 ○後半から「神武景気」といわれる好景気に入る 《髪型》ポニーテール、プードル・カット 《服装》ディオール、Yライン発表 『業界総覧』日南田慶富　日本粧業会 『絵本江戸化粧志』花咲一男近世風俗研究会 『広告六十年』博報堂
一九五六	《企業》レート、イオンクレンジングで制度品方式を採用（一月）	『光を求めて――美容と共に三十五年――』

（昭和三一）
アルビオン創立（三月二日）
ヒノキ新薬創立（三月二〇日）
パピリオ、麻布に新工場建設
ヘレンカーチス、新工場建設
資生堂美容室を渋谷東急文化会館に開設
テルミー美容学院開設
㈱ミロット設立（八月）
東京綜合理容美容専門学校前身、東洋美容高等学校開校（三月）
㈱セラリカ野田前身野田ワックス設立

一九五七（昭和三二）
《企業》四ツ葉油化㈱創立（二月）
ゲオール化粧品創業（三月）
ニューオペラ創立（一〇月四日）
オッペン化粧品製造元、龍宝堂製薬㈱を設立（一一月七日）
パピリオ、シルバー製品発売
エルモス化粧品本舗創業（一一月）
《男性化粧品》ウテナ男性クリーム発売
《化粧水》黒龍堂シャロン化粧水発売

一九五八（昭和三三）
《企業》㈱わかば創立（二月）――海外香水類日本総代理業――
カッピー改組
カネボウ「クィーンチャーミングスクール」開校
《宣伝》キスミー「五千円札×背の高さ」宣伝ヒット
資生堂、テレビ宣伝「光子の窓」全国ネット
清水悌メーキャップ教室、㈱クランツ前身設立

一九五九（昭和三四）
《企業》ミスダリヤが日本メナード化粧品㈱を創立（一一月一七日）訪販に進出
㈱トキワ化粧品事業本部前身ビッグウエイ㈱創立（四月）
日本ジョセフィン前身創業
㈱テクノーブル前身、共栄化学商会創業（五月）
金鶴香水㈱社名を丹頂㈱に変更（四月）
一丸ファルコス㈱前身、一丸貿易創業（八月二〇日）
資生堂大船工場落成
パピリオ、ドオル製品でコーター制。愛用者の「アミドオル会」発足（四月）
ピアス本社工場落成
キスミー市ケ谷新本社・工場落成

山野千枝子　サロン・ド・ボーテ
《髪型》ロングヘアー
《服装》アローライン、マグネットライン
『射和文化史』射和村教育委員会
○神武景気につぐ高原景気
○NHKカラーテレビ実験開始
○売春防止法成立（三三年四月施行）
○色を白くするハイドロキノン・モノベンジル・エーテル（HBE）配合のクリームで皮膚障害おきる。
《髪型》カリプソスタイル、日本髪復古
《服装》ハイウエスト流行
○厚生省、HBEの化粧品使用を禁止（七月）
○なべ底不況
『資生堂社史　資生堂と銀座のあゆみ八十五年』
『江戸廣告文学』林美一校訂　近世風俗研究会
《髪》ヘアダイ流行
《髪型》セシールカット
《服装》サックスドレス
「徳川美術館の掃墨絵について」梅津次郎（『大和文華』第二五号）
○一万円札発行
○三年にわたる「岩戸景気」の初年
○特急こだま運転開始
○電気洗濯機、年産一〇〇万台突破
《服装》ミッチースタイル
《流行色》チャコールグレー
○白粉、口紅、香水などの物品税30%から15%に
○岩戸景気
『講座日本風俗史』全一二巻　雄山閣出版
第四巻「化粧の変遷」江馬務
第八巻「おはぐろ」高橋雅夫

年代	化粧・美容関係事項（企業・化粧品・広告宣伝）	政治・経済・社会、化粧関係出版物
一九六〇（昭和三五）	○外国化粧品の市場参入はじまる ○日本化粧品工業連合会結成 《宣伝》キスミーのCMソング「セクシーピンク」はやる。 マックスファクターの「ローマンピンク」キャンペーン実施。話題となる。 《企業》関西有機が㈱日本ジョセフィンを設立し、諏訪に進出 ミルボン前身ユタカ美容科学㈱設立（七月） 日本ジョセフィン社前身ジョセフィン化粧品本舗創業（七月一六日） 中野商店、エーワンと改称（一一月） 三省製薬㈱創立（三月） 《宣伝》資生堂ベビー化粧品五品新発売、十代専用「ティーンズ化粧品」新発売 明色「ジュネス」化粧品発売 マックスファクター「コーヒーカラー」キャンペーン	○電気洗濯機の普及率21%になる ○合成洗剤時代に入る ○「六月事件」の化粧品関係者、全員無罪 ○アイシャドウはやる ○各社男性化粧品売り出す 『花王石鹸七十年史』 『化粧品学』池田鉄作編　南山堂 『化粧品化学』赤木満洲夫　南山堂
一九六一（昭和三六）	《合成香料》曽田香料、合成ムスク「ペンタリッド」の製造販売を始める。 《企業》鐘紡、非繊維部門への多角化戦略のはしりとしてカネボウ化粧品㈱を設立（一月） 関東ヤクルト製造㈱、化粧品の製造販売をはじめる（一〇月） 長谷川藤太郎商店、長谷川香料㈱新設（一二月） 資生堂教育センター完成。ハワイ販社設立 アンネ㈱発足 黒龍堂高級化粧品「ハイピッチ」発売 ジョンソン・エンド・ジョンソン㈱前身創業（一月二五日） ユニ・チャーム㈱前身大成化工㈱創立（二月十〇日）	《服装》ムームー、シームレスストッキング ○六本木族出現 『図説広告変遷史』中部日本新聞社 『美容の歴史』パンセ、デランドル共著　青山典子訳　白水社　クセジュ文庫 『紅——伊勢半百七十年史』澤田亀之助編　㈱伊勢半 『江戸結髪史』金沢康隆　青蛙房
一九六二（昭和三七）	《企業》井筒屋、㈱井筒と改組（一月） 黒ばら、㈱黒ばら本舗と改組（八月） 岡本貿易㈱設立（一一月二二日） シセイドウ・オブ・ハワイ設立 《宣伝》資生堂、東レなどのコンビナートキャンペーン「シャーベットトーン」実施 《新整髪料》日本L・B、バイタリス発売（七月二八日）	○電気洗濯機、年産三〇〇万台突破 ○都立衛生試験所の柳沢文正氏「合成洗剤害論」を発表 ○食品衛生調査会「洗剤は人の健康を損なわない」と厚生大臣に答申（一一月） 『技術の歴史』チャールズ・シンガ他編　平田寛他訳　筑波書房
一九六三（昭和三八）	《企業》レブロン㈱日本法人創立（四月一七日） ヘレンカーチスジャパン創立（三月一日） ヘレナルビンスタイン日本法人創立（四月五日） 香料会社アイ・エス・エフ日本㈱設立（七月一七日）	『唐物屋』岡本信太郎 ○貿易自由化に備え、流通機構の整備進む ○化粧品・砂糖など三十五品目の輸入自由化実施（八月二一日） ○寡占化傾向一層強まる

○外資系企業、続々日本法人設立

一九六四（昭和三九）

《企業》
ノエビア前身創立
日本リーバ創立（三月二六日）
コティ・ファイザーコーポレーション日本支社設立（六月）
テルミー化粧品、整理に入る
資生堂美容学校落成
横浜にポーラ研究所完成（六月）
丸見屋、ミツワ石鹼㈱と社名変更（一月）
ベルマン、会社更生法申請（二月）
㈱大幸を設立、ベルマン化粧品の製造再開（七月）
テルミー化粧品倒産
山城製薬倒産、更生法申請（一一月）
新装きもの学院創立
装道きもの学院創立

一九六五（昭和四〇）

《企業》
関西有機、㈱モナと改称（一二月一日）
クオレ㈱創立（三月）

一九六六（昭和四一）

《企業》
㈱シーボン化粧品創立（一月）訪販市場に参入
東レ・ダウコーニング・シリコーン㈱（一二月二三日）設立――化粧品用シリコーンの製造販売――
油化産業㈱設立（二月一日）、前身は三貿易商会（大正六年創業）
リラ化粧品倒産（六月）
資生堂本社ビル落成（九月）

一九六七（昭和四二）

《企業》
エスティローダー㈱前身日本支社創業（三月）
㈱シュウウエムラ化粧品前身創業（七月）
日本リレント化粧品㈱設立（八月一八日）
山発産業がフェミニン㈱創立
エーワン、プラスマン、ポンジーなど倒産

一九六八（昭和四三）

《企業》
メルクジャパン㈱設立（二月一五日）
資生堂の基礎研究所落成（四月）

『ミセスの美容12ヵ月』大滝英子　主婦之友社
『古代人の化粧と装身具』原田淑人　東京創元社
《服装》バカンスルック○東海道新幹線開業
○第一八回東京オリンピック開催
○柳沢文正氏、洗剤の販売・使用禁止を両院に請願（六月）
『広告三代史』日本経済新聞社
『香料の歴史』山田憲太郎　紀伊国屋書店
○みゆき族、銀座みゆき通りに出現
《服装》アイビールック、トップレス水着

○制度品メーカーのコーナーづくり、ますます盛んになる。

『美容のヒフ科学』安田利顕　南山堂
○科学技術庁『中性洗剤特別研究報告』で「普通量なら無害」と発表（八月）
『日本製薬技術史の研究』宗田一　事業日報社

『粧業十五年』渡辺辰三郎　中村出版
《服装》ミニスカートはやりはじめる。
『江戸の化粧品小間物店其他』花咲一男　近世風俗研究会
『掘り出された江戸時代』河越逸行　丸善

『日本の髪』橋本澄子　三彩社
『美粧文化史』西木義次　日本美粧文化史研究会
○原宿族出現

《服装》ミニスカート大流行　タートルネック流行
『日本の美術――結髪と髪飾り』橋本澄子　至文堂

年代	化粧・美容関係事項（企業・化粧品・広告宣伝）	政治・経済・社会、化粧関係出版物
一九六九 （昭和四四）	《企業》エイボン日本支社設立（四月） 同和薬粧がメロス化学設立（四月） 花王石鹸「ニベアクリーム」発売（八月） 化粧品卸業関西物産㈱設立（六月）――大阪府下卸三社合併―― 化粧品卸業㈱ユーホー設立（六月）――大分県下卸四社合併―― 化粧品卸業ダイカ㈱創立（八月一日）――北海道内卸七社合併―― 化粧品卸業粧連㈱創立（八月九日）――北海道内卸三社合併―― ○卸売業再編成進む ミツワ石鹸、第一工業、旭電化の三社で日本サンホーム㈱設立（一〇月） ヘキストと三井石油化学合併でルマール化粧品㈱設立（一二月） ハクビ京都きもの学院創立	《服装》超ミニスカート 『香道のあゆみ』一色梨郷　芦書房 《服装》パンタロン全盛。シースルー 『香道への招待』北小路功光　宝文館 『近世紅花問屋の研究』沢田章　大学堂書店 『日本の美術――和鏡』中野政樹編　至文堂 ○白降汞配合クリーム禁止（七月）
一九七〇 （昭和四五）	《企業》綺麗化粧品㈱設立（一一月） ゲラン日本支社設立（四月） クラブ中山太陽堂㈱マリークワントコスメチックスジャパン設立（一一月一八日） ジボタン・ルール㈱前身、日本法人ジボタン㈱設立（三月三〇日） 《宣伝》丹頂「新マンダム」にキャラクターモデルとしてチャールズ・ブロンソンを起用。話題となる。	《服装》レイヤードルック、Tシャツ 『日本清浄文化史・花王石鹸八十年史』花王 『ヒフ化粧品』安田利顕　南山堂 『化粧』久下司　法政大学出版局 『欧米理容美容の歴史』R・T・ウィルコックス、鮎川信夫訳　㈳日本理容美容教育センター 「フッ化アンモニア銀の作用機序とその使用方法について」山賀禮一（『日本歯科評論』第三二八号）
一九七一 （昭和四六）	《企業》中山太陽堂、㈱クラブコスメチックスと社名変更（一月） ヤマノビューティーメイト創業（七月） ㈱クリアティス創立（一〇月一七日） ㈱ジャパンビューティープロダクツ設立 ライオン歯磨本社、新社屋竣工、創業八十周年（一〇月） 丹頂㈱、社名を㈱マンダムと変更（四月） ポーラ、五反田に本社ビル完成（四月） 東芝シリコーン㈱設立（三月一五日）――シリコーンオイルの製造―― 自由が丘きもの学院創立 長沼静きもの学院創立	『香道――歴史と文学』三条西公正　淡交社 《服装》ビキニ水着 ミニ、ミディ、マキシ、ジーンズ
一九七二 （昭和四七）	《企業》ウェラジャパン㈱創立（九月二二日） シーベヌ化粧品㈱設立	『資生堂百年史』㈱資生堂 『匂ひ・香り・禅』関口真大　日貿出版社

一九七三（昭和四八）

㈱アルソア央粧前身創業
資生堂、創業一〇〇年を迎える（四月）
資生堂国際シンポジウム「光と皮膚のセミナー」開催（一一月）
ミツワ石鹸、日本サンホームより分離を表明（三月）
パピリオ、帝人と業務提携調印（一二月）
日本サンホーム、P&G、伊藤忠三社でP&Gサンホーム設立（一一月）
イブ・サンローラン・パルファン㈱創立（一月一日）
オッペン、大阪千里に三〇〇坪のエステティックサロン「大阪ゴールデンドア」を開設。
続いて東京六本木、金沢、四国にも開設。
《合成香料》高砂香料、合成メントールの生産開始
《企業》クラブ中山太陽堂、㈱フルベール創立（一月）
帝人、パピリオの株60%取得（一一月）——以降、事実上パピリオは消滅の一途をたどる
——
資生堂総合研究所竣工（一二月）

一九七四（昭和四九）

《企業》パピリオ、㈱帝人パピリオと改称（二月）
（株）くれえる創立（九月一七日）
ロート製薬、モナグループを全面買収（一二月）
イオナインターナショナル㈱創業（一二月一日）

一九七五（昭和五〇）

《企業》アモロス創立
ランインターナショナル㈱創立（一〇月）——化粧品製造受託専門メーカー——
資生堂「ザ・ギンザ」オープン
鐘紡と山発産業が業務提携（七月）
ロート製薬、㈱モナを大木製薬に譲渡（七月）
ナルド化粧品本舗
㈱自然化粧医学会創立

一九七六（昭和五一）

《企業》ポーラ文化研究所設立（五月一五日）
マリーブ化粧品㈱設立（九月）
大粧、㈱パルタックと改称（一〇月）
モナ化粧品本舗大木製薬㈱発足（一一月）

『日本の理髪風俗』坂口茂樹　雄山閣出版
『最上紅花史の研究』今田信一　飛鳥書房
月刊着付専門誌『百日草のはなよめ』創刊
『油脂工業史』日本油脂工業会
『ライオン歯磨八十年史』㈱ライオン
『香料博物誌』C・J・Sトンプソン、駒崎雄司訳　東京書房
『高砂香料50年史』高砂香料工業㈱
〇チューリッヒで「国際化粧品工業協議会」創立（一二月）
《服装》ネオクラシズム、スカート丈長くなる
《髪型》アフロヘア
「フッ化ジアミン銀（サホライド）の各種臨床的利用方法」山賀禮一他（『大阪歯科臨床』第十七巻第一、二号）
『本草綱目啓蒙』本文・研究・索引　杉本つとむ編　早稲田大学出版部
『化粧』久下司　法政大学出版局
『大和本草』校註者白井光太郎　矢野宗幹　全二冊　有明書房
《髪型》カット&ブロー全盛
『先人の英知——お歯黒』山賀禮一（『歯界展望』第四五巻六号）
『江馬務著作集』第四巻——装身と化粧　中央公論社
『引札　繪びら　錦絵廣告』増田太次郎　誠文堂新光社
『現代の総合美容』山野愛子　主婦の友社
『東亜香料史』山田憲太郎

年代	化粧・美容関係事項（企業・化粧品・広告宣伝）
	㈱ザ・ワールド創立（一一月一二日）
一九七七（昭和五二）	《企業》クリニークラボラトリーズ㈱創立（三月） （株）エレナ創立（四月） 日本アムウェイ㈱創立（六月一日） ㈱アイビー化粧品創立（一〇月） ㈱クラレ、化粧品原料イソプレンケミカル事業本部発足 龍宝堂製薬㈱より販売部門を分離、オッペン化粧品㈱を設立（一一月二一日） ㈻山野美容学校と校名変更（のち、平成四年に山野美容芸術短期大学開学）
一九七八（昭和五三）	《企業》パルファン・クリスチャンディオール・ジャパン㈱創立（四月一五日） ポーラ、銀座に「ラ・ポーラ」をオープン（四月）
一九七九（昭和五四）	《企業》エリザベス・アーデン㈱前身創業 （株）エル・インターナショナル創業（七月） 綜美薬品㈱設立（六月一五日） ハーマン・アンド・ライマー㈱前身設立（一二月一八日）――ドイツの香料会社日本法人

政治・経済・社会、化粧関係出版物

『伝統美を求めて――美しい日本髪ときもの』下平政次・下平武英　全国平会本部
『おしゃれ文化史』Ⅰ、Ⅱ、Ⅲ　春山行夫　平凡社
『香料の道』山田憲太郎　中公新書
《服装》キャミソール・ブラウス流行　ブーツブーム
《服装》毛皮コート流行
ダウンパーカー流行
『香料――日本のにおい』山田憲太郎　法政大学出版
『香談』・『香料』山田憲太郎　法政大学出版
『世界の化粧品』高橋雅夫編　朝日新聞社
『化粧品のすべて』国際商業出版
『マンダム五十年史』㈱マンダム
『パルタック八十年史』㈱パルタック
『武州の紅花――上尾地方を中心として』上尾市教育委員会
『紅花幻想』真壁仁　高陽堂書店
『香道の作法と組香』長ゆき編　雄山閣出版
『スパイスの歴史』山田憲太郎
『化粧史文献資料年表』ポーラ文化研究所
『最上紅花史の研究』今田信一　高陽堂書店
『香りの小事典』平田満男　ＰＡＲＦＵＭ編集局
『髪』高橋雅夫編　ＮＯＷ企画
『化粧品を上手に使う本』（高橋雅夫編）朝日新聞社
『香りへの招待』梅田達也　研成社
『西洋化粧文化史』青木英夫　源流社

一九八〇（昭和五五）	《企業》㈱アイスター商事創立（一〇月二〇日） 大山インターナショナルプロダクツ㈱創立 ドラレ・レッドケン㈱前身創立（一一月二七日） ハリウッド高等美容学校、専門学校に昇格
一九八一（昭和五六）	
一九八二（昭和五七）	《企業》ラモコスインターナショナル㈱創立（二月一日） 北陸の化粧品卸売業㈱新和創立（一〇月）
一九八三（昭和五八）	《企業》プロクター・アンド・ギャンブル（P&G）ファーイースト・インク創立（九月一三日） 〈薫香・線香〉東京 香雅堂創立
一九八四（昭和五九）	《企業》パルファン・ニナリッチ・ジャポン㈱創立（一二月二〇日） ㈱ホワイトリリー創立（一一月二六日） カネボウ・バイオ技術応用シコニン配合の「バイオ口紅」発売、年間二〇〇万本、六〇億円売上げのヒット話題商品となる。

『化粧品科学ガイドブック』日本化粧品技術者会 薬事日報社
『最新化粧品科学』化粧品科学研究会編 薬事日報社
『年表・花王90年のあゆみ』花王石鹸㈱
『永遠の美を求めてPOLA物語』㈱ポーラ化粧品本舗
『装いと日本人』樋口清之 講談社
『化粧品と美容の総知識』（アメリカ医学編「スキン&ヘアケア」の訳本）週刊粧業
『お歯黒の研究』原正三 人間の科学社
『美しい肌』高橋雅夫編 NOW企画
『檜花評伝 阿部武夫』ヒノキ新薬㈱
『これならできる時間美容法』メイ・ウシヤマ 主婦の友社
『丸善百年史』丸善㈱
『シルクロードの化粧』森豊 六興出版
『メークアップの歴史』リチャード・コーソン ポーラ文化研究所
『化粧の文化史』樋口清之 国際商業出版
『都風俗化粧伝』高橋雅夫校注 平凡社 東洋文庫
『広告人平尾賛平』宮内寒彌・斎藤錦之助編
『21世紀の化粧品』高橋雅夫編 NOW企画
『クラブコスメチックス80年史』㈱クラブコスメチックス
『粧業界30年の歩み』㈱週刊粧業
『中国古代服飾史』周錫保 中国戏剧出版社
「装身具」（『文化財講座日本の美術』⑪）橋本澄子 第一法規出版

《服装》DCブランド大流行
○電気洗濯機の普及率99%に達する

『東京装粧品協同組合史』東京装粧品協同組合
『㈱武孝商店六十年史』㈱武孝商店六十年史編纂委員会

年代	化粧・美容関係事項（企業・化粧品・広告宣伝）	政治・経済・社会、化粧関係出版物
一九八五（昭和六〇）	《企業》クラランス㈱創立（一月一六日） ㈱コスメサイエンス創立（四月） ㈱ドクターベルツ創立（四月）	『洗う風俗史』落合茂　未来社 『香りの事典』黒澤路可　フレグランスジャーナル社 『香りの歳時記』諸江辰男　東洋経済新報社 『眉の文化史』津田紀代・村田孝子　ポーラ文化研究所 『株式会社桃谷順天館創業百年記念史』㈱桃谷順天館 『新しい化粧品の技術と市場』高橋雅夫編（日本化粧品科学研究会）C・M・C 『アロマテラピー』ロバート・ティスランド　高山林太郎訳　フレグランスジャーナル社
一九八六（昭和六一）	《企業》鐘紡繊維美術館、大阪・都島に開館（五月六日）――大正時代から収集していたコプトやプレインカの染織品をはじめ能衣装・小袖など貴重な染織品一万数千点を収蔵する。 ㈱メイコー化粧品前身創業（七月） ㈱ティアーズ創立（一二月一日）	『曽田香料70年史』曽田香料㈱ 『ジュジュ化粧品創立40周年記念会誌』ジュジュ化粧品㈱ 『香りと文明』奥田治　講談社 『香りの来た道』諸江辰男　光風社出版 『香りの風物誌』諸江辰男　東洋経済新報社 『香りの本』松栄堂広報室　講談社 『モダン化粧史』津田紀代・村田孝子　ポーラ文化研究所 『化粧品新素材』高橋雅夫編（日本化粧品科学研究会）C・M・C
一九八七（昭和六二）	《企業》鐘紡㈱創立百周年（五月六日） 金沢の化粧品卸売業界㈱トウディック創立（七月一日） 日本ラインウェル㈱創立（一〇月） ジェイオーコスメティック㈱創立（一一月一二日）	『鐘紡コレクション』全五巻　毎日新聞社 『美人進化論』村澤博人　東京書籍 『韓国化粧文化史』全完吉　悦話堂
一九八八（昭和六三）		『鐘紡百年史』鐘紡㈱
一九八九（昭和六四／平成元）	《企業》㈱ピー・エス・インターナショナル創立（一一月）	『香と香道』香道文化研究会　雄山閣出版 『日本の美術――化粧道具』小松大秀編　至文堂

二〇〇〇（平成一二）

ミルボン東証二部上場・翌年一部銘柄に指定

『中国歴代婦女妝飾』周汛 髙春明 三聯書店（香港）上海學林出版社
『日本の美術――香道具』荒川浩和編 至文堂
『日本の美術――婚礼道具』灰野昭郎編 至文堂
『日本の化粧――道具と心模様』ポーラ文化研究所
『ピアスグループ40年のあゆみ』㈱ピアス
『機能性化粧品』高橋雅夫編（日本化粧品科学研究会）C・M・C
『創業70年史』㈱大山
『粧いの文化史』ポーラ文化研究所
『企業と化粧を考える』㈱ナリス化粧品
『黒髪と化粧の昭和史』廣澤榮 岩波書店
『小川香料百年史』小川香料㈱
『ライオン一〇〇年史』ライオン㈱
『化粧とゆらぐ性』南博 文藝春秋

〈年表の作成を終えて〉

こうして年表を作成してみますと、改めていろいろのことがわかりました。たとえば、江戸時代に錦絵や文芸作品で華々しく広告・宣伝をしていた坂本氏の「仙女香」も明治に入って洋傘屋に転向したのですが、その後はどうも関東の大震災で廃業されたようで、杳（よう）として消息を断っていました。ところが、この年表をつくり終えたころになって寛永寺の浦井正明仕職さんから、うちの檀家ですと教えられ、末裔（まつえい）の方と連絡がとれました。しかし残念なことに、もう何も残っていない、ということでした。

また、明治・大正・昭和と、この時代では大企業だった関東の平尾賛平商店（レート）、丸見屋三輪善兵衛商店（ミツワ）、伊東胡蝶園（パピリオ）、この三社も、残念なことにもう平成の現代では知る人も少なくなってしまいました。レートの場合も、やはり年表を作成しおわったころ、末裔のお二人と連絡がとれましたが、やはり昭和四年に刊行された『平尾賛平商店五十年史』に書いてある以上のことはわかりませんでした。しかしこの社史のお蔭で、意外と空白だった第二次大戦前の、昭和の化粧史の研究はこれから進むことと思います。

関東に比べると、関西の方は桃屋順天館（明色）、中山太陽堂（クラブ）、金鶴香水（丹頂・マンダム）などは、さすがに時流にあわせた経営方針で健闘されています。しかし、昭和二十七、八年ごろ、街を歩いていると、どこの家からも〽乙女の祈り、の曲にのって「明色アストリンゼント、明色クリンシン」のコマーシャルが聞こえてきたことを想い出しますと、懐かしさがこみあげ、時代の流れを感じます。

「企業は人なり」とか「企業は組織である」といわれますが、やはり企業にも、運命のようなものがある、としかいいようのないことが、この年表をつくっていてつくづく感じたことです。

また年表では下段に関連出版物を出きるだけ集録してみました。これでも、おもしろい結果が読みとれました。たとえば明治十六年ころからの鹿鳴館時代には、束髪関係の本がたくさん出ているのをみると、当時の貴婦人や女髪結いたちの慌（あわ）てぶりが目に浮かびます。また、日露戦争の大勝のあとは美顔・美容・化粧などの本がたくさん出ているのをみると、雑誌の少なかった時代は単行本が情報源だったことがわかります。

まだいろいろありますが、資料としてみるには不充分な点も多く、これからも機会をみて補足していきたいと思っております。お気づきの点がございましたらお教えください。

あとがき

「日本化粧史、という講義なので女の先生かと思いました。先生はなぜ化粧の歴史を研究するようになったのですか」

と、学生に聞かれることがあります。そういわれれば、なぜなのだろうと、改めて考えました。

幼いころの私は、蒲柳の質、というのでしょうか、どこが悪い、というわけでもないのですが、頑健でなかったので、女の子と遊ぶことが多かったのです。

男の子は一般に腕力が強く、暴れん坊で思いやりに欠ける子が多いのですが、女の子は優しく、思いやりがあるから〝君子危きに近寄らず〟というわけだったのでしょう。

長ずるに及んでも、多少、女性的な感性が身についているのもそのためかもしれません。

いつ、なぜ購入したかはっきり憶えていませんが、たしか戦争中に神保町で『化粧品と美容薬』という本を買ってクリームをつくり、近所の奥様に差し上げて喜ばれたことを憶えています。

早稲田を出て、昭和二七年パピリオの研究所に入社しました。

そのころのパピリオは、洋画家佐野繁次郎のフリーハンドの字体と、斬新な宣伝、洗練されたパッケージなどで、まだ戦後の復興期でしたが、女性にフランス風の夢と希望を与えてくれる憧れの化粧品会社でした。平成八年現在、六五歳以上の人なら、女性はもちろん、男性にも、華やかでユニークな企業として知られていました。

入社してみると、みんな知的な人揃い、男は東大、京大、早稲田、慶応、女は女子美出身、という信じられないような眩しい会社でした。

ですから、張り切ってしまった私は、優秀な社員になろうと決心し、まず会社の歴史、化粧品の歴史を勉強しようと思ったのですが、社史も、まとまった化粧史の本もないので途方に暮れてしまいました。

しかし、だれもやっていないのなら、自分で研究するより仕方がないと思ったのですが、なにしろ戦時中は勉強らしい勉強もしなかったし、学校はずっと応用化学で、歴史や文学の基礎知識はありません。どうしていいかわからなかったのですが、ともかく化粧史をライフワークにしようと決心したのです。

幸い、戦前に、会社がまだ伊東胡蝶園といっていたころに出版した伊東栄著『父とその事業』（昭和九年）という本があったことや、いま、近世風俗研究家として令名の高い花咲一男氏も、まだパピリオにいらしたので、研究の手ほどきをうけることができたのは幸運でした。

まず、消えゆく化粧風俗であるお歯黒から研究を始めることにしました。幸いお歯黒に関心をもたれている日本歯科大学の榎教授が、銀座で開業されていることを知り訪ねました。たいへん喜んでくださり、その後の調査や研究にご指導をいただいたことは有難いことでした。

昭和三〇年ごろでしょうか、学生時代にアルバイトをしていた日本経済新聞社に大和勇三氏を訪ねました。大和さんは社会部長の時代に『顔――顔・表情・化粧の文化史――』（昭和二五年）という本を出されたことでも有名です。私は調査部で、各社の新聞を読んで記事の分類をしたり、ラジオ番組を書いたりする仕事をしていました。調査部は社会部の隣りにあったので大和さんには親しくさせていただいていました。

久しぶりに大和さんを訪ねたのは、パピリオの伊東栄社長に、高分子学会から執筆依頼のあった原稿を私が書くことになり、その下書きに手を入れていただきにうかがったのです。そのとき大和さんにライフワークの話をしたところ、化粧史を研究している学者は京都の江馬務先生しかいらっしゃらないだろう、一度お逢いした方がいい、と教えてくださいました。

その後『日本粧業新聞』の依頼で「化粧品小史」を連載したり、いろいろな雑誌に雑文を載せたり、いま考えてみるとお恥ずかしい、厚かましいことをしてきました。

昭和三二年に雄山閣の『講座日本風俗史』第八巻に「お歯黒」を書くようになったのは花咲さんのおすすめでした。

昭和三五年五月の連休に京都の江馬先生をお訪ねしてご教導をいただきました。その年の暮れにはもう、先生のご指導で日本風俗史学会を設立するところまでもっていきました。もちろん大和さんも発起人で、設立総会の記事を『日経』に書いてくださいました。

その後、会社の部署を研究所から宣伝部に移していただき、宣伝課長と学術課長の両方の顔で仕事をしてきたのと、風俗史学会の実務をしていたので、化粧史の方は研究らしい研究はしませんでした。

それでも業界雑誌などに連載する機会があると、そのための勉強はしていました。

昭和五一年に退社したあと、いままで書いたものをまとめたら、というお勧めをいろいろな方からいただいておりましたが、日常の雑事に追われたり、六、七年目おきに、父や母や妻の看病と浄土への見送りで、時間的にも精神的にも、まったく余裕（ゆとり）がありませんでした。

平成六年の春、品川歴史館での私の拙い講演のあと、残って質問をしてくださった柳田森英さんと話をしていたとき、これまでの雑文をまとめたい、と話しましたら、適任者がいる、といって四方田賢治（よもだけんじ）氏をお連れくださったのはちょうど家内の通夜の晩でした。氏はご自身も体調をくずしていらっしゃるにもかかわらず私の書き散らかしを整理し、なんとか形をととのえてくださいました。

さらに、雄山閣出版の紹介で飯泉昭平氏（二〇年ほど前、氏が学燈社にいらしたとき『国文学』でお世話になったことのある旧知の間柄でした）に手なおしと編集をしていただき、ようやく陽の目を見ることができました。また、何度か推敲（すいこう）を重ねる途中で、近世文化研究会の佐藤要人会長をはじめ橋本澄子、稲垣進一、村田孝子、橋本健一郎、粕谷長生の諸先生および牧野美津子さんにはたいへんお世話になりました。

最後になりましたが、雄山閣出版とは『講座日本風俗史』以来、『世界ファッション大百科』（全十巻）や『注解守貞謾稿―服飾篇―』（全四巻）などの進行中の企画、『香道の作法と組香』、『香と香道』の出版など、ご迷惑のかけ通しにもかかわらず、〝社友ともいうべき〟ご交誼をいただいてまいりました。

長坂一雄会長、長坂慶子社長、芳賀章内専務取締役をはじめ、社員の皆さまに厚く御礼を申し上げる次第です。

第二版　あとがき

この『化粧ものがたり』は、私のパピリオ在職中の同僚で、現在、結髪・化粧史の研究家として活躍されている村田孝子さんの協力によって一九九七年に初版を発行した。

刊行後間もなく再版のお話もあったが、私としては増補改訂版を出したかったことと、おなじくパピリオの同僚で美容部員だった富山靖子さんが全篇丁寧に目を通されて、出版を大変に喜ばれ、退職後印刷会社を経営されながらも、その合間を縫って赤字を入れ、一九九八年四月十三日に返送して下さった。しかし、間もなく他界されたらしく音信不通になってしまったことが今は残念でならない。心からご冥福を祈り、感謝の心を冥界に贈りたい。

なお、この二十年近く、雄山閣の長坂慶子会長、宮田哲男社長から再三のお勧めもあったが、体調不良もあり、ともかくとりあえず第二版を刊行し、増補改訂版の出版は来年以降にお願いすることにした。ご期待下さい。

二〇一八年七月

髙橋　雅夫

◇初出一覧――紅・白粉・髪・眉・お歯黒関係――

「おはぐろ」（『講座日本風俗史』第8巻・雄山閣出版・昭和34年）
「伊東玄朴の末裔――鉛白粉の中毒事件と初代伊東栄――」（伊東玄朴歿後百年記念『伊東玄朴』昭和46年・日本医史学会）
「紅（くれない）のふるさと」（『Fashion & Beauty World』昭和47年3月～12月㈱週刊粧業）
「おしろい物語」（『Fashion & Beauty World』昭和48年3月～49年1月・㈱週刊粧業）
「おしろい物語」（『週刊粧業新聞』昭和49年2月～11月・㈱週刊粧業）
「紅花（はな）のいろは移りにけりな」（『野性時代』角川書店・昭和52年3月号）
「日本における化粧品の文化史」（『化粧品のすべて』昭和53年・国際商業出版）
「むかしの和風化粧品」（『世界の化粧品』昭和53年・朝日新聞社）
「日本の化粧品の歴史」（『化粧品科学ガイドブック・昭和54年・日本化粧品技術者会）
「浮世絵にみる化粧」（『化粧文化』No.1・昭和54年・ポーラ文化研究所）
「川柳にみる江戸の化粧」（『化粧文化』No.4、No.5、No.6・昭和56、57年・佐藤要人氏と共著・ポーラ文化研究所）
「新聞雑誌の広告にみる明治期の化粧品」（『化粧文化』No.12、No.13 No.14・昭和60、61年・ポーラ文化研究所）
「江戸時代の化粧書（けはいしょ）」（『江戸の芸能と文化』昭和60年・吉川弘文館）
「日本の化粧」（『はなよめ』昭和63年1月号～12月号・百日草）
「江戸の薄化粧」（『粧いの文化史』平成3年・ポーラ文化研究所）
「江戸の髪型と化粧」（『名品揃物浮世絵　第二巻清長』平成三年・ぎょうせい）
「江戸の流行と芸能」（『日本の近世』⑪・平成5年・中央公論社）
「眉化粧の意味するもの」（『日本化粧科学会会報』No.20、No.21・平成7年、8年・日本化粧科学会）
「白粉の変遷」（『新日本古典文学大系』月報73・平成8年12月・岩波書店）

◇協力者一覧（順不同）

東京国立博物館
徳川美術館
正倉院
薬師寺
静嘉堂文庫
たばこと塩の博物館
神奈川県立歴史博物館
枚聞神社
山形美術館
福井県立若狭歴史民俗資料館
慶応義塾大学
八重垣神社
備前市歴史民俗資料館
大英博物館
ニューデリー国立博物館
中国通信社
㈱資生堂
㈱ポーラ化粧品本舗
ポーラ化成工業㈱
ポーラ文化研究所
鐘紡㈱
ライオン㈱
花王㈱

㈱コーセー
P&Gファー・イースト・インク
ハリウッド㈱
ハリウッド美容専門学校
㈱柳屋
㈱キスミーコスメチックス
㈱ピアス
㈱クラブコスメチックス
㈱桃谷順天館
日本ロレアル㈱
㈱セフティ
㈱ツムラ
㈱大島椿
㈱ピカソ美化学研究所
ホーユー㈱
㈱パルタック
㈱黒龍堂
㈱マンダム
㈱ナリス化粧品
ジュジュ化粧品㈱
㈱アリミノ
日本オリーブ㈱
オッペン化粧品㈱

㈱加美乃素本舗
㈱ノエビア
綜美薬品㈱
高砂香料工業㈱
長谷川香料㈱
曽田香料㈱
㈱鳩居堂
メルクジャパン㈱
㈱奈良機械製作所
国際商業出版㈱
㈱週刊粧業
新美容出版㈱
女性モード社
㈱百日草
江馬すま子
榎　恵
辻村節子
竹川隆子
鉛　恂一・由紀子
鳥羽正明
中村歌江
松田信隆
山賀禮一

■著者紹介

髙橋 雅夫（たかはし まさお）

風俗史学研究家・化粧文化史資料館館長

1929年 東京下谷生まれ。早稲田大学理工学部応用化学科卒。㈱パピリオ研究所入社、宣伝部・総務部を経て退社。日本風俗史学会設立に参加、常任理事。戸板女子大学非常勤講師等を歴任。日本化粧科学会、化粧文化史学会、香道文化研究会、ビューティサイエンス学会を設立、理事長等を務める。

主な編著書／論文

『都風俗化粧伝・校注』（東洋文庫・平凡社）、『守貞謾稿図版集成』（雄山閣）、『錦嚢智術全書』（雄山閣）、『浮世絵にみる江戸の暮らし』（河出書房新社）、「江戸時代の化粧書」（『江戸の芸能と文化』吉川弘文館）、「江戸の流行と芸能」（『日本の近世』№11 中央公論社）、「世界の化粧品事情」（『世界の化粧品』朝日新聞社）ほか多数。

1997年5月20日　初版発行
2018年8月31日　第二版第一刷発行　《検印省略》

化粧（けしょう）ものがたり　―赤（あか）・白（しろ）・黒（くろ）の世界（せかい）―【第二版】

著　者　髙橋雅夫
発行者　宮田哲男
発行所　株式会社 雄山閣
　東京都千代田区富士見2-6-9
　TEL　03-3262-3231 / FAX　03-3262-6938
　URL　http://www.yuzankaku.co.jp
　e-mail　info@yuzankaku.co.jp
　振替　00130-5-1685

印刷・製本　株式会社ティーケー出版印刷

ISBN978-4-639-02605-1 C0021
N.D.C.383　312p　21cm